OFFICIALLY
DISCARDED

D0459605

LA SUMA DE LOS DÍAS

ISABEL ALLENDE

LA SUMA DE LOS DÍAS

 Una rama de HarperCollins*Publishers*

Los libros de HarperCollins pueden ser adquiridos para
uso educacional, comercial o promocional. Para recibir más información,
diríjase a: Special Markets Department, HarperCollins Publishers,
10 East 53rd Street, New York, NY 10022.

Este libro fue publicado originalmente en España en el año 2007
por la editorial Areté.

Library of Congress ha catalogado la edición en inglés.

ISBN 978-0-06-155187-1

07 08 09 10 11 RRD 10 9 8 7 6 5 4 3 2 1

A los miembros de mi pequeña tribu,
que me permitieron contar sus vidas

Este libro no podría publicarse sin el consentimiento —en algunos casos a regañadientes— de los personajes de la historia. Como dice mi hijo: no es fácil tener una escritora en la familia. Así es que gracias a todos ellos por soportar mis interminables preguntas y por permitirme indagar más y más hondo en sus vidas. Mi gratitud especial es para Margaret Sayer Peden, quien dio mil vueltas a la traducción al inglés e hizo pacientemente los innumerables cambios que le pedí por el camino. También agradezco a mis agentes, Carmen Balcells y Gloria Gutiérrez, y a mi fiel lector, Jorge Manzanilla, así como a mis editoras, Núria Tey, en España, y Terry Karten, en los Estados Unidos. Y lo más importante: gracias a mi madre y amiga epistolar, Panchita, por nuestra correspondencia diaria. Nuestras cartas mantienen frescos mis recuerdos.

ÍNDICE

SEGUNDA PARTE

LA MUSA CAPRICHOSA DEL AMANECER

No falta drama en mi vida, me sobra material de circo para escribir, pero de todos modos llego ansiosa al 7 de enero. Anoche no pude dormir, nos golpeó la tormenta, el viento rugía entre los robles y vapuleaba las ventanas de la casa, culminación del diluvio bíblico de las recientes semanas. Algunos barrios del condado se inundaron, los bomberos no dieron abasto para responder a tan soberano desastre y los vecinos salieron a la calle, sumergidos hasta la cintura, para salvar lo que se pudiera del torrente. Los muebles navegaban por las avenidas principales y algunas mascotas ofuscadas esperaban a sus amos sobre los techos de los coches hundidos, mientras los reporteros captaban desde los helicópteros las escenas de este invierno de California, que parecía huracán en Louisiana. En algunos barrios no se pudo circular durante un par de días, y cuando por fin escampó y se vio la magnitud del estropicio, trajeron cuadrillas de inmigrantes latinos que se dieron a la tarea de extraer el agua con bombas y los escombros a mano. Nuestra casa, encaramada en una colina, recibe de frente el azote del viento, que doblega las palmeras y a veces arranca de cuajo los árboles más orgullosos, aquellos que no inclinan la cerviz, pero se libra de las inundaciones. A veces, en la cúspide del vendaval, se levantan olas caprichosas que anegan el único camino de acceso; entonces, atrapados, observamos desde arriba el espectáculo inusitado de la bahía enfurecida.

Me gusta el recogimiento obligado del invierno. Vivo en el condado de Marin, al norte de San Francisco, a veinte minutos del puente del Golden Gate, entre cerros dorados en verano y color esmeralda en invierno, en la orilla oeste de la inmensa bahía. En un día claro podemos ver a lo lejos otros dos puentes, el perfil difuso de los puertos de Oakland y San Francisco, los pesados barcos de carga, cientos de botes de vela y las gaviotas, como blancos pañuelos. En mayo aparecen algunos valientes colgados de cometas multicolores, que se deslizan veloces sobre el agua, alterando la quietud de los abuelos asiáticos que pasan las tardes pescando en las rocas. Desde el océano Pacífico no se ve el angosto acceso a la bahía, que amanece envuelto en bruma, y los marineros de antaño pasaban de largo sin imaginar el esplendor oculto un poco más adentro. Ahora esa entrada está coronada por el esbelto puente del Golden Gate, con sus soberbias torres rojas. Agua, cielo, cerros y bosque; ése es mi paisaje.

No fue la ventolera del fin del mundo ni la metralla del granizo en las tejas lo que me desveló anoche, sino la ansiedad de que inevitablemente amanecería el 8 de enero. Desde hace veinticinco años, siempre empiezo a escribir en esta fecha, más por superstición que por disciplina: temo que si empiezo otro día, el libro será un fracaso, y que si dejo pasar un 8 de enero sin escribir, ya no podré hacerlo en el resto del año. Enero llega después de unos meses sin escribir en los que he vivido volcada hacia fuera, en la bullaranga del mundo, viajando, promoviendo libros, dando conferencias, rodeada de gente, hablando demasiado. Ruido y más ruido. Temo más que nada haberme vuelto sorda, no poder oír el silencio. Sin silencio estoy frita. Me levanté varias veces a dar vueltas por los cuartos con diversos pretextos, arropada en el viejo chaleco de cachemira de Willie, que he usado tanto que ya es mi segunda piel, y sucesivas tazas de chocolate caliente en las manos, dando vueltas y más vueltas en la cabeza a lo que iba a escribir dentro de unas horas, hasta que el frío me obligaba a regresar a la cama, donde Willie, bendito sea, roncaba. Atracada a su espalda desnuda, escondía los pies helados entre sus piernas, largas y firmes, aspirando su sorprendente olor a hombre joven, que no ha variado con el paso de los años. Nunca se despierta cuando me aprieto contra él, sólo cuando me despego; está acostumbrado a mi cuerpo, mi insomnio y mis pesadillas. Por mucho que me pasee de noche, tampoco se despierta Olivia, que duerme en un banco a los pies de la cama. Nada altera el sueño de esta perra tonta, ni los roedores que a veces salen de sus guaridas, ni el tufo de los zorrillos cuando hacen el amor, ni las ánimas que susurran en la oscuridad. Si un demente armado con un hacha nos asaltara, ella sería la última en enterarse. Cuando llegó era una miserable bestia recogida por la Sociedad Humanitaria en un basural con una pata y varias costillas quebradas. Durante un mes permaneció escondida entre mis zapatos en el clóset, tiritando, pero poco a poco se repuso de los maltratos anteriores y emergió con las orejas gachas y la cola humillada. Entonces vimos que no servía de guardián: tiene el sueño pesado.

Por fin aflojó la ira de la tormenta y con la primera luz en la ventana me duché y me vestí, mientras Willie, envuelto en su bata de jeque trasnochado, iba a la cocina. El olor del café recién molido me llegó como una caricia: aromaterapia. Estas rutinas de cada día nos unen más que los alborotos de la pasión; cuando estamos separados es esta danza discreta lo que más falta nos hace. Necesitamos sentir al otro presente en ese espacio intangible que es sólo nuestro. Un frío amanecer, café con tostadas, tiempo para escribir, una perra que mueve la cola y mi amante; la vida no puede ser mejor. Después Willie me dio un abrazo de despedida, porque yo partía para un viaje largo. «Buena suerte», susurró, como hace cada año en este día, y me fui con abrigo y paraguas, bajé seis escalones, pasé bordeando la piscina, crucé diecisiete metros de jardín y llegué a la casita donde escribo, mi cuchitril. Y aquí estoy ahora.

Apenas había encendido una vela, que siempre me alumbra en la escritura, cuando Carmen Balcells, mi agente, me llamó desde Santa Fe de Segarra, el pueblito de cabras locas, cerca de Barcelona, donde nació. Allí pretende pasar sus años maduros en paz, pero, como le sobra energía, se está comprando el pueblo casa a casa.

—Léeme la primera frase —me exigió esta madraza.

Le expliqué una vez más la diferencia de nueve horas entre California y España. De primera frase, nada todavía.

—Escribe unas memorias, Isabel.

—Ya las escribí, ¿no te acuerdas?

—Eso fue hace trece años.

—A mi familia no le gusta verse expuesta, Carmen.

—Tú no te preocupes de nada. Mándame una carta de unas doscientas o trescientas páginas y yo me encargo de lo demás. Si hay que escoger entre contar una historia y ofender a los parientes, cualquier escritor profesional escoge lo primero.

—¿Estás segura?

—Completamente.

PRIMERA PARTE

LAS AGUAS MÁS OSCURAS

En la segunda semana de diciembre de 1992, apenas cesó la lluvia, fuimos en familia a esparcir tus cenizas, Paula, cumpliendo con las instrucciones que dejaste en una carta, escrita mucho antes de caer enferma. Apenas les avisamos de lo que había ocurrido, tu marido, Ernesto, se vino de Nueva Jersey y tu padre de Chile. Alcanzaron a despedirse de ti, que reposabas envuelta en una sábana blanca, antes de llevarte para ser cremada. Después nos reunimos en una iglesia para oír misa y llorar juntos. Tu padre debía regresar a Chile, pero esperó a que escampara, y dos días más tarde, cuando por fin asomó un tímido reflejo del sol, fuimos toda la familia, en tres coches, a un bosque. Tu padre iba delante, guiándonos. No conoce esta región, pero la había recorrido en los días previos buscando el sitio más adecuado, el que tú hubieras preferido. Hay muchos lugares para escoger, aquí la naturaleza es pródiga, pero por una de esas coincidencias, que ya son habituales en lo que se refiere a ti, hija, nos condujo directamente al bosque donde yo iba a menudo a caminar para mitigar la rabia y el dolor cuando estabas enferma, el mismo donde Willie me llevó de picnic cuando recién nos conocimos, el mismo donde tú y Ernesto solían pasear de la mano cuando venían a vernos a California. Tu padre entró al parque, recorrió una parte del camino, estacionó el coche y nos hizo señas de que lo siguiéramos. Nos llevó al sitio exacto que yo habría elegido, porque había ido allí muchas veces a rogar por ti: un arroyo rodeado de altas secuoyas, cuyas copas forman la cúpula de una catedral verde. Había una ligera niebla que difuminaba los contornos de la realidad; la luz pasaba apenas entre los árboles, pero las hojas brillaban, mojadas por el invierno. De la tierra se desprendía un aroma intenso de humus y eneldo. Nos detuvimos en torno a una minúscula laguna, hecha con rocas y troncos caídos. Ernesto, serio, demacrado, pero ya sin lágrimas, porque las había vertido todas, sostenía la urna de cerámica con tus cenizas. Yo había guardado unas pocas en una cajita de porcelana para tenerlas siempre en mi altar. Tu hermano, Nico, tenía a Alejandro en brazos, y tu cuñada, Celia, iba con Andrea, que todavía era un bebé, tapada con chales y prendida del pezón. Yo llevaba un ramo de rosas, que lancé, una a una, al agua. Después, todos nosotros, incluso Alejandro, de tres años, sacamos un puñado de cenizas de la urna y las dejamos caer sobre el agua. Algunas flotaron brevemente entre las rosas, pero la mayoría se fue al fondo, como arenilla blanca.

—¿Qué es esto? —preguntó Alejandro.

—Tu tía Paula —le dijo mi madre, sollozando.

—No parece —comentó, confundido.

Empezaré a contarte lo que nos ha pasado desde 1993, cuando te fuiste, y me limitaré a la familia, que es lo que te interesa. Tendré que omitir a dos hijos de Willie: Lindsay, a quien casi no conozco, sólo lo he visto una docena de veces y nunca hemos pasado de los saludos esenciales de cortesía, y Scott, porque él no quiere aparecer en estas páginas. Tú le tenías mucho cariño a ese mocoso solitario y flaco, con anteojos gruesos y pelos desgreñados. Ahora es un hombre de veintiocho años, parecido a Willie, que se llama Harleigh; él se puso Scott a los cinco años, porque le gustaba ese nombre, y lo usó por mucho tiempo, pero en la adolescencia recuperó el suyo.

La primera persona que me viene a la mente y al corazón es Jennifer, la única hija de Willie, quien a comienzos de ese año acababa de fugarse por tercera vez de un hospital, donde habían ido a parar sus huesos por una infección más, entre las muchas que había soportado en su corta vida. La policía no hizo el amago de buscarla, había demasiados casos como ése, y esa vez los contactos de Willie con la ley no sirvieron de nada. El médico, un filipino alto y discreto que la había salvado a golpe de perseverancia cuando llegó al hospital volada de fiebre, y que ya la conocía porque le había tocado atenderla en un par de ocasiones anteriores, le explicó a Willie que debía encontrar a su hija pronto o se moriría. Con dosis masivas de antibióticos durante varias semanas podría salvarse, dijo, pero había que evitar una recaída, que sería mortal. Estábamos en una sala de paredes amarillas, con sillas de plástico, afiches de mamografías y exámenes de sida, llena de pacientes esperando su turno para ser atendidos de urgencia. El médico se quitó los lentes redondos de marco metálico, los limpió con un pañuelo de papel y respondió a nuestras preguntas con prudencia. No sentía simpatía por Willie ni por mí, a quien tal vez confundía con la madre de Jennifer. A sus ojos éramos culpables, la habíamos descuidado, y ahora, demasiado tarde, acudíamos a él compungidos. Evitó darnos detalles, porque era información confidencial, pero Willie pudo averiguar que además de los huesos convertidos en astillas y de múltiples infecciones, su hija tenía el corazón a punto de reventar. Hacía nueve años que Jennifer se empeñaba en torear a la muerte.

La habíamos visto en el hospital durante las semanas anteriores, atada de las muñecas para que no se arrancara las sondas en los delirios de la fiebre. Era adicta a casi todas las drogas conocidas, desde el tabaco hasta la heroína; no sé cómo su cuerpo resistía tanto abuso. Como no lograron encontrar una vena sana para inyectar los medicamentos, optaron por colocarle una sonda en una arteria del pecho. A la semana sacaron a Jennifer de la unidad de cuidados intensivos y la llevaron a una sala de tres camas, que compartía con otras pacientes, donde ya no estaba amarrada y no la vigilaban como antes. Comencé a visitarla a diario y le llevaba lo que me pedía, perfumes, camisas de dormir, música, pero todo desaparecía. Supongo que sus compinches acudían a horas intempestivas para abastecerla de drogas, que ella pagaba con mis regalos, a falta de dinero. Como parte del tratamiento, le administraban metadona para ayudarla a soportar la abstinencia, pero ella además se inyectaba en la sonda cuanto sus proveedores le llevaban de contrabando. Algunas veces me tocó lavarla. Tenía los tobillos y los pies hinchados, el cuerpo sembrado de machucones, marcas de agujas infectadas, cicatrices y un costurón de pirata en la espalda. «Una cuchillada», fue su lacónica explicación.

La hija de Willie fue una muchacha rubia, de grandes ojos azules, como los de su padre, pero se habían salvado pocas fotografías del pasado y ya nadie la recordaba como había sido, la mejor alumna de su clase, obediente y pulcra. Parecía etérea. La conocí en 1988, al poco tiempo de instalarme en California para vivir con Willie, cuando ella todavía era bella, aunque ya tenía la mirada esquiva y esa niebla engañosa que la envolvía como un oscuro halo. Exaltada por mi amor recién estrenado con Willie, no me sorprendió que un domingo invernal él me llevara a una cárcel, al este de la bahía de San Francisco. Aguardamos largo rato en un patio inhóspito haciendo fila con otros visitantes, la mayoría negros y latinos, hasta que abrieron las rejas y nos permitieron entrar a un lúgubre edificio. Separaron a los pocos hombres de las muchas mujeres y niños. No sé cuál fue la experiencia de Willie, pero a mí una matrona en uniforme me confiscó la cartera, me empujó detrás de una cortina y me metió las manos por donde nadie se había atrevido, con más brusquedad de la necesaria, tal vez porque mi acento me hacía sospechosa. Por suerte, una campesina salvadoreña, visitante como yo, me había advertido en la cola que no hiciera bulla, porque lo pasaría peor. Finalmente Willie y yo nos encontramos en un tráiler acondicionado para las visitas de las presas, un espacio largo y angosto, dividido por una reja de gallinero, detrás de la cual estaba Jennifer. Llevaba un par de meses en la cárcel; limpia y bien alimentada, parecía una escolar en día domingo, en contraste con el aspecto tosco de las otras reclusas. Recibió a su padre con insoportable tristeza. En los años siguientes comprobé que siempre lloraba cuando estaba con Willie, no sé si por vergüenza o por rencor. Willie me presentó brevemente como «una amiga», aunque estábamos viviendo juntos desde hacía cierto tiempo, y se quedó de pie frente a la reja de gallinero, con los brazos cruzados y la vista clavada en el suelo. Yo los observaba a corta distancia, oyendo pedazos del diálogo entre los murmullos de otras voces.

—¿Por qué esta vez?

—Ya lo sabes, ¿para qué me lo preguntas? Sácame de aquí, papá.

—No puedo.

—¿Acaso no eres abogado?

—La última vez te advertí que no volvería a ayudarte. Si has escogido esta vida, paga las consecuencias.

Ella se limpió las lágrimas con la manga, pero siguieron cayéndole por las mejillas mientras preguntaba por sus hermanos y su madre. Pronto se despidieron y ella salió escoltada por la misma mujer de uniforme que me había requisado la cartera. Entonces aún le quedaba un rescoldo de inocencia, pero seis años más tarde, cuando escapó de los cuidados del médico filipino en el hospital, ya nada había de la muchacha que conocí en esa cárcel. A los veintiséis años parecía una mujer de sesenta.

Al salir estaba lloviendo y Willie y yo corrimos, empapados, las dos cuadras que nos separaban del estacionamiento donde habíamos dejado el coche. Le pregunté por qué trataba a su hija con tanta frialdad, por qué no la ponía en un programa de rehabilitación, en vez de dejarla entre rejas.

—Está más segura allí —replicó.

—¿No puedes hacer nada? ¡Tiene que haber algún tratamiento!

—Es inútil, nunca ha querido aceptar ayuda y ya no puedo obligarla, es mayor de edad.

—Si fuera mi hija, movería cielo y tierra para salvarla.

—No es tu hija —me dijo con una especie de sordo resentimiento.

En esa época rondaba a Jennifer un joven cristiano, uno de esos alcohólicos redimidos por el mensaje de Jesús que ponen en la religión el mismo fervor que antes dedicaban a la botella. Lo vimos en algunas ocasiones en la cárcel, los días de visita, siempre con su Biblia en la mano y la sonrisa beatífica de los escogidos de Dios. Nos saludaba con la compasión reservada a quienes viven en las tinieblas del error, lo que ponía frenético a Willie, pero en mí lograba el efecto deseado: me avergonzaba. Se requiere muy poco para que yo me sienta culpable. A veces me llevaba aparte para hablarme y mientras él citaba el Nuevo Testamento —«Jesús dijo a quienes iban a lapidar a la mujer adúltera: "Quien esté libre de pecado que lance la primera piedra".»— yo observaba fascinada su mala dentadura y procuraba protegerme de las salpicaduras de saliva. No sé qué edad tenía. Si estaba callado parecía muy joven, por su facha de grillo y su piel pecosa, pero esa impresión se esfumaba apenas empezaba a predicar con voz chillona y gestos ampulosos. Al principio quiso atraer a Jennifer a las filas de los justos mediante la lógica de su fe, a la que ella era inmune. Luego optó por modestos regalos, que daban mejor resultado: por un puñado de cigarrillos ella podía calarse un rato de lecturas evangélicas. Cuando Jennifer salió en libertad, él la estaba esperando en la puerta, vestido con camisa limpia y rociado de perfume. Solía llamarnos por teléfono a horas tardías para darnos noticias de su protegida y conminar a Willie a que se arrepintiera de sus pecados y aceptara al Señor en su corazón, pues entonces podría recibir el bautismo de los elegidos y reunirse con su hija bajo el amparo del amor divino. No sabía con quién trataba: Willie es hijo de un predicador extravagante, se crió en una carpa donde su padre, con una culebra gorda y mansa enrollada en la cintura, imponía a los creyentes su religión inventada; por eso cualquier cosa que huela a sermón lo incita a escapar rajado. El evangélico estaba obsesionado con Jennifer, ciego por ella como una polilla ante una lámpara. Se debatía entre su fervor místico y la pasión carnal, entre salvar el alma de aquella Magdalena, o gozar de su cuerpo, algo estropeado pero todavía excitante, como nos confesó con tal candor, que no pudimos burlarnos de él. «No caeré en el delirio de la lujuria, sino que me casaré con ella», nos aseguró con ese extraño vocabulario que empleaba y enseguida nos dio una perorata sobre la castidad en el matrimonio, que nos dejó azorados. «Este tío es tonto o maricón», fue el comentario de Willie, pero de todos modos se aferró a la idea del casamiento, porque aquel infeliz de buenas intenciones podía rescatar a su hija. Sin embargo, cuando el galán se lo propuso a Jennifer, rodilla en tierra, ella le respondió con una risotada. Al predicador lo mataron de una paliza brutal en un bar del puerto, donde fue una noche a propagar el mensaje apacible de Jesús entre marineros y estibadores que no estaban de humor para el cristianismo. No volvimos a despertarnos a medianoche con sus discursos mesiánicos.

Jennifer pasó su infancia disimulada en los rincones, solapada, mientras su hermano Lindsay, dos años mayor, acaparaba la atención de los adultos, que no podían controlarlo. Era una niña de buenos modales, misteriosa, con un sentido del humor demasiado sofisticado para su edad. Se reía de sí misma con una carcajada clara y contagiosa. Nadie sospechaba que de noche se escapaba por una ventana, hasta que fue arrestada en uno de los barrios más sórdidos de San Francisco, donde la policía teme aventurarse de noche, a muchas millas de su casa. Tenía quince años. Sus padres llevaban varios años divorciados; cada uno vivía ocupado en lo suyo y tal vez no calibraron la gravedad del problema. A Willie le costó reconocer a la muchacha maquillada a brochazos, incapaz de tenerse de pie o articular palabra, que yacía tiritando en una celda de la comisaría. Horas más tarde, a salvo en su cama y con la mente algo más despejada, Jennifer le prometió a su padre que se enmendaría y nunca volvería a cometer una tontería como aquélla. Él la creyó. Todos los jóvenes tropiezan y caen; él mismo se había metido en problemas con la ley cuando era un muchacho. Eso fue en Los Ángeles, cuando él tenía trece años, y sus líos eran robar helados y fumar marihuana con los chiquillos mexicanos del barrio. A los catorce se dio cuenta de que si no se enderezaba por sí solo se quedaría torcido, porque no había nadie que pudiese ayudarlo, entonces se alejó de los pandilleros y decidió terminar la escuela, trabajar para pagar la universidad y convertirse en abogado.

Después de que huyó del hospital y de los cuidados del médico filipino, Jennifer sobrevivió porque era muy fuerte, a pesar de su aparente fragilidad, y no supimos de ella por un tiempo. Un día de invierno oímos el vago rumor de que estaba embarazada, pero lo descartamos por imposible; ella misma nos había dicho que no podía tener hijos, había abusado demasiado de su cuerpo. Tres meses más tarde llegó a la oficina de Willie a pedirle dinero, lo que rara vez hacía: prefería arreglarse sola, pues así no tenía que dar explicaciones. Sus ojos se movían desesperados buscando algo que no lograba hallar y le temblaban las manos, pero su tono era firme.

—Estoy encinta —le anunció a su padre.

—¡No puede ser! —exclamó Willie.

—Eso creía yo, pero mira... —Se abrió la camisa de hombre que la cubría hasta las rodillas y le mostró una protuberancia del tamaño de un pomelo—. Será una niña y nacerá en el verano. La llamaré Sabrina. Siempre me ha gustado ese nombre.

CADA VIDA, UN FOLLETÍN

Pasé casi todo ese año de 1993 encerrada escribiéndote, Paula, entre lágrimas y recuerdos, pero no pude evitar una larga gira por varias ciudades norteamericanas para promover *El plan infinito*, una novela inspirada en la vida de Willie; acababa de publicarse en inglés, pero la había escrito dos años antes y ya existía en varios idiomas europeos. El título se lo robé al padre de Willie, cuya religión trashumante se llamaba «el plan infinito». Willie había mandado mi libro de regalo a todos sus amigos, calculo que él compró la primera edición completa. Estaba tan ufano que debí recordarle que no era su biografía, sino ficción. «Mi vida es una novela», me respondió. Todas las vidas pueden contarse como una novela, cada uno de nosotros es el protagonista de su propia leyenda. En este momento, al escribir estas páginas, tengo dudas. ¿Sucedieron los hechos tal como los recuerdo y como los cuento? A pesar de la fundamental correspondencia con mi madre, en la que preservamos día a día una versión más o menos verídica tanto de los eventos triviales como de los importantes, estas páginas son subjetivas. Willie me dijo que el libro era un mapa de su trayectoria y agregó que era una lástima que el actor Paul Newman estuviese un poco viejo para el papel del protagonista en caso que hicieran la película. «Habrás notado que Paul Newman se parece a mí», me hizo ver con su habitual modestia. No me había dado cuenta, pero no conocí a Willie de joven, cuando seguramente eran iguales.

La publicación del libro en inglés ocurrió en mal momento para mí; no deseaba ver a nadie y la idea de una gira de promoción me agobiaba. Estaba enferma de pena, obsesionada por lo que pude haber hecho y no hice para salvarte. ¿Cómo no me di cuenta de la desidia de los médicos en aquel hospital de Madrid? ¿Por qué no te saqué de allí y te traje de inmediato a California? Por qué, por qué… Me encerraba en la pieza donde pasaste tus últimos días, pero ni siquiera en ese lugar sagrado hallaba algo de paz. Habrían de pasar muchos años antes de que te convirtieras en una amiga suave y constante. Entonces sentía tu ausencia como un dolor agudo, una lanza en el pecho, que a veces me ponía de rodillas.

También me preocupaba Nico, porque acabábamos de enterarnos de que tu hermano también tiene porfiria. «Paula no murió de porfiria, sino por negligencia médica», insistía tu hermano, para tranquilizarme, pero estaba inquieto, no tanto por sí mismo como por sus dos hijos y el tercero que venía en camino. Los niños podrían haber recibido esa nefasta herencia; lo sabríamos cuando tuvieran edad para someterse a los exámenes. Tres meses después de tu muerte, Celia nos anunció que esperaban otro crío, lo que yo ya sospechaba, por sus ojeras de sonámbula y porque yo lo había soñado, tal como soñé a Alejandro y Andrea antes de que se movieran en el vientre de su madre. Tres hijos en cinco años era una imprudencia; Nico y Celia carecían de empleo seguro y sus visas de estudiante estaban a punto de expirar, pero igual celebramos la noticia. «No se preocupen, cada niño llega con un pan bajo el brazo», fue el comentario de mi madre al enterarse. Así fue. Esa misma semana comenzamos los trámites para las visas de residencia de Nico y su familia; yo había obtenido mi ciudadanía en Estados Unidos, después de cinco años de espera, y podía apadrinarlos.

Willie y yo nos conocimos en 1987, tres meses antes de que tú conocieras a Ernesto. Alguien te dijo entonces que yo había dejado a tu padre por él, pero te prometo que no fue así. Tu padre y yo estuvimos juntos veintinueve años, nos conocimos cuando yo tenía quince y él iba a cumplir veinte. Cuando decidimos divorciarnos, yo ni siquiera sospechaba que tres meses más tarde encontraría a Willie. Nos reunió la literatura: Willie había leído mi segunda novela y sintió curiosidad por conocerme cuando yo pasaba como un cometa por el norte de California. Se llevó un chasco conmigo, porque no soy para nada el tipo de mujer que él prefiere, pero lo disimuló bastante bien y hoy asegura que sintió de inmediato una «conexión espiritual». No sé lo que será eso. Por mi parte, debí de actuar deprisa, porque iba saltando de ciudad en ciudad en un viaje demente. Te llamé para pedirte consejo y me dijiste, riéndote a carcajadas, que para qué te preguntaba, si ya había tomado la decisión de lanzarme de cabeza a la aventura. Se lo conté a Nico y exclamó horrorizado: «¡A tu edad, mamá!». Yo tenía cuarenta y cinco años, que a él le parecían el umbral de la sepultura. Eso me dio la clave de que no había tiempo que perder, debía ir al grano. Mi urgencia barrió con la justificada cautela de Willie. No voy a repetir aquí lo que ya sabes y he contado muchas veces; según Willie, tengo cincuenta versiones de cómo empezó nuestro amor y todas son ciertas. Para resumir, te recuerdo que pocos días más tarde dejé mi vida anterior y aterricé sin invitación en casa de ese hombre de quien me había encaprichado. Nico dice que «abandoné a mis hijos», pero tú estabas estudiando en Virginia y él ya tenía veintiún años, era un guajalote que no necesitaba los mimos de su mamá. Una vez que Willie se repuso de la brutal sorpresa de verme en su puerta con un bolso de viaje, iniciamos la vida en común con entusiasmo, a pesar de las diferencias culturales que nos separaban y los problemas de sus hijos, que ni él ni yo sabíamos manejar. Me parecía que la vida y la familia de Willie eran como una mala comedia en la que nada funcionaba. ¿Cuántas veces te llamé para pedirte consejo? Creo que todos los días. Y siempre me contestabas lo mismo: «¿Qué es lo más generoso que puedes hacer en este caso, mamá?». Willie y yo nos casamos ocho meses después. No fue por iniciativa de él, sino mía. Al comprender que la pasión del primer momento iba convirtiéndose en amor y que probablemente me quedaría en California, decidí traer a mis hijos. Debía ser ciudadana estadounidense si deseaba reunirme contigo y tu hermano, así es que no me quedó más remedio que tragarme el orgullo y sugerirle a Willie la idea del matrimonio. Su reacción no fue de dicha explosiva, como yo tal vez osé esperar, sino de pavor, porque varios amores fracasados habían apagado las brasas románticas de su corazón, pero al final le doblé la mano. Bueno, en realidad no fue difícil: le di hasta las doce del día siguiente para que se decidiera y empecé a hacer mi maleta. Quince minutos antes de que se cumpliera el plazo, Willie aceptó mi mano, aunque nunca entendió mi porfiada insistencia en vivir cerca de Nico y de ti, porque en Estados Unidos los jóvenes abandonan el hogar paterno cuando terminan la escuela y sólo vuelven de visita para Navidad o el día de Acción de Gracias. A los americanos les choca la costumbre chilena de convivir en clan para siempre.

—¡No me obligues a escoger entre los niños y tú! —le advertí en aquella ocasión.

—No se me ocurriría. Pero ¿estás segura de que ellos quieren vivir cerca de ti? —me preguntó.

—Una madre siempre tiene derecho a convocar a sus hijos.

Nos casó un señor que había obtenido su licencia por correo, mediante el pago de veinticinco dólares, porque Willie, siendo abogado, no consiguió ningún juez amigo que lo hiciera. Eso me dio mala espina. Fue el día de más calor en la historia del condado de Marin. La ceremonia se llevó a cabo en un restaurante italiano sin aire acondicionado; la torta se derritió por completo, la señorita que tocaba el arpa se desmayó y los invitados, chorreados de sudor, fueron quitándose la ropa. Los hombres terminaron sin camisa ni zapatos, y las mujeres, sin medias ni ropa interior. Yo no conocía a nadie, excepto a tu hermano y a ti, a mi madre y a mi editor americano, que vinieron de lejos para acompañarme. Siempre he sospechado que esa boda no fue del todo legal y espero que algún día nos dé el ánimo para casarnos como corresponde.

No quiero darte la impresión de que me casé sólo por interés, ya que sentía por Willie la lujuria heroica que suele perder a las mujeres de nuestra estirpe, tal como te pasó a ti con Ernesto, pero a la edad que teníamos cuando nos conocimos no había necesidad de casarse, salvo por el asunto de las visas. En otras circunstancias habríamos vivido en concubinato, como sin duda Willie hubiese preferido, pero yo no pensaba renunciar a mi familia, por muy parecido a Paul Newman que fuese aquel novio renuente. Contigo y con Nico salí de Chile durante la dictadura militar en la década de los setenta, con ustedes me refugié en Venezuela hasta finales de los ochenta, y con ustedes pensaba convertirme en inmigrante en Estados Unidos en los noventa. No me cabía duda de que tu hermano y tú estarían mucho mejor conmigo en California que desparramados por el mundo, pero no calculé las demoras legales. Pasaron cinco años, que fueron como cinco siglos, y entretanto ustedes se casaron, Nico con Celia en Venezuela y tú con Ernesto en España, pero eso no me pareció un inconveniente serio. Al cabo de un tiempo logré instalar a Nico y su familia a dos cuadras de nuestra casa, y si la muerte no te hubiera dado un zarpazo prematuro, también vivirías a mi lado.

Partí de viaje cruzando Estados Unidos en varias direcciones para promocionar mi novela y dar las conferencias que había postergado el año anterior, cuando no podía moverme de tu lado. ¿Sentías mi presencia, hija? Me he preguntado eso muchas veces. ¿Qué soñabas en la larga noche del noventa y dos? Soñabas, estoy segura, porque se movían tus ojos bajo los párpados y a veces despertabas asustada. Estar en coma debe de ser como estar atrapado en la densa niebla de una pesadilla. Según los médicos, no te dabas cuenta de nada, pero me cuesta creerlo.

En el viaje llevaba una bolsa de píldoras para dormir, para dolores imaginarios, para secar el llanto y para el miedo a la soledad. Willie no pudo acompañarme porque debía trabajar; su bufete no cerraba ni los domingos, siempre había una corte de milagros en su antesala y un centenar de casos sobre su escritorio. En esos días andaba afanado con la tragedia de un inmigrante mexicano que se mató al caer de un quinto piso de un edificio en construcción en San Francisco. Se llamaba Jovito Pacheco y tenía veintinueve años. Oficialmente no existía. La empresa constructora se lavaba las manos, porque el hombre no figuraba en sus planillas. El subcontratista no tenía seguro y tampoco reconocía a Pacheco; lo había reclutado días antes en un camión, junto a veinte ilegales como él, y lo había conducido al sitio de trabajo. Jovito Pacheco era campesino y jamás se había subido a un andamio, pero tenía las espaldas fuertes y muchas ganas de trabajar. Nadie le indicó que debía ponerse un arnés de seguridad. «¡Le meteré juicio a medio mundo si es necesario, pero voy a conseguir alguna compensación para esa pobre familia!», le oí decir a Willie mil veces. Por lo visto no era un caso fácil. Tenía una fotografía medio desteñida de la familia Pacheco en su oficina: padre, madre, abuela, tres niños pequeños y un bebé en los brazos, vestidos con su ropa de ir a la iglesia, alineados a pleno sol en una plaza polvorienta de México. El único que llevaba zapatos era Jovito Pacheco, un indio prieto con una sonrisa orgullosa y su aporreado sombrero de paja en la mano.

En esa gira fui vestida de negro de pies a cabeza con el pretexto de que es un color elegante, pues no quería admitir ni ante mí misma que iba de luto. «Pareces una viuda chilena», me dijo Willie, y me regaló una bufanda roja de bombero. No recuerdo a qué ciudades fui, a quién conocí, ni qué hice, tampoco importa, sólo que me encontré en Nueva York con Ernesto. Tu marido se emocionó mucho cuando le conté que estaba escribiendo unas memorias sobre ti. Lloramos juntos y la suma de nuestras tristezas desencadenó una tormenta de granizo. «Suele granizar en invierno», me dijo Nico cuando se lo comenté por teléfono. Pasé varias semanas lejos de los míos en estado hipnótico. Por la noche me tumbaba en camas desconocidas, aturdida por los somníferos, y por la mañana me sacudía las pesadillas con café retinto. Hablaba por teléfono con los de California y a mi madre le mandaba cartas por fax, que el tiempo fue borrando porque se imprimían con una tinta sensible a la luz. Muchos acontecimientos de entonces se perdieron; estoy segura de que fue mejor así. Contaba las horas que faltaban para regresar a mi casa y esconderme del mundo; deseaba dormir con Willie, jugar con mis nietos y consolarme haciendo collares en el taller de mi amiga Tabra.

Me enteré de que Celia estaba perdiendo peso con el embarazo, en vez de ganarlo, de que mi nieto Alejandro ya iba con mochila a una guardería infantil, y que Andrea necesitaba someterse a una operación de los ojos. Mi nieta era menuda, tenía una pelusa dorada en la cabeza y era completamente bizca, su ojo izquierdo vagaba solo. Era quieta y callada, siempre parecía estar planeando algo, y se chupaba el dedo aferrada a un pañal de algodón —su «tuto»— que no soltaba jamás. A ti no te gustaban los niños, Paula. Una vez que viniste de visita y te tocó cambiarle el pañal a Alejandro, me confesaste que mientras más estabas con tu sobrino, menos ganas tenías de ser madre. A Andrea no la conociste, pero la noche de tu muerte ella estaba durmiendo, junto a su hermano, a los pies de tu cama.

UN ALMA ANTIGUA VIENE DE VISITA

En mayo Willie me llamó a Nueva York para contarme que, desafiando los pronósticos de la ciencia y la ley de probabilidades, Jennifer había dado a luz a una niña. Una dosis doble de narcóticos precipitó el parto, y Sabrina nació dos meses antes de lo que le correspondía. Alguien llamó a una ambulancia, que la condujo al servicio de urgencias más cercano, un hospital católico privado donde nunca habían visto a nadie en aquel estado de intoxicación. Gracias a eso se salvó Sabrina, porque si hubiese nacido en el hospital público del barrio humilde de Oakland donde Jennifer vivía, habría sido uno más de los cientos de bebés que nacen para morir, condenados por las drogas en el vientre materno; nadie habría reparado en ella y su minúscula persona se habría perdido en las rendijas del recargado sistema de medicina social. Ella, en cambio, cayó en las hábiles manos del médico de turno, quien alcanzó a interceptarla cuando fue escupida al mundo y se convirtió en el primer seducido por los ojos hipnóticos de la pequeña. «Esta niña tiene pocas posibilidades de sobrevivir», opinó al examinarla, pero quedó enredado en su mirada oscura y esa tarde no se fue a su casa cuando terminó la guardia. Para entonces había llegado una pediatra y los dos permanecieron parte de la noche vigilando la incubadora y calculando cómo desintoxicarían a la recién nacida sin dañarla más de lo que estaba y cómo la alimentarían, ya que no tragaba. De la madre no se preocuparon, pues había abandonado el hospital apenas pudo levantarse de la camilla.

A Jennifer, un dolor sordo le partía las caderas y no recordaba bien lo ocurrido, sólo la angustiosa sirena de la ambulancia, un largo pasillo con luces blancas y unos rostros que le gritaban órdenes. Creía que había dado a luz a una niña, pero no podía quedarse para confirmarlo. La habían dejado descansando en un cuarto, pero al cabo de un rato sintió el síndrome de abstinencia y comenzó a temblar de náuseas, cubierta de sudor, con los nervios electrizados; se vistió como pudo y escapó por una puerta de servicio. Un par de días más tarde, algo más repuesta del parto y tranquilizada por las drogas, pensó en la criatura que había dejado atrás y regresó a buscarla, pero ya no le pertenecía. Los Servicios de Menores habían intervenido y habían colocado en el brazo de la niña un dispositivo de seguridad, que activaba una alarma si alguien intentaba sacarla de la sala.

Interrumpí mi gira en Nueva York y volví en el primer vuelo disponible a California. Willie me recogió en el aeropuerto y me condujo directamente a la clínica; por el camino me explicó que su nieta estaba muy débil. Jennifer, perdida en su propio purgatorio, no podía cuidarse a sí misma y menos aún podía hacerse cargo de su hija. Vivía con un tipo que le doblaba la edad, que se ganaba la vida con tráficos sospechosos y había estado preso en más de una ocasión. «Seguro que explota a Jennifer y le facilita las drogas», fue lo primero que se me ocurrió, pero Willie, mucho más noble que yo, le estaba agradecido de que al menos le diera un techo.

Corrimos por los pasillos de la clínica hasta la sala de los bebés prematuros. La enfermera ya conocía a Willie y nos llevó a una cunita en un rincón. Tomé en brazos a Sabrina por primera vez un día tibio de mayo, arropada en una mantilla de algodón, como un paquete. Abrí el bulto pliegue a pliegue y encontré en el fondo a la niña, como un caracol enrollado, con un pañal demasiado grande cubriéndola desde los tobillos hasta el cuello, y un gorro de lana en la cabeza. Del pañal salían dos patitas arrugadas, unos brazos como palillos y una cabeza perfecta, de facciones finas y ojos grandes, almendrados y oscuros, que me miraron con la determinación de un guerrero. No pesaba nada, tenía la piel seca y olía a medicamentos, era blanda, pura espuma. «Nació con los ojos abiertos», dijo la enfermera. Sabrina y yo nos observamos durante un par de largos minutos, conociéndonos. Dicen que a esa edad los niños son casi ciegos, pero ella tenía la misma expresión intensa que la caracteriza hoy. Estiré un dedo para acariciarle la mejilla y su puño diminuto se aferró a mí con fuerza. Noté que tiritaba y la arropé con la mantilla, apretándola en mi pecho.

—¿Cuál es su relación con la niña? —preguntó una mujer joven que antes se había presentado como la pediatra.

—Él es su abuelo —respondí, señalando a mi marido, que estaba junto a la puerta, tímido o demasiado emocionado para hablar.

—Los exámenes revelan la presencia de varias sustancias tóxicas en el sistema de la niña. También es prematura; calculo que tiene siete meses de desarrollo, pesa kilo y medio y su aparato digestivo no está totalmente formado.

—¿No debería estar en una incubadora? —sugirió Willie.

—La sacamos hoy de la incubadora porque su respiración es normal, pero no se hagan ilusiones. Me temo que el pronóstico no es bueno…

—¡Vivirá! —la interrumpió enfática la enfermera, una negra majestuosa con una torre de trencitas en la cabeza, arrebatándome a la criatura, que desapareció en sus gruesos brazos.

—¡Odilia, por favor! —exclamó la pediatra, incrédula ante ese exabrupto tan poco profesional.

—Está bien, doctora, entendemos la situación —le dije, con un suspiro de cansancio.

No había tenido tiempo de cambiarme el vestido que había usado durante semanas en el viaje. Había recorrido quince ciudades en veintiún días, con una bolsa de mano donde llevaba lo indispensable, que en mi experiencia es muy poco. Tomaba un avión a primera hora de la mañana, llegaba a la ciudad de turno, donde me aguardaba una acompañante —casi siempre una señora tan fatigada como yo— para llevarme a las citas con la prensa. Comía un emparedado a mediodía, hacía un par de entrevistas más y me iba al hotel a darme una ducha antes de la presentación de la noche, en que me enfrentaba al público con los pies hinchados y una sonrisa forzada para leer algunas páginas de mi novela en inglés. Llevaba una foto tuya enmarcada, para que me acompañara en los hoteles. Quería recordarte así, con tu sonrisa espléndida, tu pelo largo y tu blusa verde, pero al pensar en ti las imágenes que me asaltaban eran otras: tu cuerpo rígido, tus ojos vacíos, tu silencio absoluto. En esas maratones de publicidad, capaces de moler los huesos del más fuerte, me desprendía del cuerpo, como en un viaje astral, y cumplía las etapas de la gira con el peso de una roca en el pecho, confiando en que las acompañantes me llevarían de la mano durante el día, me escoltarían en la lectura de la noche y me dejarían en el aeropuerto al amanecer siguiente. Durante las muchas horas de viaje desde Nueva York a San Francisco dispuse de tiempo para pensar en Sabrina, pero nunca imaginé la forma en que esa nieta cambiaría las vidas de varias personas.

—Es un alma muy antigua —dijo Odilia, la enfermera, después de que la pediatra se hubiera ido—. He visto a muchos recién nacidos en los veintidós años que llevo trabajando aquí, pero como Sabrina, ninguno. Se da cuenta de todo. Me quedo con ella incluso después de que termina mi turno, y hasta vine el domingo a verla, porque no me la puedo quitar de la cabeza.

—¿Usted cree que se puede morir? —la interrumpí, ahogada.

—Eso dicen los médicos. Ya oyeron a la doctora. Pero yo sé que vivirá. Ha venido para quedarse, tiene buen karma.

Karma. Otra vez karma. ¿Cuántas veces he oído ese término en California? Me revienta la idea del karma. Creer en el destino ya es bastante limitante, pero el karma es mucho peor, porque se remonta a mil vidas anteriores, y a veces uno tiene que cargar también con las fechorías de los antepasados. El destino se puede cambiar, pero para limpiar el karma se requiere toda una vida, y tal vez eso no alcance. Pero no era el momento de filosofar con Odilia. Sentía una ternura infinita por la niña y agradecimiento a esa enfermera que le había tomado cariño. Hundí la cara en el pañal, alegre porque Sabrina estaba en el mundo.

Willie y yo salimos de la sala sosteniéndonos mutuamente. Recorrimos idénticos pasillos buscando la salida, hasta que dimos con un ascensor. Un espejo en el interior nos devolvió nuestras imágenes. Me pareció que Willie había envejecido un siglo. Sus hombros, antes arrogantes, ahora se curvaban derrotados; noté las arrugas en torno a sus ojos, la línea del mentón, menos atrevida que antes, y el poco cabello que le quedaba, completamente blanco. Los días pasan muy rápido. No me había fijado en los cambios de su cuerpo y no lo veía como era, sino como lo recordaba. Para mí seguía siendo el hombre de quien me había enamorado a primera vista seis años antes, apuesto, atlético, con un traje oscuro que le quedaba un poco estrecho, como si las espaldas desafiaran las costuras. Me gustó su risa espontánea, su actitud segura, sus manos elegantes. Se tragaba todo el aire, ocupaba todo el espacio. Se notaba que había vivido y sufrido, pero parecía invulnerable. ¿Y yo? ¿Qué vio él en mí cuando nos conocimos? ¿Cuánto había cambiado yo en esos seis años, especialmente durante los últimos meses? También yo me miraba con el filtro compasivo de la costumbre, sin fijarme en el inevitable deterioro físico: los senos más flojos, la cintura más ancha, los ojos más tristes. El espejo del ascensor me reveló el cansancio que los dos teníamos, más profundo que el de mi viaje o el de su trabajo. Dicen los budistas que la vida es un río, que navegamos en una balsa hacia el destino final. El río tiene su corriente, velocidad, escollos, remolinos y otros obstáculos que no podemos controlar, pero contamos con un remo para dirigir la embarcación sobre el agua. De nuestra destreza depende la calidad del viaje, pero el curso no puede cambiarse, porque el río desemboca siempre en la muerte. A veces no hay más remedio que abandonarse a la corriente, pero éste no era el caso. Respiré a fondo, me estiré en mi escasa estatura y le di una palmada en la espalda a mi marido.

—Enderézate, Willie. Tenemos que remar.

Me miró con esa expresión confundida que suele tener cuando cree que el inglés me falla.

UN NIDO PARA SABRINA

No me cupo duda de que Willie y yo nos haríamos cargo de Sabrina: si los padres no pueden hacerlo, les toca a los abuelos, es una ley natural. Sin embargo, pronto descubrí que no sería tan simple, no era cosa de ir con un canasto a recoger a la niña al hospital cuando la dieran de alta, en uno o dos meses. Había trámites que hacer. El juez ya había determinado que no se la entregarían a Jennifer, pero estaba su compañero de por medio. Yo no creí que fuese el padre porque la niña no tenía sus rasgos africanos, aunque me aseguraron que era de raza mezclada y se iría oscureciendo en el transcurso de las semanas. Willie pidió un examen de sangre, y aunque el hombre se negó a hacérselo, Jennifer confirmó que él era el padre y eso bastaba ante la ley. Desde Chile, mi madre opinó que era una locura adoptar a la niña, que Willie y yo estábamos gastados para una tarea de tal envergadura: Willie tenía suficientes problemas con sus hijos y su oficina; yo escribía y viajaba sin pausa.

—A esa niñita habrá que cuidarla día y noche, ¿cómo piensas hacer eso? —me preguntó mi madre.

—Tal como cuidé a Paula —le anuncié.

Nico y Celia vinieron a hablar con nosotros. Tu hermano, esbelto como un abedul y todavía con cara de mocoso, traía a un niño en cada brazo. A Celia ya se le notaba el embarazo de seis meses, estaba cansada y con la piel verdosa. De nuevo me sorprendí al ver a mi hijo, que nada heredó de mí: me pasa en altura por cabeza y media, es ecuánime, fino de modales y sentimientos, racional, con un suave sentido de la ironía.

Tiene una inteligencia prístina, no sólo en las matemáticas y la ciencia, que son su pasión, sino en cualquier actividad humana. Me asombra a cada rato con lo que sabe y con sus opiniones. Se le ocurren soluciones para toda suerte de problemas, desde un complejo programa de computación hasta un no menos complejo mecanismo para colgar sin esfuerzo una bicicleta del techo. Puede arreglar casi cualquier cosa de uso práctico y lo hace con tal cuidado, que queda mejor que en su estado original. Nunca lo he visto perder el control. Hay tres reglas básicas que aplica en sus relaciones humanas: no es personal, cada uno es responsable de sus sentimientos, la vida no es justa. ¿Dónde aprendió eso? De la mafia italiana, supongo: Don Corleone. He tratado en vano de seguir su camino de la sabiduría: para mí todo es personal, me siento responsable de los sentimientos ajenos, incluso en el caso de gente que apenas conozco, y llevo más de sesenta años frustrada porque no puedo aceptar que la vida sea injusta.

Tuviste poco tiempo para conocer bien a tu cuñada y sospecho que no le tenías mucha simpatía porque eras bastante severa. Yo misma te temía un poco, hija, ahora te lo puedo decir: tus juicios solían ser lapidarios e irrevocables. Además, Celia sacaba roncha a propósito, como si se esmerara en dejar a todo el mundo patitieso. Déjame recordarte una conversación en la mesa:

—Creo que deberían mandar a todos los maricones a una isla y obligarlos a que se queden allí. Es culpa de ellos que haya sida —dijo Celia.

—¿Cómo puedes decir algo así? —exclamaste, espantada.

—¿Por qué tenemos que pagar nosotros por los problemas de esa gente?

—¿Qué isla? —preguntó Willie, para jorobar.

—No sé, las Farallones, por ejemplo.

—Las Farallones son muy chicas.

—¡Cualquier isla! ¡Una isla gay donde puedan darse por el culo hasta que se mueran!

—¿Y qué comerían?

—¡Que planten sus propios vegetales y críen sus gallinas! O bien usamos dinero de los impuestos para hacer un puente aéreo.

—Tu inglés ha mejorado mucho, Celia. Ahora puedes articular tu intolerancia a la perfección —comentó mi marido con una ancha sonrisa.

—Gracias, Willie —respondió ella.

Y así siguió la sobremesa hasta que tú te fuiste, indignada. Cierto, Celia solía expresarse de manera un poco atrevida, al menos para California, pero había que comprender que estuvo varios años en el Opus Dei y que venía de Venezuela, donde nadie tiene pelos en la lengua para decir lo que se le antoja. Celia es inteligente y contradictoria, tiene una tremenda energía y un humor irreverente que, traducido a su limitado inglés de aquella época, solía causar estragos. Trabajaba como mi asistente y más de algún periodista o visitante desprevenido salió de mi oficina desconcertado con las bromas de esa nuera. Quiero contarte lo que tal vez no sabes, hija: ella te cuidó durante meses con la misma ternura que dedicaba a sus hijos, te acompañó en tus últimas horas, me ayudó a preparar tu cuerpo en los ritos íntimos de la muerte y se quedó junto a ti esperando un día y una noche, hasta que llegaron Ernesto y el resto de la familia, que venían de lejos. Queríamos que los recibieras en tu cama, en nuestra casa, para la despedida final.

Pero volvamos a Sabrina. Nico y Celia nos reunieron en la sala y por una vez ella permaneció muda, con los ojos clavados en sus pies metidos en calcetas de lana y sandalias de fraile franciscano, mientras él tomaba la palabra. Empezó por lo mismo que ya había dicho mi madre: que Willie y yo no estábamos en edad de criar un bebé, que cuando Sabrina cumpliera quince años, yo tendría sesenta y seis, y él, setenta y uno.

—Willie no es un genio para educar hijos, y tú, mamá, estás tratando de reemplazar a Paula con una niñita enferma. ¿Serías capaz de resistir otro duelo si Sabrina no sobrevive? No me parece. Pero nosotros somos jóvenes y podemos hacerlo. Ya lo hemos hablado y estamos dispuestos a adoptar a Sabrina —concluyó mi hijo.

Willie y yo nos quedamos mudos por un largo minuto.

—Pronto ustedes tendrán tres niños... —logré decir al fin.

—¿Y qué le hace otra raya al tigre? —masculló Celia.

—Gracias, muchas gracias, pero eso sería una locura. Ustedes tienen su propia familia y deben salir adelante en este país, lo que no será fácil. No pueden ocuparse de Sabrina, eso nos corresponde a nosotros.

Entretanto pasaban los días y la pesada maquinaria de la ley seguía su inexorable curso a nuestras espaldas. La visitadora social a cargo del caso, Rebeca, era una mujer de aspecto muy joven pero con gran experiencia. Su trabajo no era envidiable, le tocaba ocuparse de niños que habían sufrido abuso y negligencia, iban de una institución a otra, los adoptaban y después los devolvían; niños aterrorizados o llenos de rabia; niños delincuentes o tan traumatizados que nunca harían una vida más o menos normal. Rebeca luchaba contra la burocracia, la desidia de las instituciones, la falta de recursos, la irremediable maldad ajena y, sobre todo, luchaba contra el tiempo. No le alcanzaban las horas para estudiar los casos, visitar a los niños, rescatarlos del peligro más urgente, instalarlos en un refugio temporal, protegerlos, seguirles la pista. Los mismos chicos pasaban por su oficina una y otra vez, con problemas que iban empeorando con los años. Nada se resolvía, sólo se postergaba. Después de leer el informe que tenía sobre su mesa, Rebeca decidió que cuando Sabrina saliera del hospital iría a un hogar estatal especializado en niños con problemas graves de salud. Llenó los documentos necesarios, que saltaron de escritorio en escritorio hasta alcanzar al juez pertinente, y éste los firmó. La suerte de Sabrina estaba echada. Al saberlo, volé a la oficina de Willie, lo arranqué de una reunión y le descargué una granizada en español que casi lo aplasta para exigirle que fuera de inmediato a hablar con ese juez, metiera juicio si era necesario, porque si colocaban a Sabrina en un hospicio para bebés se moriría de todos modos. Willie se puso en marcha, y yo me fui a la casa a esperar los resultados, temblando.

Esa noche, muy tarde, mi marido regresó con diez años más sobre las espaldas. Nunca lo había visto tan vencido, ni siquiera cuando tuvo que rescatar a Jennifer de un motel donde se estaba muriendo, cubrirla con su chaqueta y llevarla a ese hospital donde la recibió el doctor filipino. Me contó que había hablado con el juez, con la visitadora social, con los médicos, hasta con un psiquiatra, y todos coincidían en que la salud de la niña era demasiado frágil. «No podemos hacernos cargo de ella, Isabel. No tenemos energía para cuidarla ni fortaleza para soportarlo si se muere. Yo no soy capaz de esto», concluyó, con la cabeza entre las manos.

GITANA DE CORAZÓN

Willie y yo tuvimos una de esas peleas que hacen historia en la vida de una pareja y merecen ser nombradas —como la «guerra de Arauco», así llamamos en la familia a una que mantuvo a mis padres en armas durante cuatro meses—, pero ahora, que han pasado muchos años y puedo mirar hacia atrás, le concedo la razón a Willie. Si me alcanzan las páginas contaré otros torneos épicos en que nos hemos enfrentado, pero creo que ninguno fue tan violento como el de Sabrina, porque fue un choque de personalidades y culturas. No quise oír sus razones, me encerré en una ira sorda contra el sistema legal, el juez, la visitadora social, los americanos en general y Willie en particular. Los dos escapamos de la casa; él se quedaba trabajando en su oficina hasta bien entrada la noche, y yo cogí una maleta y me fui donde Tabra, quien me recibió sin alharaca.

Nos conocíamos desde hacía varios años, Tabra fue la primera amiga que hice al llegar a California. Un día ella fue a teñirse el cabello color berenjena, como lo llevaba entonces, y la peluquera le comentó que una semana antes había llegado una nueva clienta que quería el mismo color, dos casos únicos en su larga carrera profesional. Agregó que se trataba de una chilena que escribía libros, y le dio mi nombre. Tabra había leído *La casa de los espíritus* y le pidió que le avisara la próxima vez que yo apareciera en su salón, pues deseaba conocerme. Eso ocurrió muy pronto, porque me cansé del color antes de lo esperado; parecía un payaso mojado. Tabra se presentó con mi libro para que se lo firmara y se llevó la sorpresa de que yo llevaba puestos unos pendientes hechos por ella. Estábamos destinadas a congeniar, como dijo la peluquera.

Esa mujer vestida con amplias faldas de gitana, los brazos cubiertos de la muñeca al codo con pulseras de plata y el cabello de un color imposible me sirvió de modelo para el personaje de Tamar en *El plan infinito*. Formé a Tamar con Carmen, una amiga de infancia de Willie, y con Tabra, a quien le robé la personalidad y parte de la biografía. Como Tabra heredó de su padre una impecable rectitud moral, no deja pasar la ocasión de aclarar que nunca se acostó con Willie, comentario que parece del todo innecesario a quienes no han leído mi novela. Su casa, de un piso, de madera, con techos altos y grandes ventanales, era un museo de objetos extraordinarios de diversos rincones del planeta, cada uno con su historia: calabazas para enfundar el pene traídas de Nueva Guinea, máscaras peluconas de Indonesia, feroces esculturas de África, pinturas oníricas de los aborígenes australianos… La propiedad, que compartía con venados, mapaches, zorros y la variedad completa de aves de California, consistía en treinta hectáreas de naturaleza salvaje. Silencio, humedad, olor a madera, un paraíso obtenido sólo con su esfuerzo y talento.

Tabra creció en el seno del cristianismo fanático del sur del país. La Iglesia de Cristo era la única verdadera. Los metodistas hacían lo que les daba la gana, los bautistas se condenarían porque tenían un piano en la iglesia, los católicos no contaban —sólo los mexicanos eran católicos, y no era seguro que ésos tuviesen alma— y de las otras denominaciones no valía la pena hablar porque sus ritos eran satánicos, como era bien sabido. Estaban prohibidos el alcohol, la danza y la música, nadar con seres de otro sexo, y me parece que también el tabaco y el café, pero no estoy segura. Tabra terminó su educación en el Abilene Christian College, donde enseñaba su padre, un profesor dulce y de mente abierta, enamorado de la literatura judía y afroamericana, que navegaba como podía contra la censura de las autoridades del colegio. Sabía cuán rebelde era su hija, pero no esperaba que se fugaría con un novio secreto a los diecisiete años, un estudiante de Samoa, el único de piel oscura, pelo y ojos negros en esa institución de blancos. En aquellos tiempos el joven de Samoa todavía era delgado y guapo, al menos a los ojos de Tabra, y no cabía duda de su inteligencia, porque hasta ese momento era el único habitante de la isla que había recibido una beca.

La pareja escapó de noche a otra ciudad, donde el juez de paz se negó a casarlos porque los matrimonios de blancos con negros eran ilegales, pero Tabra lo convenció de que los polinesios no son negros y además ella estaba embarazada. A regañadientes, el juez accedió. No había oído hablar de Samoa, y la desventurada criatura de sangre mixta que ella tenía en el vientre le pareció razón de peso para legitimar aquella unión de disparate. «Compadezco a sus padres, jovencita», dijo en vez de darles la bendición. Esa misma noche el flamante marido se quitó el cinturón y azotó a Tabra hasta dejarla ensangrentada porque se había acostado con un hombre antes de casarse. El hecho indiscutible de que ese hombre fuese él mismo no atenuaba en lo más mínimo la condición de puta. Ésa fue la primera de incontables palizas y violaciones que, según los dirigentes de la Iglesia de Cristo, ella debía soportar, porque Dios no aprueba el divorcio y ése era su castigo por haberse casado con alguien de otra raza, perversión proscrita por la Biblia.

Tuvieron un niño hermoso de nombre, Tongi, que en lengua de Samoa quiere decir «llanto», y el marido se llevó a su pequeña y aterrorizada familia a su aldea natal. Aquella isla tropical, donde los americanos tenían una base militar y un destacamento de misioneros, acogió bien a Tabra. Era la única blanca en el clan de su marido, y eso le daba una situación de cierto privilegio, pero no impedía las golpizas diarias que él le propinaba. La nueva parentela de Tabra consistía en una veintena de gigantes rollizos y morenos que lamentaban en coro su aspecto desnutrido y pálido. La mayoría de ellos, especialmente su suegro, la trataba con mucho cariño y reservaba para ella las mejores presas de la cena comunitaria: cabezas de pescado con ojos, huevos fritos con embriones de pollo y un delicioso budín que preparaban masticando un fruto y escupiendo la papilla en un recipiente de madera, donde fermentaba al sol. A veces la mujeres alcanzaban a coger al pequeño Tongi y llevárselo de carrera para esconderlo de la furia del padre, pero no podían defender a su madre.

Tabra nunca se acostumbró al miedo. No había reglas en su tormento, nada que ella hiciera o dejara de hacer lo evitaba. Por fin, después de una azotaina homérica, su marido fue a dar por unos días a la cárcel, momento que aprovecharon los misioneros para ayudar a Tabra a escapar con su hijo de vuelta a Texas. La Iglesia la repudió, no pudo conseguir un trabajo decente y la única persona que la ayudó fue su padre. El divorcio zanjó las cosas y ella no volvió a ver a su verdugo en quince años. Para entonces, después de muchos años de terapia, le había perdido el miedo. El hombre, que había regresado a Estados Unidos y se había convertido en predicador evangélico, verdadero azote de pecadores y descreídos, nunca más se atrevió a molestarla.

En la década de los sesenta Tabra no pudo soportar la vergüenza de la guerra del Vietnam y partió con su hijo a diferentes países, donde se ganaba la vida enseñando inglés. En Barcelona estudió joyería y por las tardes paseaba por las Ramblas a observar a los roma, que inspiraron su estilo agitanado. En México se empleó en un taller de orfebrería y al poco tiempo diseñaba y fabricaba sus propias joyas. Ése y ningún otro sería su oficio para el resto de su vida. Después de la derrota de los americanos en Vietnam regresó a su país y la época de los hippies la sorprendió en las abigarradas calles de Berkeley vendiendo pendientes, collares y pulseras de plata, junto a otros artistas paupérrimos. En esos tiempos dormía en su maltrecho automóvil y usaba los baños de la universidad, pero su talento la distinguió entre los demás artesanos y pronto pudo dejar la calle, alquilar un taller y contratar a sus primeros ayudantes. Al cabo de unos años, cuando yo la conocí, tenía un empresa modelo instalada en una verdadera cueva de Alí Babá, repleta de piedras preciosas y objetos de arte. Más de cien personas trabajaban con ella, casi todos refugiados asiáticos. Algunos habían sufrido lo inimaginable, como era evidente por sus horrendas cicatrices y su mirada huidiza. Parecían gente muy dulce, pero bajo la superficie debían de ocultar una desesperación volcánica. Dos de ellos, en dos ocasiones diferentes, enloquecidos por los celos, compraron una metralleta, aprovechando las facilidades que existen en este país para armarse con un arsenal, y mataron a la parentela completa de sus esposas. Luego se volaron los sesos. Tabra asistía a aquellos funerales masivos de sus empleados y después tenía que «limpiar» el taller realizando las ceremonias necesarias para que los fantasmas ensangrentados no acosaran la imaginación de los que quedaban vivos.

El rostro del Che Guevara, con su irresistible simpatía y su gorra negra sobre la frente, sonreía en afiches en las paredes del taller. En un viaje que Tabra hizo a Cuba con su hijo Tongi, fue con el ex jefe de los Panteras Negras al monumento del Che en Santa Clara; llevaba las cenizas de un amigo al que había amado por veinte años sin confesárselo a nadie, y al llegar a la cumbre las esparció en el viento. Así cumplió su sueño de ir a ese país mítico. La ideología de mi amiga está bastante más a la izquierda que la de Fidel Castro.

—Estás trancada en las ideas de los años sesenta —le dije en una ocasión.

—A mucha honra —me contestó.

Los amores de mi bella amiga son tan originales como sus ropajes de pitonisa, sus cabellos incendiarios y su posición política. Años de terapia le enseñaron a evitar a los hombres que pueden tornarse violentos, como su marido de Samoa. Juró que no se dejaría golpear nunca más, pero la excita hacer maromas al borde del abismo. Sólo la atraen los machos vagamente peligrosos y no le gustan de su misma raza. Su hijo Tongi, quien se ha convertido en un hombrón muy guapo, no quiere saber de los sinsabores sentimentales de su madre. Algunos años Tabra llegó a tener ciento cincuenta citas a ciegas mediante avisos personales en los periódicos, pero pocas pasaron del primer café. Después se modernizó y ahora está suscrita a varias agencias de internet con diferentes especialidades: «Demócratas Solteros», que al menos tienen en común el odio al presidente Bush; «Amigos», sólo para latinos, que a Tabra le gustan, aunque la mayoría necesita una visa y trata de convertirla al catolicismo; y «Verdes Solteros», que aman a la Madre Tierra y no dan importancia a los bienes materiales, por lo tanto, no trabajan. Le llegan solicitudes de garañones muy jóvenes con la pretensión de ser mantenidos por una dama madura. Las fotos son elocuentes: piel morena y aceitada, torso desnudo y los primeros centímetros de la bragueta abiertos revelando el vello del pubis. El tono de los diálogos por email es más o menos así:

TABRA: Por norma, no salgo con hombres menores que mi nieto.
MUCHACHO: Tengo edad sobrada para coger.
TABRA: ¿Te atreverías a hablarle así a tu propia abuela?

Si surge alguien de una edad más apropiada para ella, resulta ser un demócrata que vive con su madre y guarda sus ahorros en barras de plata bajo el colchón. No exagero: barras de plata, como los piratas del Caribe. Es curioso que ese demócrata estuviera dispuesto a divulgar en la primera —y única— cita una información tan privada como el sitio donde escondía su capital.

—¿No te asusta salir con extraños, Tabra? Puede tocarte un criminal o un pervertido —le comenté cuando me presentó a un tipo patibulario, cuyo único atractivo consistía en que llevaba una boina de comandante cubano.

—Parece que necesito unos años más de terapia —admitió mi amiga en esa ocasión.

Hacía poco había contratado a un pintor para que repasara las paredes. Tenía melena negra, como a ella le gustan, por eso lo invitó a remojarse con ella en el jacuzzi. Mala idea, porque el pintor empezó a tratarla como marido; ella le pedía que pintara la puerta, y él le contestaba «Sí, querida» con profundo fastidio. Un día se le acabó el disolvente y anunció que necesitaba una hora de meditación y un pito de marihuana para ponerse en contacto con su espacio interno. Para entonces Tabra estaba hasta la coronilla de la melena negra y le contestó que tenía una hora para pintar el espacio interno de la casa y mandarse a cambiar. Ya no estaba allí cuando llegué yo con mi maleta.

La primera noche cenamos una sopa de pescado, la única receta que mi amiga conoce aparte de la avena con leche y pedazos de banana, y nos metimos en su jacuzzi, una tinaja de madera resbalosa, escondida bajo los árboles, que tenía un olor nauseabundo porque un desafortunado zorrillo se había caído dentro y se cocinó a fuego lento durante una semana antes de que lo descubriera. Allí descargué mi frustración como un saco de piedras.

—¿Quieres mi opinión? —me dijo Tabra—. Sabrina no te consolará, el duelo requiere tiempo. Estás muy deprimida, no tienes nada que ofrecerle a esa niñita.

—Puedo ofrecerle más de lo que tendrá en una institución para chicos enfermos.

—Te tocaría hacerlo sola, porque Willie no te acompañará en esto. No sé cómo piensas ocuparte de tu hijo y tus nietos, seguir escribiendo y además criar a una niña que necesita dos madres.

EL PODEROSO CÍRCULO DE LAS BRUJAS

Amaneció un sábado radiante. La primavera ya era verano en el bosque de Tabra, pero no quise ir con ella a caminar, como siempre hacíamos los fines de semana. En cambio, llamé por teléfono a las cinco mujeres que forman conmigo el círculo de las Hermanas del Perpetuo Desorden. Antes que yo me incorporara al grupo, ellas se juntaban desde hacía años a compartir sus vidas, meditar y orar por gente enferma o en apuros. Ahora que soy una de ellas, también intercambiamos maquillaje, bebemos champán, nos hartarnos de bombones y a veces vamos a la ópera, porque la práctica espiritual a secas a mí me deprime un poco. Las había conocido hacía un año, el día en que los médicos en California me confirmaron tu diagnóstico sin esperanza, Paula, el mismo que me habían dado en España. No había nada que hacer, me dijeron, nunca te recuperarías. Me fui aullando en el auto y no sé cómo terminé en Book Passage, mi librería favorita, donde hago muchas entrevistas de prensa e incluso me han instalado una casilla de correo. Allí se me acercó una señora japonesa, con una sonrisa entrañable y tan baja como yo, quien me invitó a tomar una taza de té. Era Jean Shinoda Bolen, psiquiatra y autora de varios libros. Reconocí al punto su nombre porque acababa de leer su libro sobre las diosas que habitan en cada mujer y cómo esos arquetipos influyen en la personalidad. Así descubrí que en mí habita un revoltijo de deidades contradictorias que más vale no explorar. Sin haberla visto nunca antes, le conté lo que te pasaba. «Vamos a rezar por tu hija y por ti», me dijo. Un mes más tarde me invitó a su «círculo de oración», y así es como esas nuevas amigas me acompañaron durante tu agonía y tu muerte y siguen haciéndolo hasta ahora. Para mí es una hermandad sellada en el cielo. Todas las mujeres en este mundo deberían tener un círculo como éste. Cada una es testigo de las vidas de las otras, nos guardamos los secretos, nos ayudamos en las dificultades, compartimos experiencias y estamos en contacto casi diario por email. Por lejos que yo esté viajando, siempre tengo mi cable a tierra firme: mis amigas del desorden. Son alegres, sabias y curiosas. A veces la curiosidad es temeraria, como en el caso de la misma Jean, que en una ceremonia espiritual sintió un impulso incontrolable, se quitó los zapatos y caminó sobre carbón al rojo vivo. Pasó dos veces sobre el fuego y salió ilesa. Dijo que fue como andar sobre bolitas de plástico, sentía crujir las brasas y la textura áspera del carbón bajo sus pies.

Durante la noche larga en casa de Tabra, con el susurro de los árboles y el grito del búho, se me ocurrió que las hermanas del desorden podrían ayudarme. Nos reunimos a desayunar en un restaurante lleno de deportistas de fin de semana, unos con zapatillas de correr y otros disfrazados de marcianos para andar en bicicleta. Nos sentamos a una mesa redonda, respetando siempre la idea del círculo. Éramos seis brujas cincuentonas: dos cristianas, una budista auténtica, dos judías de origen pero medio budistas por elección, y yo, que todavía no me decidía, unidas por la misma filosofía, que puede resumirse en dos frases: «No hacer daño jamás y hacer el bien cuando se pueda». Entre sorbos de café, les conté lo que sucedía en mi familia y terminé con la frase de Tabra, que me había quedado sonando: «Sabrina necesita dos madres». «¿Dos madres? —repitió Pauline, una de las medio judía-budistas y abogada de profesión—. ¡Yo conozco a dos madres!» Se refería a Fu y Grace, dos mujeres que llevaban ocho años como pareja. Pauline partió al teléfono e hizo una llamada; en esa época todavía no existían los celulares. Al otro lado de la línea, Grace oyó la descripción de Sabrina. «Voy a hablar con

Fu y te llamo en diez minutos», dijo. «Diez minutos… Hay que estar mal de la cabeza o tener el corazón ancho como un mar para decidir semejante cosa en diez minutos», pensé, pero antes de que se cumpliera el plazo sonó el teléfono del restaurante y Fu nos anunció que querían conocer a la niña.

Fui a buscarlas bordeando las cimas de las colinas en dirección al mar por un largo camino de curvas que me condujo a una poética finca. Disimuladas entre pinos y eucaliptos se alzaban varias construcciones de madera de estilo japonés: el Centro de Budismo Zen. Fu resultó ser alta, con un rostro inolvidable de facciones fuertes, una ceja levantada, que le daba una expresión interrogante, iba vestida con ropa informe de color oscuro y llevaba la cabeza afeitada como un recluta. Era monja budista, directora del centro. Vivía en una casita de muñecas con su compañera, Grace, una médica con cara de chiquilla traviesa y una simpatía irresistible. En el coche les conté el calvario que había sido la existencia de Jennifer, el daño de la niña y el pésimo pronóstico de los especialistas. No parecieron impresionadas. Recogimos a la madre de Jennifer, primera esposa de Willie, quien había conocido a Fu y Grace en el centro budista, y las cuatro nos dirigimos a la clínica.

En la sala de los recién nacidos encontramos a Odilia, la misma enfermera de las mil trencitas, con Sabrina en los brazos. Ya me había sugerido en una visita anterior que quería adoptarla. Grace estiró las manos y la mujer le pasó al bebé, que en esos días parecía haber perdido peso y tiritaba más que antes, pero estaba alerta. Los grandes ojos egipcios miraron largamente a Grace y luego se clavaron en Fu. No sé qué les dijo en esa primera mirada, pero fue definitivo. Sin consultarse, en una sola voz, las dos mujeres decidieron que Sabrina era la hija que ambas habían deseado toda la vida.

Hace muchos años que formo parte del círculo de las Hermanas del Perpetuo Desorden y durante este tiempo he presenciado varios prodigios hechos por ellas, pero ninguno de tan largo alcance como el de Sabrina. No sólo consiguieron dos madres, sino que desenredaron la madeja burocrática para que Fu y Grace pudieran quedarse con la niña. Para entonces el juez había plantado su firma en los documentos pertinentes y Rebeca, la visitadora social, había dado el caso por concluido. Cuando fuimos a anunciarle que existía otra solución, nos informó de que Fu y Grace no tenían licencia, debían tomar clases y hacer un entrenamiento especial para poder ser madres adoptivas; además no eran una pareja convencional, vivían en otro condado y «el caso» no podía trasladarse. Aunque Jennifer había perdido la custodia de su hija, su opinión también contaba, agregó. «Lo lamento, no tengo tiempo para ocuparme más de algo que ya está resuelto», dijo. La lista de obstáculos seguía, pero no recuerdo los detalles, sólo que al final de la entrevista, cuando ya nos retirábamos, derrotadas, Pauline tomó a Rebeca firmemente de un brazo.

—Usted tiene una carga muy pesada, le pagan muy poco y siente que su trabajo es inútil, porque en los años que lleva en este empleo no ha podido salvar a los infelices niños que pasan por esta oficina —le dijo, sondeándole el fondo del alma—. Pero, créame Rebeca, usted puede ayudar a Sabrina. Tal vez sea su única oportunidad de hacer un milagro.

Al día siguiente Rebeca se las arregló para poner la burocracia patas arriba, recuperar los documentos, modificar lo necesario y convencer al juez de que firmara de nuevo, mover los archivos al otro condado y certificar a Fu y Grace como madres adoptivas en menos de un pestañeo. La misma mujer que el día anterior parecía indignada por nuestra insistencia, se convirtió en un radiante torbellino que barrió los inconvenientes y con un trazo de su pluma mágica decidió el destino de Sabrina.

—Se lo dije, esta niña es un alma antigua y poderosa. Ella toca a la gente y la cambia. Tiene mucha fuerza mental y sabe lo que quiere —comentó Odilia un par de semanas más tarde, cuando entregó a Sabrina a sus nuevas madres.

Así, de la manera más inesperada, se resolvió la pelea monumental entre Willie y yo. Nos perdonamos mutuamente, tanto mis dramáticas acusaciones, como el taimado silencio de él, pudimos abrazarnos y llorar de alegría porque aquella nieta había encontrado su nido. Entretanto, Fu y Grace se llevaron a ese ratoncito de grandes ojos sabios y el círculo de mis amigas puso en marcha el poderoso artilugio de sus mejores intenciones para ayudarla a vivir. En cada altar doméstico estaba la foto de la niña y no pasaba un solo día sin que alguien elevara un pensamiento por ella. Una hermana del desorden se fue a vivir a otra ciudad, entonces invitamos a Grace a reemplazarla en el grupo, después de comprobar que tenía suficiente sentido del humor. En el Centro de Budismo Zen había por lo menos cincuenta personas que rogaban por Sabrina en sus meditaciones y se turnaban para mecerla, mientras las dos madres luchaban con sus inacabables problemas de salud, que surgían a cada rato. Durante los primeros meses se requerían cinco horas para darle dos onzas de leche con un gotero. Fu aprendió a adivinar los síntomas de cada crisis antes de que se presentara, y Grace, como médica, contaba con más recursos que nadie.

—¿Estas mujeres son gays? —preguntó mi nuera, quien me había advertido varias veces que no podía estar bajo el mismo techo con alguien cuyas preferencias sexuales no calzaran con las suyas.

—Por supuesto, Celia.

—¡Pero una es monja!

—Budista. No tiene voto de celibato.

Celia no agregó más, pero estaba tan impresionada con Fu y Grace, a quienes llegó a conocer a fondo, que acabó por poner en tela de juicio sus propias ideas. Había renunciado a la religión hacía mucho tiempo y ya no temía las pailas del diablo, pero la homosexualidad era su tabú más fuerte. Por fin las llamó, les pidió perdón por los desaires del pasado y fue a visitarlas a menudo con sus niños y su guitarra para enseñarles los rudimentos del oficio de la maternidad y alegrarlas con canciones venezolanas. Cuidadosas del medioambiente, las nuevas madres pretendían criar a Sabrina con pañales de tela, pero antes de una semana tuvieron que aceptar los desechables que les regaló Celia. Había que estar demente para volver al sistema antiguo de cepillar pañales a mano. En el Centro de Budismo Zen no hay máquina de lavar, todo es orgánico y difícil. Se hicieron amigas y Celia empezó a mostrar interés por el budismo, lo que me alarmó, porque solía irse de un extremo a otro.

—Es una religión chévere, Isabel. Lo único raro de los budistas es que comen puros vegetales, como los burros.

—No quiero verte con el cráneo pelado y meditando en la posición del loto hasta que termines de criar a los niños —le advertí.

DÍAS DE LUZ Y DE LUTO

Celia dio a luz a Nicole en septiembre con la misma calma con que recibió a Andrea dieciséis meses antes. Soportó un parto de diez horas sin un quejido, sostenida por Nico, mientras yo los observaba, pensando en que mi hijo ya no era el chiquillo que yo seguía tratando como si fuese mío, sino un hombre que asumía calmadamente la responsabilidad de una mujer y tres hijos. Celia, callada y pálida, paseaba entre cada contracción, sufriendo, ante nuestra mirada impotente. Cuando sintió que llegaba al final, se tendió en la cama cubierta de sudor, temblando, y dijo algo que nunca olvidaré: «No cambiaría este momento por nada». Nico la sostuvo cuando apareció la cabeza de la niña, seguida por los hombros y el resto del cuerpo. Mi nieta aterrizó en mis manos, mojada, resbalosa, ensangrentada, y volví a sentir la misma epifanía del día en que nació Andrea y de la noche inolvidable en que tú te fuiste para siempre. El nacimiento y la muerte se parecen mucho, hija, son momentos sagrados y misteriosos. La matrona me entregó las tijeras para cortar el grueso cordón umbilical y Nico puso a la niña en el pecho de su madre. Era una gorda de cemento armado, que se prendió al pezón con avidez, mientras Celia le hablaba en ese idioma único que las madres, aturdidas por el esfuerzo y el súbito amor, suelen emplear con los recién nacidos. Todos habíamos esperado a esa niña como un regalo; nos traía un soplo de redención y alegría, pura luz.

Nicole se echó a gritar apenas se dio cuenta de que ya no estaba dentro de su madre y no se calló durante seis meses. Sus aullidos descascaraban la pintura de las paredes y destrozaban los nervios a los vecinos. La Abuela Hilda, tu abuela postiza, que me había acompañado durante más de treinta años, y Ligia, una señora nicaragüense, que te había cuidado y a quien contraté para ayudarnos, acunaban a Nicole de día y de noche, única forma de que se callara por algunos minutos. Ligia había dejado a cinco hijos en su país y se había venido a trabajar a Estados Unidos para poder mantenerlos desde la distancia. Había pasado varios años sin verlos y no tenía esperanza de reunirse con ellos en un futuro cercano. Durante meses y meses, las buenas mujeres se instalaban con la chiquilla en un mecedor en mi oficina, mientras Celia y yo trabajábamos. Yo temía que de tanto menear a mi nieta se le desprendiera el cerebro y quedara alelada. Nicole se calmó apenas empezaron a darle leche en polvo y sopa, creo que la causa de su desespero era pura hambre. Entretanto, Andrea ordenaba compulsivamente sus juguetes y hablaba sola. Cuando se aburría, cogía su asqueroso «tuto», anunciaba que se iba para Venezuela, se acurrucaba dentro de un gabinete y cerraba la puerta. Tuvimos que taladrar un hueco en el mueble para que entrara un rayo de luz y algo de aire, porque mi nieta podía pasar medio día encerrada sin chistar en un espacio del tamaño de una jaula de gallina. Después de que la operaron por el estrabismo, debió usar lentes y un parche negro que se cambiaba cada semana de un ojo a otro. Para que no se arrancara los lentes, Nico ideó un armatoste de seis elásticos y otros tantos alfileres imperdibles que se cruzaban sobre la cabeza. Ella lo toleraba la mayor parte del tiempo, pero a veces le daban arrebatos de ira y tironeaba los elásticos hasta que lograba bajarlos a la altura de su pañal. A propósito, por un corto tiempo tuvimos tres niños en pañales, y ésos son muchos pañales. Los comprábamos al por mayor y el sistema más conveniente era cambiarlos a los tres simultáneamente, lo necesitaran o no. Celia o Nico alineaban los pañales abiertos en el suelo, colocaban a los chiquillos encima y les limpiaba el trasero en serie, como en una cadena de ensamblaje. Eran capaces de hacerlo con una mano mientras hablaban por teléfono con la otra, pero yo carecía de su habilidad y quedaba embetunada hasta las orejas. También les daban de comer y los bañaban con el mismo método en serie: Nico se introducía en la ducha con ellos, los enjabonaba, les lavaba el pelo, los enjuagaba y los iba soltando de a uno para que afuera Celia los recibiera con una toalla.

—Eres muy buena madre, Nico —le dije un día, admirada.

—No, mamá, soy buen padre —me contestó.

Pero yo nunca había visto a un padre como él y hasta ahora no me explico cómo aprendió el oficio.

Estaba dando los toques finales a mi libro *Paula*, las últimas páginas, que me costaron mucho. Terminaba con tu muerte, no podía tener otro final, pero yo no lograba recordar bien esa larga noche, que estaba envuelta en bruma. Creía que tu habitación se pobló de gente, me pareció ver a Ernesto con su traje blanco de aikido, a mis padres, a la Granny, tu abuela que tanto te quiso, muerta en Chile hacía muchos años, y a otros que no podían haberse hallado allí.

—Estabas muy cansada, mamá, no puedes acordarte de los detalles, ni yo mismo me acuerdo —me disculpó Nico.

—¿Y qué importan esos detalles? Escribe con el corazón. Tú viste lo que nosotros no podíamos ver. Tal vez es cierto que la pieza estaba llena de espíritus —agregó Willie.

Abría la urna de cerámica en la que nos entregaron tus cenizas, que mantenía siempre sobre la mesa de escribir, la misma mesa donde mi abuela conducía sus sesiones de espiritismo. A veces sacaba de dentro un par de cartas y algunas fotografías tuyas anteriores a tu desgracia, pero no tocaba otras en que apareces atada a tu silla de ruedas, inerte. Ésas no las he vuelto a tocar, Paula. Todavía hoy, tantos años después, no puedo verte en ese estado. Leía tus cartas, especialmente aquel testamento espiritual, con las disposiciones en caso de muerte, que escribiste en tu luna de miel. Entonces tenías sólo veintisiete años. ¿Por qué pensabas ya en la muerte? Escribí esa memoria con muchas, muchas lágrimas.

—¿Qué te pasa? —me preguntaba Andrea, en su media lengua, compungida, examinándome con su ojo de cíclope.

—Nada, sólo que echo de menos a Paula.

—¿Y por qué llora Nicole? —insistía.

—Porque es muy burra. —Era la mejor respuesta que se me ocurría.

Tal como había sucedido antes con Alejandro, a Andrea se le puso la idea en la cabeza de que ésa era la única razón válida para el llanto. Como sólo disponía de un ojo, su mundo no tenía profundidad, todo era plano, y solía darse unos costalazos casi mortales. Se levantaba del suelo chorreando sangre por la nariz, con los lentes torcidos, y explicaba entre sollozos que echaba de menos a su tía Paula.

Al terminar el libro comprendí que había recorrido un camino tortuoso y llegaba al final limpia y desnuda. En esas páginas estaba tu vida luminosa y la trayectoria de nuestra familia. La terrible confusión de ese año de tormento se disipó: tenía claro que mi pérdida no era excepcional, sino la de millones de madres, el sufrimiento más antiguo y común de la humanidad. Mandé el manuscrito a quienes aparecían mencionados, porque me pareció que debía darles la oportunidad de revisar lo que había escrito sobre ellos. No eran muchos, porque omití en el libro a varias personas que estuvieron cerca de ti pero que no eran esenciales para la historia. Después de leerlo, todos respondieron de inmediato, conmovidos y entusiasmados, menos mi mejor amigo en Venezuela, Ildemaro, quien te quería mucho y pensó que no te gustaría verte expuesta de esa manera. Yo también tenía esa duda, porque una cosa es escribir como catarsis, para honrar a la hija perdida, y otra es compartir el duelo con el público. «Pueden acusarte de exhibicionista, o de utilizar esta tragedia para ganar dinero, ya sabes lo mal pensada que es la gente», me advirtió mi madre, preocupada, aunque estaba convencida de que el libro debía publicarse. Para evitar cualquier sospecha de ese tipo, decidí que no tocaría ni un peso de los ingresos, si los había; ya encontraría un destino altruista para darles, un destino que tú aprobarías.

Ernesto estaba viviendo en Nueva Jersey, donde trabajaba en la misma compañía multinacional que lo había empleado en España. Cuando te trajimos a mi casa, él pidió un traslado para estar cerca de ti, pero no había un puesto disponible en California y tuvo que aceptar el que le ofrecieron en Nueva Jersey. De todos modos la distancia era menor que desde Madrid. Al recibir el primer descosido borrador del libro, me llamó llorando. Hacía un año que estaba viudo, pero todavía no podía mencionar tu nombre sin que se le quebrara la voz. Me alentó con el argumento caritativo de que a ti gustaría que esa memoria se publicara, porque podría consolar a otras personas de sus pérdidas y dolores, pero agregó que casi no te reconocía en esas páginas. La historia estaba narrada desde mi angosta perspectiva. Como madre, yo ignoraba algunos aspectos de tu personalidad y tu vida. ¿Dónde estaba Paula, la amante impulsiva y juguetona, la esposa majadera y mandona, la amiga incondicional, la crítica mordaz? «Voy a hacer algo que si Paula supiera, me mataría», me anunció, y tres días más tarde el correo me trajo una caja grande con la apasionada correspondencia de amor que ustedes mantuvieron durante más de un año antes de casarse. Fue un regalo extraordinario, que me permitió conocerte mejor. Con permiso de Ernesto pude incorporar al libro frases textuales escritas por ti en esas cartas.

Mientras yo pulía la versión final, Celia se hizo cargo por completo de la oficina, con los botones de la blusa a medio desabrochar, lista para amamantar a Nicole a toda hora. No sé cómo podía trabajar, porque corría con tres niños, estaba debilitada y cargaba con una pena muy honda. Su abuela había muerto en Venezuela y ella no pudo ir a despedirse porque su visa no le permitía salir del país y volver a ingresar. Esa abuela, brusca con todo el mundo menos con ella, la había criado, porque cuando la niña tenía pocos meses sus padres se fueron por tres años a estudiar sendos doctorados en geología a Estados Unidos. Cuando regresaron, Celia apenas reconoció a esas personas a quienes de pronto debía llamar «mamá» y «papá»; el norte de su infancia era su abuela, con ella había dormido siempre, a ella le confiaba sus secretos, sólo con ella se sentía segura. Después nacieron un hermano y una hermana. Celia continuó muy unida a su abuela, que vivía en un agregado construido junto a la casa principal de sus padres. Su infancia en una familia y un colegio del más estricto catolicismo, no pudo haber sido fácil, dado su carácter rebelde y desafiante, pero se sometió hasta el punto de que en la adolescencia se internó en una residencia del Opus Dei, donde la penitencia incluía autoflagelación y cilicios de puntas metálicas. Celia asegura que nunca llegó a tales extremos, pero debía aceptar otras reglas para domar la carne: obediencia ciega, evitar el contacto con el sexo opuesto, ayunar, dormir sobre una tabla, pasar horas de rodillas y otras mortificaciones, que eran más frecuentes y severas para las mujeres, ya que ellas encarnan, desde los tiempos de Eva, el pecado y la tentación.

Entre los miles de jóvenes disponibles en la universidad, Celia se enamoró de Nico, quien era justamente lo opuesto de lo que sus padres hubieran deseado como yerno: chileno, inmigrante y agnóstico. Nico se educó en un colegio jesuita, pero al día siguiente de hacer su Primera Comunión anunció que no volvería a poner los pies en una iglesia. Me reuní con el rector para explicarle que debía retirar al chiquillo del colegio, pero el cura se echó a reír. «No es necesario, señora, aquí no vamos a obligarlo a ir a misa. Este mocoso puede cambiar de opinión, ¿no cree?» Tuve que admitir que no lo creía, porque conozco muy bien a mi hijo: no es de los que toman resoluciones precipitadas. Nico terminó su educación en el San Ignacio y cumplió su palabra de no pisar una iglesia con pocas excepciones: su matrimonio religioso con Celia y algunas catedrales que ha visitado como turista.

Celia no pudo acompañar a su abuela en sus últimos momentos ni llorar su muerte porque la verdad es que tú no dejaste espacio para otros duelos, Paula. Nico y yo no captamos la magnitud de su pena en parte porque no conocíamos los detalles de su infancia y en parte porque ella, haciendo alarde de fortaleza, la disimuló. Enterró el recuerdo para llorarla más tarde, mientras seguía cumpliendo con las mil tareas de la maternidad, el matrimonio, el trabajo, aprender inglés y sobrevivir en la nueva tierra que había escogido. En los pocos años que habíamos compartido, aprendí a quererla, a pesar de nuestras diferencias, y después que te fuiste me aferré a ella como a otra hija. Su aspecto me preocupaba, tenía mal color y estaba desganada; además, seguía con náuseas, como en los peores meses del embarazo. La médica de la familia, Cheri Forrester, quien te atendió, aunque no puedes saberlo, dijo que Celia estaba agotada por haber tenido tres niños seguidos, pero que no había causa física para los vómitos, seguramente era una respuesta emocional, tal vez temía que la porfiria se repitiera en algunos de sus hijos. «Si esto continúa, habrá que internarla en una clínica», nos advirtió. Celia siguió vomitando, pero callada y a escondidas.

UNA NUERA PECULIAR

Permíteme retroceder cinco años para recordarte cómo apareció tu cuñada en nuestras vidas. En 1988 yo vivía con Willie en California, tú estudiabas en Virginia y Nico, solo en Caracas, terminaba su último año de universidad. Por teléfono, tu hermano me había anunciado que estaba enamorado de una compañera de clase y deseaba visitarnos con ella, porque la relación iba en serio. Le pregunté sin rodeos si debía preparar una pieza o dos, y me explicó, en ese tono algo irónico que tan bien conoces, que desde el punto de vista del Opus Dei, dormir con el novio es una perfidia imperdonable. Los padres de la chica estaban indignados por el pecado de que viajaran juntos sin estar casados, aunque ella tenía veinticinco años, y peor aún a casa de una chilena divorciada, atea, comunista y autora de libros prohibidos por la Iglesia: yo. «Esto es lo único que nos faltaba…», pensé. Dos piezas, por lo tanto. Dos hijos de Willie estaban viviendo en la casa y mi madre decidió venir desde Chile justo en la misma fecha, así es que improvisé una colchoneta de recluta para Nico en la cocina. Mi madre y yo fuimos a esperarlos al aeropuerto y vimos aparecer a tu hermano, con su mismo aspecto de adolescente desmañado, en compañía de una persona que avanzaba con firmes zancadas y cargaba un bulto a la espalda que de lejos parecía un arma pero que de cerca resultó ser un estuche de guitarra. Supongo que para jorobar a su madre, que había sido reina de belleza en un concurso caribeño, Celia caminaba como John Wayne, se vestía con pantalones deformes color aceituna, botas de andinista y una cachucha de béisbol caída sobre un ojo. Había que mirarla dos veces para descubrir lo bonita que era: facciones finas, ojos expresivos, manos elegantes, caderas anchas y una intensidad de la que era difícil sustraerse. La joven de quien mi hijo se había prendado venía desafiante, como diciendo: «Si les gusto, bueno, y si no, se joden». Me pareció tan diferente a Nico que sospeché que estaba encinta y por eso planeaban casarse apurados, pero resultó que no era así. Tal vez ella necesitaba escapar deprisa de su medio, que sentía como una camisa de fuerza, y se aferró a Nico con desesperación de náufrago.

Al llegar a la casa, tu hermano anunció que la colchoneta en la cocina no era indispensable, porque las cosas habían cambiado entre ellos. Entonces los puse en la misma pieza. Mi madre me cogió de un brazo y me arrastró al baño.

—Si tu hijo escogió a esta niña, por algo será. A ti te toca quererla y cerrar la boca.

—¡Pero fuma pipa, mamá!

—Peor sería que fumara opio.

A mí me resultó muy fácil querer a Celia, a pesar de que me chocaban su atrevida franqueza y sus modales bruscos —los chilenos todo lo decimos con rodeos y andamos como pisando huevos— y que en apenas media hora ya nos había expuesto sus convicciones sobre razas inferiores, izquierdistas, ateos, artistas y homosexuales, todos depravados. Me pidió que le advirtiera si alguien en cualquiera de estas categorías llegaba de visita, pues prefería no hallarse presente, pero esa misma noche nos hizo reír con esos chistes subidos de tono que no oíamos desde los tiempos relajados de Venezuela donde, menos mal, no existe el concepto de lo «políticamente correcto» y uno puede burlarse de lo que le dé la gana, y después sacó la guitarra del estuche y nos cantó, con una voz conmovedora, las mejores canciones de su repertorio. Nos conquistó.

Poco después Celia y Nico se casaron en Caracas, en una estirada ceremonia en la que tú acabaste con náuseas en el baño, creo que de puros celos porque perdías la exclusividad de tu hermano, y mi familia se retiró temprano porque allí no calzábamos. No conocíamos casi a nadie, y Nico nos había advertido que los parientes de su novia no nos tenían simpatía: éramos refugiados políticos, habíamos escapado de la dictadura de Pinochet, por lo tanto debíamos ser comunistas, carecíamos de suficiente dinero o posición social y no pertenecíamos al Opus Dei, ni siquiera éramos católicos practicantes. Los recién casados se instalaron en la casa que yo había comprado cuando vivía en Caracas, demasiado grande para ellos, y Alejandro, tu primer sobrino, nació un año después. Salí disparada de San Francisco, viajé muchas horas contando los minutos, estremeciéndome por la expectativa, y pude abrazarlo recién nacido, oloroso a leche materna y polvos de talco, mientras con el rabillo del ojo estudiaba a mi nuera y mi hijo con creciente admiración. Eran dos chiquillos jugando a las muñecas. Tu hermano, que poco antes era un muchacho inconsciente que arriesgaba el pellejo trepando picos de montañas o nadando con tiburones en mar abierto, ahora cambiaba pañales, preparaba biberones y cocinaba panquecas para el desayuno, codo a codo con su mujer.

La única zozobra en la existencia de esta pareja era que el hampa había señalado su casa. Habían entrado a robar muchas veces, se habían llevado tres automóviles del garaje y ya no servían de nada las alarmas, los barrotes en las ventanas ni las descargas eléctricas en las rejas, capaces de asar a un gato distraído si las rozaba con el bigote. Cada vez que llegaban de la calle, Celia permanecía en el coche con el bebé en brazos y el motor encendido, mientras Nico descendía, pistola en mano, como en las películas, para recorrer la casa de arriba abajo y cerciorarse de que no hubiese un desalmado oculto en alguna parte. Vivían asustados, algo muy conveniente para mí, porque no me costó nada convencerlos de que se trasladaran a California, donde estarían seguros y contarían con ayuda. Con Willie les preparamos un apartamento encantador, un altillo de bohemios en una torre encaramada en un cerro, con una vista panorámica de la bahía de San Francisco, un tercer piso sin ascensor, pero ambos eran fuertes y volarían por las escaleras con los bártulos del crío, las bolsas del mercado y las de la basura. Los esperé con la ansiedad de una novia, dispuesta a sacar el jugo a mi reciente condición de abuela. En más de una ocasión me agazapé en el cuarto reservado para Alejandro, después de dar cuerda a los móviles colgados del techo y a las cajitas de música, para cantar en susurros las canciones de cuna que había aprendido cuando tú y tu hermano eran pequeños. La espera fue eterna, pero todos los plazos se cumplen y por fin llegaron.

Mi amistad con Celia comenzó a tropezones, porque suegra y nuera venían de ideologías opuestas, pero si pensábamos regodearnos en las diferencias, la vida se encargó de eliminar la mala leche con unos cuantos coscorrones. Pronto olvidamos cualquier germen de desavenencia y nos concentramos en los rigores de criar un niño —y después dos más— y adaptarnos a otra lengua y a nuestra condición de inmigrantes en Estados Unidos. Aunque no lo sabíamos entonces, un año más tarde nos tocaría la prueba más brutal: cuidarte, Paula. No había tiempo para tonterías. Mi nuera se desprendió muy rápido de las hilachas que la ataban al fanatismo religioso y empezó a dudar de los demás preceptos inculcados a machote en su juventud. Apenas comprendió que en Estados Unidos ella no era blanca, se le pasó el racismo, y su amistad con Tabra barrió sus prejuicios contra artistas y gente de izquierda. De los homosexuales, sin embargo, prefería no hablar. Todavía no había conocido a las madres de Sabrina.

Nico y Celia se inscribieron en un curso intensivo de inglés y a mí me tocó la buena fortuna de cuidar a mi nieto. Escribía mientras Alejandro gateaba en el suelo, preso tras una reja para perros bravos que instalamos en la puerta. Si se cansaba, se ponía el chupete en la boca, arrastraba su almohada y se echaba a dormir a mis pies. A la hora de comer me daba unos tirones en la falda para sacarme del estado de trance en que la escritura suele sumirme, yo le alcanzaba distraída su biberón y él se lo bebía callado. Una vez desenchufó el cable de la computadora y perdí cuarenta y ocho páginas de la novela, pero en vez de ahorcarlo, como habría hecho con cualquier otro mortal, me lo comí a besos. Eran páginas malas.

Mi dicha era casi completa, sólo faltabas tú, que en 1991 estabas recién casada con Ernesto y viviendo en España, pero ustedes ya tenían planes para instalarse en California, donde estaríamos todos juntos. El 6 de diciembre de ese mismo año, entraste al hospital con un resfrío mal cuidado y dolor de estómago. No supiste lo que pasó después, hija. Horas más tarde estabas en la unidad de cuidados intensivos, en coma, y habrían de pasar cinco eternos meses antes de que me entregaran tu cuerpo en estado vegetativo, con daño cerebral severo. Respirabas, ésa era tu única manifestación de vida. Estabas paralizada, tus ojos eran pozos negros que ya no reflejaban luz, y en los meses siguientes cambiaste tanto que costaba reconocerte. Con Ernesto, quien se negaba a admitir que en realidad ya era viudo, te trajimos a mi casa, en California, en un viaje terrible volando sobre el Atlántico y Norteamérica. Después él tuvo que dejarte conmigo y volver a su trabajo. Nunca imaginé que el sueño de tenerte a mi lado se cumpliría de una manera tan trágica. En esos días Celia estaba a punto de dar a luz a Andrea. Recuerdo la reacción de mi nuera cuando te bajaron de la ambulancia en una camilla: se aferró a Alejandro, retrocedió, temblando, con los ojos desorbitados, mientras Nico daba un paso al frente, pálido, y se inclinaba para besarte, mojándote de lágrimas. Para ti este mundo terminó el 6 de diciembre de 1992, exactamente un año después de que entraste al hospital en Madrid. Días más tarde, cuando echamos tus cenizas en aquel bosque de secuoyas, Celia y Nico me anunciaron que pensaban tener otro niño y diez meses más tarde nació Nicole.

TÉ VERDE PARA LA TRISTEZA

Willie se daba cuenta, desesperado, de que Jennifer se estaba suicidando de a poco. Una astróloga le había dicho que su hija estaba «en la casa de la muerte». Según Fu, hay almas que intentan inconscientemente alcanzar el éxtasis divino por el camino expedito de las drogas; tal vez Jennifer necesitaba escapar de la grosera realidad de este mundo. Willie cree que ha transmitido un mal genético a su descendencia. Su tatarabuelo llegó a Australia con grilletes en los pies, cubierto de pústulas y piojos, uno más entre ciento sesenta mil infelices que los ingleses mandaron castigados a esa tierra. El menor de los convictos, condenado por hurtar pan, tenía nueve años, y la mayor era una anciana de ochenta y dos, acusada de robar kilo y medio de queso, que se ahorcó a los pocos días de desembarcar. A ese antepasado de Willie, acusado de quién sabe qué tontería, no lo ahorcaron porque era afilador de cuchillos. En esa época tener un oficio o saber leer te valía para que, en vez de que te colgaran, te mandarán a Australia. El hombre estaba entre los fuertes que sobrevivieron gracias a su capacidad para aguantar el sufrimiento y el alcohol, aptitud que heredó casi toda su descendencia. Del abuelo poco se sabe, pero su padre murió de cirrosis. Willie pasó décadas de su vida sin probar una gota de alcohol porque se le alborotaban las alergias, pero si empezaba a hacerlo iba aumentando la cantidad poco a poco. Nunca lo vi ebrio porque antes de llegar a ese punto se ahogaba, como si se hubiese tragado una bola de pelos, y el dolor de cabeza lo tumbaba, pero ambos sabemos que si no fuera por esas benditas alergias habría terminado como su padre. Sólo ahora, después de los sesenta años, es capaz de limitarse a una sola copa de vino blanco y darse por satisfecho. Dicen que la herencia no puede descartarse, y sus hijos —los tres, drogadictos— parecen confirmarlo. No tienen la misma madre, pero en las familias de su primera y su segunda mujer también hay adicciones, que vienen desde los abuelos. El único que nunca le ha dado guerra a Willie es Jason, hijo de su segunda esposa con otro hombre, a quien él quiere como si fuera suyo. «Jason no tiene mi sangre, por eso es un tipo normal», suele comentar en el tono de quien constata un hecho natural, como la marea o la migración de los patos salvajes.

Cuando lo conocí, Jason era un muchacho de dieciocho años con mucho talento para escribir pero sin disciplina, aunque yo estaba segura de que tarde o temprano la adquiriría; de eso se encargan los rigores de la vida. Planeaba ser escritor algún día, pero mientras tanto se contemplaba el ombligo. Solía escribir dos o tres líneas y venía corriendo a preguntarme si acaso tenían potencial para un cuento, pero no pasaba más allá de eso. Yo misma lo saqué a empujones de la casa para que se fuera a estudiar a un *college* en el sur de California, donde se graduó con honores, y cuando regresó a vivir con nosotros, trajo a su novia, Sally. Su verdadero padre tenía un temperamento violento, que solía estallar con imprevisibles consecuencias. Cuando Jason tenía unas pocas semanas de vida, sufrió un accidente que nunca llegó a aclararse: su padre dijo que se había caído del mudador, pero la madre y los médicos sospecharon que lo había golpeado en la cabeza y le había hundido el cráneo. Hubo que operarlo y se salvó de milagro, después de pasar mucho tiempo en el hospital, mientras sus padres se divorciaban. Del hospital pasó a ser responsabilidad del Estado por un tiempo; luego su madre se lo llevó a vivir con unos tíos, que según Jason eran verdaderos santos, y finalmente ella lo trajo a California. A los tres años el chico fue a parar con su padre porque, según parece, en el edificio donde vi-

vía su madre no aceptaban niños. ¿Qué clase de edificio sería ése?
Cuando ella se casó con Willie, recuperó a su hijo, y después, cuando
se divorciaron, el chiquillo cogió sus bultos y se fue sin vacilar con
Willie. Entretanto, su padre biológico hacía apariciones esporádicas
y en algunas ocasiones volvió a maltratarlo, hasta que el muchacho
tuvo edad y presencia física para defenderse. En una noche de alcohol
y recriminaciones en la cabaña de su padre en las montañas, donde
habían ido de vacaciones por unos días, el hombre le dio un puñe-
tazo, y Jason, quien se había prometido a sí mismo que no volvería
a dejarse avasallar, respondió con el miedo y la rabia acumulados
durante años y le destrozó la cara a golpes. Desesperado, manejó de
vuelta varias horas en una noche de tormenta y llegó a la casa enfermo de culpa y con la camisa manchada de sangre. Willie lo felicitó: era hora de poner las cosas en claro, dijo. Ese bochornoso incidente estableció una relación de respeto entre padre e hijo y la
violencia no volvió a repetirse.

Ese año de duelo, de mucho trabajo, de dificultades económicas y de
problemas con mis hijastros fue minando la base de mi relación con
Willie. Había demasiado desorden en nuestra vida. No lograba adap-
tarme a Estados Unidos. Sentí que se me enfriaba el corazón, que no
valía la pena seguir remando contra la corriente, mantenernos a flote
costaba un esfuerzo desproporcionado. Pensaba en irme, huir, llevarme a Nico y los suyos a Chile, donde por fin había democracia, después de dieciséis años de dictadura militar, y donde vivían mis padres. «Divorciarme, eso es lo que debo hacer», mascullaba para mis
adentros, pero debo haberlo dicho más de una vez en voz alta, porque Willie paró la oreja ante la palabra divorcio. Había pasado por
dos anteriores y estaba decidido a evitar un tercero; entonces me
presionó para que consultáramos a un psicólogo. Yo me había burlado sin piedad del terapeuta de Tabra, un alcohólico despelucado que

le aconsejaba las mismas perogrulladas que yo podía ofrecerle gratis. En mi opinión, la terapia era una manía de los estadounidenses, gente muy consentida y sin tolerancia para las dificultades normales de la existencia. Mi abuelo me inculcó en la infancia la noción estoica de que la vida es dura y ante los problemas no cabe sino apretar los dientes y seguir adelante. La felicidad es una cursilería; al mundo se viene a sufrir y aprender. Menos mal que el hedonismo de Venezuela suavizó un poco aquellos preceptos medievales de mi abuelo y me dio permiso para pasarlo bien sin culpa. En Chile, en tiempos de mi juventud, nadie iba a terapia, excepto los locos de atar y los turistas argentinos, así es que me resistí bastante a la propuesta de Willie, pero él insistió tanto que por fin lo acompañé. Mejor dicho, él me llevó de un ala.

El psicólogo resultó tener aspecto de monje, llevaba el cráneo afeitado, bebía té verde y permanecía la mayor parte de la sesión con los ojos cerrados. En el condado de Marin se ve a cualquier hora hombres en bicicleta, trotando en pantalones cortos o saboreando su capuchino en mesitas de las veredas. «¿Esta gente no trabaja?», le pregunté una vez a Willie. «Son todos terapeutas», me contestó. Tal vez por eso sentí un gran escepticismo frente al calvo, pero pronto éste se reveló como un sabio. Su oficina era un cuarto desnudo pintado de color arveja, decorado con una tela —mandala, creo que se llama— colgada en la pared. Nos sentamos con las piernas cruzadas sobre unos cojines en el suelo, mientras el monje sorbía como un pajarito su té japonés. Empezamos a hablar y pronto se desencadenó una avalancha. Willie y yo nos arrebatábamos la palabra para contarle lo que había pasado contigo, la existencia de espanto que llevaba Jennifer, la fragilidad de Sabrina, mil otros problemas, y mi deseo de mandar todo al diablo y desaparecer. El hombre nos escuchó sin interrumpir y cuando faltaban pocos minutos para que terminara la sesión, levantó sus párpados capotudos y nos miró con una expresión de genuina lástima. «¡Qué tristeza hay en sus vidas!», murmuró. ¿Tristeza? Eso no se nos había ocurrido a ninguno de los dos. Se nos desinfló la rabia en un instante y sentimos hasta los huesos una pena vasta como el Pacífico, que no habíamos querido admitir por pura y simple soberbia. Willie me tomó la mano, me atrajo a su cojín y nos abrazamos. Por primera vez admitimos que teníamos el corazón muy adolorido. Fue el comienzo de la reconciliación.

—Voy a aconsejarles que no mencionen la palabra divorcio durante una semana. ¿Pueden hacerlo? —preguntó el terapeuta.

—Sí —respondimos a una sola voz.

—¿Y podrían hacerlo por dos semanas?

—Por tres, si quiere —dije.

Ése fue el trato. Pasamos tres semanas enfocados en resolver las emergencias de la existencia diaria, sin pronunciar la palabra proscrita. Vivíamos en crisis, pero se cumplió el plazo y pasó un mes, luego dos y la verdad es que no hablamos de divorcio nunca más. Volvimos a efectuar esa danza nocturna que desde el comienzo nos resultó natural: dormir abrazados tan estrechamente que si uno se da la vuelta el otro se acomoda y si uno se separa el otro se despierta. Entre taza y taza de té verde, el psicólogo rapado nos condujo de la mano por los vericuetos de esos años. Me aconsejó «mantenerme en mi trinchera» y no interferir en los asuntos de mis hijastros, que en realidad eran la causa principal de nuestras peleas. ¿Willie le regala un auto nuevo a su hijo, quien está recién expulsado del colegio y anda flotando en una nube de LSD y marihuana? No es mi problema. ¿Lo estrella contra un árbol a la semana? Me quedo en la trinchera. ¿Willie le compra un segundo auto, que también destroza? Me muerdo la lengua. Entonces su padre lo premia con una camioneta y me explica que es un vehículo más seguro y firme. «Cierto. Así cuando atropelle a alguien, por lo menos no lo dejará herido, lo matará de un solo guamazo», replico en tono glacial. Me encierro en el baño, me doy una ducha fría y recito el repertorio completo de mis

palabrotas, y enseguida me voy a pasar unas horas haciendo collares en el taller de Tabra.

Fue muy útil la terapia. Gracias a eso y a la escritura sobreviví a
variadas pruebas, aunque no siempre salí airosa, y se salvó mi amor
con Willie. El melodrama familiar continuó, por fortuna, porque si
no ¿de qué diablos iba yo a escribir?

UNA NIÑA CON TRES MADRES

A Jennifer le permitían ver a Sabrina en visitas controladas cada dos semanas, y en cada una de esas ocasiones yo podía comprobar cómo se iba deteriorando la hija de Willie. Su aspecto era cada vez peor, como le explicaba a mi madre y a mi amiga Pía por carta. En Chile, las dos hicieron donaciones al orfanato del padre Hurtado, el único santo chileno al que hasta los comunistas veneran porque es muy milagroso, rogando para que Jennifer cambiara de rumbo y salvara la vida. En realidad, sólo una intervención divina podía ayudarla. Y aquí debo hacer una breve pausa para ponerte al día de Pía, esa mujer que es como mi hermana chilena, cuya lealtad jamás ha flaqueado, ni siquiera cuando nos separó el exilio. Ella proviene de un medio muy católico y conservador, que celebró con champán el golpe militar de 1973, pero sé que por lo menos en un par de ocasiones escondió en su casa a víctimas de la dictadura. Rara vez tocamos el tema político. Cuando me fui con mi pequeña familia a Venezuela, nos escribíamos seguido, y ahora nos visitamos en Chile y en California, donde ella suele venir de vacaciones; así hemos mantenido una amistad que ya tiene la claridad del diamante. Nos queremos sin condiciones, y cuando estamos juntas pintamos cuadros a cuatro manos y nos reímos como chiquillas. ¿Recuerdas que ella y yo solíamos bromear con que un día seríamos dos viudas alegres y viviríamos juntas en un desván, chismeando y haciendo artesanías? Bueno, Paula, ya no hablamos de eso, porque Gerardo, su marido, el hombre más cándido y benévolo de este mundo, se murió una mañana como cualquier otra, cuando estaba supervisando el trabajo en uno de los potreros de su campo. Dio un suspiro, inclinó la cabeza y se fue al otro mundo sin alcanzar a despedirse. Pía no ha logrado consolarse, a pesar de que está rodeada de su clan: cuatro hijos, cinco nietos y medio centenar de parientes y amigos con quienes está en contacto continuo, como es costumbre en Chile. Se dedica a la caridad indiscriminada, a cuidar a su familia y a sus óleos y pinceles, con los que se entretiene en los ratos libres. En los momentos de tristeza, cuando no puede dejar de llorar a Gerardo, se encierra a bordar y a hacer prodigios con retazos de telas, incluso unos íconos recamados de pedrerías que parecen rescatados de la antigua Constantinopla. Esta Pía que tanto te quería, hizo construir una ermita en su jardín y plantó un rosal en tu memoria. Allí, junto a ese generoso arbusto, conversa con Gerardo y contigo y reza a menudo por los hijos y la nieta de Willie.

Rebeca, la visitadora social, organizaba el plan de acción para los encuentros de Sabrina con su madre. No era fácil, ya que el juez había ordenado evitar que Jennifer y su compañero se toparan con las madres adoptivas o averiguaran dónde vivían. Fu y Grace se encontraban conmigo en el estacionamiento de algún centro comercial y me entregaban a la niña, con sus pañales, juguetes, biberones y el resto del aparatoso cargamento que necesitan los críos. Yo partía con ella, en una de las sillas que tenía para mis nietos en el coche, al edificio del Ayuntamiento, donde me encontraba con Rebeca y una mujer policía, siempre una diferente, todas con aire de tedio profesional. Mientras la uniformada vigilaba la puerta, Rebeca y yo esperábamos en una sala, extasiadas ante la niña, que se había puesto hermosa y muy alerta, no se le escapaba ningún detalle. Tenía la piel color caramelo, unos rulitos de cordero recién nacido en la cabeza y los ojos asombrosos de una hurí. A veces Jennifer acudía a la cita, otras no. Cuando aparecía, hecha un manojo de nervios, con actitud huidiza de zorro perseguido, no se quedaba más de cinco o diez minutos.

Levantaba a su hija en brazos y al sentirla tan liviana o al oírla llorar, se sentía confundida. «Necesito un cigarrillo», decía; salía deprisa y a menudo no regresaba. Rebeca y la agente de policía me acompañaban al automóvil y yo conducía de vuelta al estacionamiento donde las dos madres, ansiosas, nos esperaban. Para Jennifer aquellas visitas apresuradas tuvieron que ser un tormento, porque había perdido a su bebé y ni siquiera saber que estaba en buenas manos era un consuelo.

Estas citas estratégicas duraban ya unos cinco meses, cuando Jennifer cayó de nuevo al hospital con una infección cardiaca y otra en las piernas. No dio muestras de preocupación, dijo que ya le había ocurrido antes, nada grave, pero los médicos lo trataron con menos ligereza. Fu y Grace decidieron que ya estaban hartas de esconderse y que Jennifer tenía derecho a saber quiénes se habían hecho cargo de su hija. Las acompañé al hospital, saltándonos el protocolo legal. «Si la visitadora social lo sabe, se verán en un lío», opinó Willie, que piensa como abogado y todavía no conocía bien a Rebeca.

La hija de Willie ofrecía un aspecto desolado, se le podían contar las muelas a través de la piel traslúcida de las mejillas, su cabello era una peluca de muñeca, tenía las manos azulosas y las uñas negras. Su madre también estaba allí, descompuesta al verla en ese estado. Creo que había aceptado el hecho de que Jennifer no viviría mucho más, pero esperaba al menos reencontrarse con ella antes del fin. Pensó que en el hospital podrían hablar y hacer las paces, después de tantos años de herirse mutuamente, pero también en esa ocasión su hija habría de escapar antes de que los medicamentos alcanzaran a hacerle efecto. A la primera mujer de Willie y a mí, las dificultades nos acercaron: ella había sufrido mucho con sus dos hijos, ambos drogadictos y yo te había perdido, Paula. Hacía más de veinte años que ella estaba divorciada de Willie y ambos se habían vuelto a casar, no creo que quedaran rencores pendientes, pero si los había, la llegada de Sabrina a sus vidas los redimió. La atracción que los unió en la juventud se convirtió en desencanto mutuo poco después de casarse y terminó diez años más tarde de manera abrupta. Fuera de los hijos, nada tenían en común. Durante el tiempo que estuvieron casados, él se dedicó por entero a su carrera, decidido a tener éxito y hacer dinero, mientras ella se sintió abandonada y solía caer en hondas depresiones. Además, les tocó la turbulencia de los años sesenta, cuando las costumbres se soltaron bastante en esta parte del mundo: se puso de moda el amor libre, las parejas se cambiaban como una forma de diversión, en las fiestas los asistentes se bañaban desnudos en los jacuzzis domésticos, todo el mundo bebía martinis y fumaba marihuana, mientras los niños corrían sueltos por todos lados. Esos experimentos dejaron un reguero de parejas deshechas, como era fácil predecir, pero Willie asegura que ésa no fue la causa de la ruptura. «Éramos como aceite y agua, no combinábamos, ese matrimonio no podía resultar.» Al comienzo de mi relación con Willie le pregunté si íbamos a tener un «amor abierto» —eufemismo para la infidelidad— o monógamo. Yo necesitaba aclararlo porque no tengo tiempo ni vocación para espiar a un amante veleidoso. «Monógamo, ya he probado la otra fórmula y es un desastre», me contestó sin vacilar. «Está bien, pero si te pillo en una aventura te mato, a ti, a tus hijos y al perro. ¿Me has entendido?», le dije. «Perfectamente.» Por mi parte he respetado el trato con más decencia de la que podía esperarse de una persona de mi carácter; supongo que él ha hecho otro tanto, pero no pongo las manos en el fuego por nadie.

Jennifer cogió a su hija y la apretó en su pecho escuálido, mientras le daba las gracias a Grace y Fu una y otra vez. Ambas tienen el don de poner humor, calma y belleza en lo que tocan. Bajaron sus defensas —lo que nadie había hecho hasta entonces con Jennifer— y se dispusieron a aceptarla con toda su compasión, que es mucha. Así transformaron aquel drama sórdido en una experiencia espiritual. Grace acarició a Jennifer, alisó sus cabellos, la besó en la frente y le aseguró que podría ver a Sabrina a diario, si quería ella misma se la traería, y cuando la dieran de alta podría visitarla en la finca budista. Le contó lo inteligente y vivaracha que era, cómo ya empezaba a tragar leche sin dificultad y no mencionó sus serios problemas de salud.

—¿No te parece que Jennifer debe conocer la verdad, Grace? —le pregunté al salir.

—¿Qué verdad?

—Si Sabrina sigue debilitándose a este ritmo. Sus células blancas…

—No se morirá. Eso te lo puedo jurar —me interrumpió con la más tranquila convicción.

Ésa fue la última vez que vimos a Jennifer.

El 25 de mayo de 1994 celebramos el primer cumpleaños de Sabrina en el Centro de Budismo Zen, en un círculo de medio centenar de personas descalzas, con ropajes sueltos de peregrinos medievales, algunos con la cabeza rapada y esa expresión de sospechosa placidez que distingue a los vegetarianos. Celia, Nico, los niños, Jason con su novia, Sally y el resto de la familia estaban allí. La única mujer con maquillaje era yo, y el único hombre con cámara fotográfica era Willie. En el centro de la sala jugueteaban varios niños con un escándalo de globos en torno a una monumental torta orgánica de zanahoria. Sabrina, vestida de gnomo, con una hilera de estrellas metálicas pegadas en la frente, coronada reina de Etiopía por Alejandro, y con un globo amarillo atado con una cuerda a la cintura, para que la vieran de lejos y no la pisaran, pasaba de brazo en brazo, de beso en beso. Comparada con mi nieta Nicole, densa y compacta como un koala, Sabrina parecía una muñeca blanda, pero en ese año había superado casi todos los pronósticos fatalistas de los médicos: ya se sentaba, trataba de gatear e identificaba a todos los residentes del Centro de Budismo Zen. Uno a uno se presentaron los invitados: «Soy Kate, cuido a Sabrina los martes y jueves»; «Me llamo Mark y soy su fisioterapeuta»; «Soy Michael, monje zen desde hace treinta años, y Sabrina es mi maestra»...

MINÚSCULOS MILAGROS COTIDIANOS

El 6 de diciembre se cumplió el primer aniversario de tu muerte. Quería recordarte bella, sencilla, contenta, vestida de novia o saltando charcos bajo la lluvia en Toledo, con un paraguas negro; pero de noche, en mis pesadillas, me asaltaban las imágenes más trágicas: tu cama del hospital, el ronquido de la máquina de respirar, tu silla de ruedas, el pañuelo con que después cubríamos el hueco de la traqueotomía, tu manos crispadas. Muchas veces rogué morir en vez de ti, y más tarde, cuando ese trueque ya no fue posible, rogué tanto para morir que en justicia debí enfermarme en serio; pero morir es muy difícil, como tú sabes y como decía mi abuelo cuando le faltaba poco para cumplir un siglo de existencia. Un año más tarde yo seguía viva, gracias al cariño de mi familia y las agujas mágicas y yerbas chinas del sabio japonés Miki Shima, quien estuvo junto a ti y junto a mí en los meses en que te fuiste despidiendo de a poco. No sé qué efecto tuvieron sus remedios en ti, pero su tranquila presencia y su mensaje espiritual me sostuvieron semana a semana en aquella época. «No digas que quieres morirte, porque me matas de pena», me reprochó mi madre una vez que se lo insinué por carta. Ella no era mi única razón para vivir: tenía a Willie, a Nico, a Celia y a esos tres nietos que solían despertarme con sus manitos sucias y sus besos babeantes, los tres en pañales, olorosos a sudor y a chupete. En la misma cama, juntos y abrazados, veíamos por la noche terroríficos videos de dinosaurios que devoraban a los actores. Alejandro, de cuatro años, me tomaba de la mano y me decía que no me asustara, que era de mentira, que despúes los monstruos vomitaban a las personas enteras porque no las mascaban.

En la mañana de ese aniversario fui con Alejandro al bosque, que ahora todos llamamos «el bosque de Paula». Mucha presunción, hija, porque es un parque estatal. Llovía, hacía mucho frío, nos hundíamos en el barro, el aire olía a pino y entre las copas de los árboles se filtraba una luz triste de invierno. Mi nieto corría delante con los pies para los lados y moviendo los brazos como un pato. Nos acercamos al arroyo, tumultuoso en invierno, donde habíamos esparcido tus cenizas. Lo reconoció al punto.

—Paula estaba enferma ayer —dijo; para él todo el pasado era ayer.

—Sí. Se murió.

—¿Quién la mató?

—No es como en la televisión, Alejandro, a veces la gente se enferma y se muere, así no más.

—¿Adónde se van los muertos?

—No sé exactamente.

—Ella se fue por allí —dijo señalando el arroyo.

—Sus cenizas se fueron en el agua, pero su espíritu vive en este bosque. ¿No te parece lindo?

—No. Sería mejor que viviera con nosotros —decidió.

Estuvimos un rato largo recordándote en ese verde templo, donde podíamos sentirte, tangible y presente, como la brisa fría y la lluvia.

Por la tarde nos reunimos la familia —incluso Ernesto, que vino de Nueva Jersey— y unos cuantos amigos en nuestra casa. Nos sentamos en la sala y celebramos los dones que tú nos diste en vida y seguías dándonos: el nacimiento de las nietas Sabrina y Nicole, y la incorporación de las madres, Fu y Grace, a la tribu, así como la de Sally. Una humilde vela blanca, con un orificio en el centro, presidía el altar que habíamos improvisado con tus fotos y recuerdos.

El año anterior, tres días después de tu muerte me junté con las Hermanas del Perpetuo Desorden en casa de una de ellas, como siempre hacíamos los martes, en torno a seis velas nuevas. Tu ausencia me doblaba de dolor. «Siento un fuego que me quema en el centro del cuerpo», les dije. Nos tomamos de las manos, cerramos los ojos, y mis amigas dirigieron hacia mí su cariño y sus plegarias, para ayudarme a soportar la pena de esos días. Yo pedía una señal, una indicación de que no habías desaparecido en la nada para siempre, de que tu espíritu existía en alguna parte. De pronto oí la voz de Jean: «Mira tu vela, Isabel». Mi vela ardía por el centro. «Un fuego en el vientre», agregó Jean. Esperamos. La llama derritió la cera y formó un hueco en el medio de la vela, pero ésta no se partió. Tal como se encendió sin explicación, la llama se apagó instantes más tarde. La vela quedó ahuecada, pero erguida, y me pareció que ésa era la señal que esperaba, un guiño que me hacías desde otra dimensión: la quemadura de tu muerte no me quebraría. Después Nico revisó la vela y no pudo encontrar la causa de esa extraña llama en el centro; tal vez estaba defectuosa, tenía una segunda mecha que prendió al saltar una chispa. «¿Para qué quieres una explicación, mamá? En este caso lo que importa es la oportunidad. Recibiste la señal que pedías, eso es suficiente», dijo Nico, para dejarme contenta, supongo, porque, dado su sano escepticismo, no creo que sospechase un milagro.

Fu explicó que encendíamos incienso porque el humo se eleva como nuestros pensamientos; la luz de las velas representa sabiduría, claridad y vida; las flores simbolizan belleza y continuidad, porque mueren pero dejan semillas para otras flores, tal como quedarán nuestras semillas en los nietos. Cada uno compartió con los demás algún sentimiento o recuerdo. Celia, la última que habló, dijo: «Paula, recuerda que tienes tres sobrinos y debes cuidarlos mucho, mira que también pueden tener porfiria. Acuérdate de velar para que Sabrina tenga una vida larga y feliz. Y acuérdate de que

Ernesto necesita otra esposa, así es que ponte las pilas y consíguele una novia».

Para terminar, mezclamos tierra con una pizca de tus cenizas, que yo había guardado, y plantamos un árbol en un macetero, con la idea de que apenas se le afirmaran las raíces lo pondríamos en nuestro jardín o en tu bosque.

Esa noche también vinieron Cheri Forrester, nuestra compasiva doctora, y el sabio Miki Shima, quien días antes me había echado los palitos del I Ching y había salido que: «La mujer ha tolerado pacientemente la tierra desolada, cruza el río descalza con determinación, cuenta con gente a la distancia, pero no tiene compañeros, deberá caminar sola por el paso del medio». Me pareció clarísimo. El doctor Shima dijo que tenía un mensaje tuyo: «Paula está bien, se aleja en su camino espiritual, pero nos cuida y está presente entre nosotros. Dice que no desea que sigamos llorando por ella, quiere vernos alegres». Nico y Willie intercambiaron una mirada significativa, porque no le creen mucho a este caballero, dicen que no puede probar nada de lo que dice, pero yo no tuve dudas de que se trataba de tu voz, porque era similar al mensaje que dejaste en tu testamento: «Por favor, no estén tristes. Sigo con todos pero más cerca que antes. En un tiempo más nos reuniremos en espíritu, pero mientras tanto seguiremos juntos mientras me recuerden. Acuérdense de que nosotros, los espíritus, ayudamos, acompañamos y protegemos mejor a quienes están contentos». Eso escribiste, hija. Cheri Forrester lloraba a mares porque su madre murió a la misma edad que tú y, según ella, ustedes dos eran muy parecidas físicamente.

Me había propuesto que en esa fecha memorable pondría la palabra fin en el manuscrito del libro y te lo ofrecería como un regalo. Fu bendijo el legajo de papeles atados con una cinta roja y después brindamos con champán y partimos una torta de chocolate. Hubo honda emoción, aunque no fue un duelo, sino más bien una fiesta sin bulla. Celebrábamos que al fin estabas libre, después de haber pasado tanto tiempo prisionera.

Tristeza. Como había señalado el terapeuta, había tristeza en la vida de Willie y en la mía, aunque no era un sentimiento paralizante, sino consciencia de las pérdidas y dificultades que coloreaban la realidad. Con frecuencia debíamos acomodar la carga para seguir adelante sin caernos. Había mucho desorden, teníamos la sensación de estar siempre en medio de una tormenta, asegurando puertas y ventanas para que el viento de la desgracia no arrasara con todo.

El bufete de Willie funcionaba a crédito. Willie aceptaba casos perdidos, gastaba más de lo que ganaba, mantenía una leva de empleados inútiles y estaba enredado en líos de impuestos. Era un pésimo administrador y Tong, su leal contador chino, no podía controlarlo. Mi presencia en su vida le trajo estabilidad, porque pude ayudarlo con los gastos en las emergencias, correr con la casa, ordenar las cuentas bancarias y eliminar la mayoría de las tarjetas de crédito. Mudó su oficina de San Francisco a una casa victoriana que yo compré en Sausalito, el pueblo más pintoresco de la bahía. La propiedad fue construida alrededor de 1870 y se vanagloriaba de un pedigrí notable: fue el primer burdel de la localidad; después se convirtió en iglesia, luego en fábrica de galletas de chocolate y, finalmente, hecha una ruina, pasó a nuestras manos. Como dijo Willie, fue descendiendo en la escala social. Estaba hundida entre árboles centenarios y enfermos que amenazaban con desplomarse sobre las casas de los vecinos al primer vendaval. Nos obligaron a cortar un par de ellos. Llegaron los asesinos, se encaramaron con sierras y hachas, se colgaron con cuerdas de las ramas, y procedieron a desmembrar a sus víctimas, que sangraban sin ruido, como mueren los árboles. Salí escapando, incapaz de presenciar por más tiempo aquella carnicería. Al día siguiente no reconocimos la casa: estaba desnuda y vulnerable, con las maderas devoradas por el tiempo y las termitas, las tejas torcidas, las persianas desprendidas. Los árboles ocultaban el deterioro: sin ellos parecía una cortesana decrépita. Willie se frotó las manos, entusiasmado, porque en una reencarnación anterior fue constructor, uno de aquellos que levantaron catedrales. «Vamos a dejar la casa tan linda como era al principio», dijo, y partió en busca de los planos originales para devolverle su gracia victoriana. Lo logró a plenitud y, a pesar de la profanación de las herramientas, sus paredes todavía conservan el perfume francés de las meretrices, del incienso cristiano y del chocolate de las galletas.

En los mismos cuartos donde antaño las damas de la noche hacían olvidar sus penas a sus clientes, Willie baraja hoy las incertidumbres de la ley. En lo que antes fuera la cochera, yo lidié con mis fantasmas literarios durante años, hasta que dispuse de mi propio cuchitril en la casa, donde ahora escribo. Aprovechando la mudanza, Willie se deshizo de la mitad de sus empleados y pudo seleccionar mejor sus casos, pero su bufete todavía era caótico y poco rentable. «Por mucho que entre, es más lo que sale. Saca la cuenta, Willie, trabajas por un dólar la hora», le hice ver. El cálculo no le gustó nada, pero Tong, que había trabajado con él por treinta años y lo había salvado por un pelo de la bancarrota en más de una ocasión, estaba de acuerdo conmigo. Me crié con un abuelo vasco muy cauteloso con el dinero, y luego con el tío Ramón, que vivía con lo mínimo. La filosofía de mi padrastro era «Somos inmensamente ricos», aunque por necesidad él debía ser muy prudente en los gastos. Se proponía gozar de la vida con espléndido estilo y estiraba cada centavo de su magro sueldo de empleado público para mantener a cuatro hijos suyos y tres de mi madre. El tío Ramón dividía el dinero del mes y colocaba los billetes en sobres, contados y vueltos a contar, para alcanzar a cubrir las necesidades de cada semana. Si podía ahorrar un poquito aquí y otro allá, nos llevaba a tomar helados. Mi madre, a la que siempre se la consideró una mujer a la moda, cosía su ropa en la casa y transformaba los mismos vestidos una y otra vez. Hacían mucha vida social, ineludible para los diplomáticos, y ella tenía un traje de baile básico de seda gris, al que le ponía y quitaba mangas, cinturones y lazos, de modo que en las fotografías de entonces siempre aparece con un vestido diferente. A ninguno de los dos se le habría pasado por la mente endeudarse. El tío Ramón me dio los más útiles instrumentos para la vida, como descubrí en terapia a una edad madura: memoria selectiva para recordar lo bueno, prudencia lógica para no arruinar el presente, y optimismo desafiante para encarar el futuro. También me dio espíritu de servicio y me enseñó a no quejarme, porque eso estropea la salud. Ha sido mi mejor amigo, nada hay que no haya compartido con él. Por la forma en que me criaron y por los sobresaltos del exilio, tengo mentalidad de campesina en materia de dinero. Si por mí fuese, escondería mis ahorros debajo del colchón, como hacía aquel pretendiente de Tabra con sus barras de plata. La forma de gastar de mi marido me horrorizaba, pero cada vez que asomaba la nariz en sus asuntos, provocaba una batalla.

Una vez que el manuscrito de *Paula* partió hacia España y llegó sano y salvo a las manos de Carmen Balcells, mi agente-madraza, me bajó un cansancio profundo. Estaba muy ocupada con la familia, viajes, conferencias y la burocracia de mi oficina, que había ido creciendo hasta adquirir proporciones aterradoras. El tiempo me rendía muy poco, daba vueltas en el mismo sitio como un perro mordiéndose el rabo, sin producir nada que valiese la pena. Intenté escribir muchas veces, incluso había concluido buena parte de la investigación para una novela sobre la fiebre del oro en California, pero me sentaba ante la computadora con la mente llena de ideas y no lograba traspasarlas a la pantalla. «Tienes que darte tiempo, todavía estás de duelo», me recordaba mi madre en sus cartas, y lo mismo me repetía suavemente la Abuela Hilda, quien en esa época se turnaba entre la casa de su hija en Chile, y la nuestra y la de Nico en California. Esa buena señora, madre de Hildita, la primera mujer de mi hermano Pancho, se había constituido en abuela por adopción sentimental de todos nosotros, en especial de Nico y de ti, a quienes mimó desde el momento en que nacieron. Era mi cómplice en cuanta locura se me ocurrió hacer en la juventud y la compañera de aventuras de ustedes dos.

MARIHUANA Y SILICONA

La Abuela Hilda, infatigable, menuda y alegre, se las había ingeniado durante su vida para evitar aquello que podía producirle angustia; ése debía de ser el secreto de su sorprendente buen carácter. Tenía boca de santa: no hablaba mal de nadie, huía de discusiones, toleraba sin chistar la estupidez ajena y podía volverse transparente a voluntad. En una ocasión se mantuvo en pie con una pulmonía durante dos semanas, hasta que empezaron a castañetearle los dientes y la fiebre le empañó los gafas; recién entonces nos dimos cuenta de que estaba a punto de irse al otro mundo. Pasó diez días en un hospital americano, donde nadie hablaba español, muda de susto, pero si le preguntábamos cómo estaba, decía que muy contenta y agregaba que la gelatina y el yogur eran mejores que los chilenos. Vivía en una nebulosa, porque no hablaba inglés y a nosotros se nos olvidaba traducirle la mezcolanza de idiomas que se hablaba en la casa. Como no entendía las palabras, observaba los gestos. Un año después, cuando se desató el drama de Celia, ella fue la primera en sospecharlo, porque notaba señales invisibles para los demás. El único medicamento que tomaba eran unas misteriosas píldoras verdes que se echaba a la boca cuando el ambiente a su alrededor se ponía tenso. No pudo ignorar tu ausencia, Paula, pero fingía que andabas de viaje y hablaba de ti en futuro, como si fuese a verte mañana. Disponía de una paciencia ilimitada con mis nietos y, a pesar de que pesaba cuarenta y cinco kilos y tenía huesos de tórtola, andaba siempre con Nicole en brazos. Temíamos que mi nieta menor cumpliera quince años sin aprender a caminar.

—¡Arriba el ánimo, suegra! Lo que te hace falta para la inspiración literaria es un pito de marihuana —fue el consejo de Celia, quien jamás la había probado pero se moría de curiosidad.

—Eso embota la mente y no ayuda para la inspiración —opinó Tabra, quien estaba de vuelta de aquellos experimentos.

—¿Por qué no probamos? —preguntó la Abuela Hilda, para zanjar dudas.

Y así fue como las mujeres de la familia terminamos en casa de Tabra fumando yerba después de haber anunciado que nos íbamos a un retiro espiritual.

La tarde empezó mal, porque la Abuela quiso que Tabra le hiciera agujeros en las orejas y la máquina de hierro se atascó, pegada al lóbulo. Al ver la sangre, a Tabra le flaquearon las rodillas, pero la Abuela no perdió la compostura. Sostuvo el aparato, que pesaba medio kilo, hasta que Nico llegó, una hora más tarde, provisto de su caja de herramientas, desarmó el mecanismo y la liberó. La oreja ensangrentada había aumentado al doble de su volumen. «Ahora perfórame la otra», pidió la Abuela a Tabra. Nico se quedó para desarmar la máquina de nuevo y después se fue, por respeto a nuestro «retiro espiritual».

En el proceso de machucarle las orejas, los senos de Tabra rozaron varias veces a la Abuela Hilda, quien les daba unas miradas de soslayo, hasta que no aguantó más y le preguntó qué era lo que tenía en el pecho. Mi amiga habla español, de manera que pudo explicarle que eran de silicona. Le contó que cuando ella era una joven maestra en Costa Rica, debió ir al médico porque le salió un sarpullido en un brazo. El doctor le pidió que se despojara de la blusa y, aunque ella le explicó que el problema era local, él insistió. Ella se quitó la blusa. «¡Mujer, eres plana como tabla!», exclamó al verla. Tabra reconoció que así era, y entonces él le propuso una solución que los beneficiaría a ambos. «Pretendo especializarme en cirugía plástica, pero aún no tengo clientes. ¿Qué te parece si me dejas experimentar contigo? No te cobro nada por operarte y te pondré unas tetas formidables.» Era una proposición tan generosa y expresada de modo tan delicado que Tabra no pudo rehusar. Tampoco se atrevió a negarse cuando él manifestó cierto interés en acostarse con ella, honor que sólo tenían algunas de sus pacientes, según le explicó el doctor, pero se opuso cuando él quiso extender el ofrecimiento a su hermana menor, de quince años. Así fue como Tabra acabó con aquellas prótesis de mármol.

—Yo nunca había visto pechugas tan duras —comentó la Abuela Hilda.

Celia y yo se las tocamos también y luego quisimos verlas. Sin duda eran extrañas, parecían pelotas de fútbol americano.

—¿Cuánto tiempo hace que andas con esto a cuestas, Tabra? —le pregunté.

—Como veinte años.

—Alguien tiene que examinarte, esto no me parece normal.

—¿No te gustan?

El resto de las mujeres nos quitamos las blusas para que comparara. Las nuestras nunca aparecerían desplegadas en una revista erótica, pero al menos eran blandas al tacto, como las creó la naturaleza, y no como aquéllas, que tenían la consistencia de cauchos de camión. Mi amiga aceptó que la acompañáramos a consultar a un especialista, y poco tiempo después, en la clínica de un cirujano plástico, se inició lo que en la familia llamamos «la odisea de las pechugas», una serie de desafortunados accidentes que tuvieron, como única ventaja, solidificar mi amistad con Tabra.

Al caer la noche hicimos una fogata entre los árboles y asamos salchichas y bombones de malvavisco ensartados en varillas. Luego encendimos uno de los pitillos, que bastantes molestias nos había costado conseguir. Tabra aspiró un par de veces, anunció que la yerba la ponía meditativa, cerró los ojos y cayó anestesiada. La llevamos a duras penas a la casa, la depositamos en el suelo, tapada con una frazada, y las demás regresamos bajo el amparo de los árboles perfumados del jardín. Había luna llena, y el arroyo, alimentado por la lluvia, saltaba entre las piedras de su cauce. Celia cantó en la guitarra sus canciones más nostálgicas y la Abuela se puso a tejer entre un pito y otro, que no tuvieron el efecto de elevarnos al cielo, como esperábamos; sólo nos produjeron risa e insomnio. Nos quedamos en el bosque de Tabra contándonos las vidas hasta el alba, cuando la Abuela anunció que era hora de tomarse un whisky, en vista de que la marihuana no servía ni para calentar los huesos. Diez horas más tarde, cuando Tabra despertó y revisó el cenicero, calculó que nos habíamos fumado una docena de pitos sin consecuencias aparentes y dedujo, asombrada, que éramos invulnerables. La Abuela opinó que los cigarrillos estaban rellenos con paja.

EL ÁNGEL DE LA MUERTE

En el otoño de ese año, cuando se respiraba un clima de paz inusual en la casa y empezábamos a abandonarnos a una peligrosa complacencia, llegó de visita un ángel de la muerte. Era el compañero de Jennifer, confuso, con el rostro abotagado de los duros bebedores. En su jerga arrastrada, que Willie apenas lograba descifrar, anunció que Jennifer había desaparecido. No se sabía nada de ella desde hacía tres semanas, cuando estaba de visita en casa de una tía en otra ciudad. Según la tía, la última vez que la vio fue en compañía de unos tipos con aspecto de maleantes que pasaron a recogerla en una camioneta. Willie le recordó a ese hombre que a menudo transcurrían meses sin tener noticias de Jennifer, pero él repitió que había desaparecido y agregó que estaba muy enferma y en sus condiciones no podía haber ido lejos. Willie empezó una búsqueda sistemática por cárceles y hospitales, habló con la policía, recurrió a los federales por si su hija hubiera ido a parar a otro estado y contrató a un detective privado, sin resultados, mientras Fu y Grace ponían a orar a los miembros del Centro de Budismo Zen y yo a mis hermanas del desorden. La historia que nos contó el hombre me olía mal, pero Willie me aseguró que, en casos así, el primer sospechoso ante los ojos de la ley es el conviviente, especialmente si tiene un extenso prontuario, como aquél. Sin duda lo habían investigado a fondo.

Dicen que no hay dolor tan grande como la muerte de un hijo, pero creo que es peor cuando desaparece, porque queda para siempre la incógnita de su destino. ¿Murió? ¿Sufrió? Se mantiene la ilusión de que viva, pero uno se pregunta sin cesar qué clase de existencia lleva y por qué no se comunica con su familia. Cada vez que sonaba el teléfono tarde en la noche, a Willie le saltaba el corazón de esperanza y de terror: podía ser la voz de Jennifer para pedirle que fuese a buscarla a alguna parte, pero también podía ser la voz de un policía para que fuese a la morgue a identificar un cuerpo.

Meses más tarde Jennifer seguía sin dar señales, pero Willie se aferraba a la idea de que estaba viva. No sé quién le sugirió que consultara a una psíquica que a veces ayudaba a la policía a resolver casos, porque tenía el don de encontrar cadáveres y a gente desaparecida, y así fue como terminamos juntos en la cocina de una casa bastante estropeada cerca del puerto. La mujer no tenía aspecto de adivina, nada de faldas con estrellas, ojos pintarrajeados ni bola de cristal: era una gorda con zapatillas de tenis y delantal de casa, que nos hizo esperar un rato mientras terminaba de bañar a su perro. La cocina, estrecha, limpia y ordenada, contaba con un par de sillas de plástico amarillo, donde nos instalamos. Una vez que el animal estuvo seco, ella nos ofreció café y se sentó en un banquito frente a nosotros. Bebimos de nuestros jarros en silencio durante unos minutos, luego Willie le explicó el motivo de la visita y le mostró una serie de fotos de su hija, algunas en las que todavía estaba más o menos sana, y las últimas, hechas en el hospital, ya muy enferma, con Sabrina en brazos. La psíquica las examinó una por una, luego las puso sobre la mesa, colocó las manos encima y cerró los ojos durante largos minutos. «Se la llevaron unos hombres en un vehículo», dijo al fin. «La mataron. Tiraron el cuerpo en un bosque, cerca del río Russian. Veo agua y una torre de madera, debe de ser una torre de vigilancia forestal.»

Willie, pálido, no reaccionó. Deposité sobre la mesa el pago de sus servicios, tres veces más que la consulta de un médico, tomé a mi marido de un brazo y lo arrastré hasta el coche. Le saqué la llave del bolsillo, lo empujé en el asiento y manejé, con mano temblorosa y la vista nublada, a través del puente, rumbo a casa. «No debes creer nada de esto, Willie, no es científico, son charlatanerías», le supliqué. «Ya lo sé», me contestó, pero el daño estaba hecho. Así y todo, no se lamentó hasta mucho más tarde, cuando fuimos a ver una película sobre la pena de muerte, *Dead Man Walking*, en la que hay una escena del asesinato de una muchacha en un bosque, similar a lo descrito por la psíquica. En el silencio y la oscuridad del cine se oyó un grito desgarrado, como un lamento de animal herido. Era Willie, doblado en su asiento, con la cabeza en las rodillas. Salimos a tientas de la sala, y en el estacionamiento, encerrado en el automóvil, lloró largamente a la hija desaparecida.

Un año más tarde Fu y Grace ofrecieron una ceremonia en el Centro de Budismo Zen para conmemorar a Jennifer, dar dignidad a esa vida trágica y clausura a su inexplicable fin, que dejó a la familia en suspenso para siempre. Nuestra pequeña tribu, incluidos Tabra, Jason y Sally, y la madre de Jennifer con algunas amigas, nos juntamos en la misma sala en que habíamos celebrado el primer cumpleaños de Sabrina, frente a un altar con retratos de Jennifer en sus mejores tiempos, flores, incienso y velas. Pusieron un par de zapatos en el centro del círculo, para indicar el nuevo camino que ella había emprendido. Jason y Willie estaban conmovidos por las buenas intenciones de todos los presentes, pero no pudieron evitar un intercambio de sonrisas, porque Jennifer jamás se hubiera puesto unos zapatos como ésos; debieron haber conseguido unas sandalias moradas, más de su estilo. Ambos, que la conocían bien, imaginaron que si ella estaba observando esa triste reunión desde el aire, reventaría de risa, porque todo lo que huele a Nueva Era le parecía ridículo, y además no era de las que se lamentan; carecía por completo de autocompasión, era atrevida y valiente. Sin las adicciones, que la atraparon en una vida de miseria, tal vez habría cumplido un destino aventurero, porque tenía la fuerza de su padre. De los tres hijos de Willie, sólo Jennifer heredó el corazón de león de Willie, y ella se lo dio a su hija. Sabrina, como Willie, puede caer de rodillas, pero siempre se pone de pie. Esa niña, que casi no conoció a su madre, pero tenía su imagen grabada en el alma antes de nacer, participó en el rito acurrucada en brazos de Grace. Al final Fu dio a Jennifer un nombre budista: U Ka Dai Shin, «alas de fuego, gran corazón». Era un nombre adecuado para ella.

En la ceremonia, durante el rato que dedicamos a meditar, Jason creyó sentir la voz de su hermana que le soplaba al oído: «¿Qué joda están haciendo? ¡No tienen la menor idea de lo que me pasó! Podría estar viva, ¿no? La broma es que jamás lo sabrán». Tal vez por eso Jason nunca ha dejado de buscarla, y ahora, tantos años más tarde, cuando existen pruebas de ADN, él está empecinado en encontrarla en los infinitos archivos de desgracias de la policía. En cuanto a mí, durante la meditación surgió con gran claridad en mi mente una escena en la que Jennifer estaba sentada a la orilla de un río, remojándose los pies y tirando piedrecillas al agua. Llevaba un vestido de verano y se veía joven y sana, sin rastros de dolor. Rayos de sol penetraban entre las hojas de los árboles e iluminaban su cabello rubio y su cuerpo delgado. De pronto se acostaba acurrucada en el suelo, sobre el musgo, y cerraba los ojos. Esa noche le conté aquella visión a Willie y los dos decidimos que ése fue su verdadero fin y no el que dijo la psíquica: estaba muy cansada, se durmió y no despertó más. En la mañana nos levantamos temprano y fuimos los dos al bosque, escribimos el nombre de Jennifer en un papel, lo quemamos y echamos las cenizas en el mismo arroyo donde habíamos esparcido antes las tuyas. Ustedes no se conocieron en este mundo, Paula, pero nos gusta imaginar que tal vez sus espíritus juegan entre esos árboles como hermanas.

VIDA EN FAMILIA

En 1994, Ruanda aparecía con frecuencia en la prensa. Las noticias del genocidio eran tan horrorosas que costaba creerlas: niños asesinados, mujeres embarazadas abiertas a cuchilladas para arrancarles el feto del vientre, familias enteras asesinadas, centenares de huérfanos hambrientos deambulando por los caminos, aldeas quemadas con todos sus habitantes.

—¿Qué le importa al mundo lo que pasa en África? Los que mueren son unos pobres negros —comentaba Celia, indignada, con esa pasión incendiaria que empleaba para todo.

—Es terrible, Celia, pero creo que no estás deprimida sólo por eso. Dime qué te pasa en realidad... —la sondeaba yo.

—¡Imagínate que destrozaran a machetazos a mis niños! —Y se echaba a llorar.

Algo se estaba gestando en el alma de mi nuera. No tenía ni un momento de paz, corría cumpliendo mil tareas, creo que lloraba a escondidas y estaba cada día más flaca y demacrada, pero mantenía una postura de desfachatada alegría. Había desarrollado una verdadera obsesión por las malas noticias de la prensa, que comentaba con Jason, el único en la familia que leía todos los periódicos y era capaz de analizar los hechos con instinto de periodista. Él fue la primera persona a quien le oí relacionar la religión con el terror, mucho antes de que fundamentalismo y terrorismo fuesen prácticamente sinónimos. Nos explicó que la violencia en Bosnia, Oriente Próximo y África, los excesos de los talibanes en Afganistán y otros hechos desconectados eran causados por un odio tanto racial como religioso.

Jason y Sally hablaban de mudarse apenas pudieran conseguir un piso en alguna parte, pero habían buscado en vano algo al alcance de su magro presupuesto. Les ofrecimos ayuda, pero sin insistir demasiado, para no darles la impresión de que los estábamos echando. Nos gustaba tenerlos con nosotros, eran entretenidos y suavizaban el ambiente. Era conmovedor ver a Jason enamorado por primera vez y hablando de casarse, aunque Willie estaba convencido de que no hacía buena pareja con Sally. No sé por qué se le metió esa idea en la cabeza; parecían llevarse muy bien.

La Abuela Hilda pasaba largas temporadas en California y bajo su influencia la casa se convertía en un garito de juego. Hasta mis nietos, unos inocentes que todavía andaban con chupete, aprendieron a hacer trampas con los naipes. Les enseñó a jugar con tal habilidad que más tarde Alejandro, cuando ya tenía diez años, habría podido ganarse la vida con un mazo de naipes. En una ocasión, cuando el mocoso era un alfeñique con lentes redondos y dientes de castor, se metió en un campamento de tipos patibularios, que estaban con sus carromatos y sus motos en una playa. El aspecto de aquellos hombres, con camisetas sin mangas, tatuajes, botas de mercenarios y las inevitables barrigas de los buenos bebedores de cerveza, no espantó a Alejandro, porque vio que estaban jugando a las cartas. Se acercó muy seguro de sí mismo y pidió permiso para participar. Le contestó un coro de risotadas, pero él insistió. «Aquí apostamos dinero, chiquillo», le advirtieron. Alejandro asintió; se sentía seguro porque ya podía ganarle a la Abuela Hilda y rico porque tenía cinco dólares en monedas chicas. Lo invitaron a sentarse y le ofrecieron cerveza, que él rechazó amablemente, más interesado en los naipes. A los veinte minutos mi nieto había esquilado a los siete matones y se alejaba del lugar con los bolsillos llenos de billetes, bajo una granizada de maldiciones y palabrotas.

Vivíamos en tribu, al estilo chileno, siempre estábamos juntos. La Abuela se divertía mucho con Celia, Nico y los niños; prefería mil veces su compañía a la nuestra, y pasaba mucho tiempo en la casa de ellos. Le habíamos explicado a la Abuela que las madres de Sabrina eran lesbianas, budistas y vegetarianas, tres palabras que no conocía. Lo de vegetarianas fue lo único que le pareció inaceptable, pero de todos modos se hizo amiga de ellas. Más de una vez las visitó en el Centro de Budismo Zen, donde las incitaba a comer hamburguesas, beber margaritas y apostar al póquer. Mi madre y el tío Ramón, mi inefable padrastro, venían a menudo de Chile; a veces se sumaba mi hermano Juan, quien llegaba de Atlanta con la cabeza ladeada y la expresión grave de un obispo, pues estaba estudiando teología. Después de cuatro años dedicado a lo divino, Juan se graduó con honores; entonces decidió que no tenía pasta de predicador y volvió a su empleo, que tiene hasta hoy, de profesor de ciencias políticas en una universidad. Willie compraba alimentos al por mayor y cocinaba para aquel campamento de refugiados. Lo veo en la cocina, atacando con cuchillos ensangrentados un cuarto de vaca, friendo sacos de papas y picando toneladas de lechuga. En los momentos de inspiración hacía unos tacos mexicanos picantes y mortales al son de sus discos de rancheras. La cocina quedaba como madrugada de carnaval y los comensales se relamían, aunque después pagaban las consecuencias del exceso de grasa y chiles.

La casa era mágica: se estiraba y se encogía según las necesidades. Encaramada a media altura de un cerro, tenía una vista panorámica de la bahía, cuatro habitaciones en el piso principal y un apartamento abajo. Allí instalamos en 1992 la sala de hospital donde tú pasaste varios meses sin alterar el ritmo de la familia. Algunas noches me despertaba con el murmullo de mis propios recuerdos y de los personajes escapados de los sueños ajenos, me levantaba en silencio y recorría los cuartos, agradecida por la quietud y tibieza de esa casa. «Nada malo puede ocurrir aquí —pensaba—, el mal ha sido expulsado para siempre, el espíritu de Paula nos cuida.» A veces me sorprendía el alba con sus caprichosos colores de sandía y durazno y me asomaba a ver el paisaje tendido a los pies del cerro, con la bruma que se desprendía de la laguna y los gansos salvajes volando hacia el sur.

Celia empezaba a reponerse del desgaste de los tres embarazos cuando debió ir a Venezuela a la boda de su hermana. Para entonces contaba con una visa de residente que le permitía viajar al extranjero y volver a Estados Unidos. Nico y los niños se trasladaron temporalmente a nuestra casa, una solución que a la Abuela le pareció ideal: «¿Por qué no vivimos todos juntos, como se debe?», preguntó. Entretanto, en Caracas, Celia se enfrentó con aquello que quiso dejar atrás al casarse con Nico, y se me ocurre que no debió de ser agradable, porque regresó con el ánimo por el suelo, decidida a cortar el contacto con una parte de su parentela. Se pegó a mí y me dispuse a defenderla contra todo, incluso contra sí misma. Volvió a perder peso y entonces le hicimos una encerrona familiar y la obligamos a consultar a un especialista, quien le recetó terapia y antidepresivos. «Yo no creo en nada de esto», me decía, pero el tratamiento la ayudó y pronto empezó de nuevo a rasgar la guitarra y a hacernos reír y rabiar con sus ocurrencias. A pesar de los inexplicables arranques de tristeza, la maternidad la hizo florecer.

Los niños eran un circo permanente y la Abuela nos recordaba a diario que debíamos gozarlos, porque crecen y se van demasiado pronto. Los niños, más que las recetas médicas, ayudaron a Celia en ese tiempo. Alejandro, que era más bien tímido pero muy avispado, tartamudeaba frases sabias con la misma voz ronca de su madre. Ese año, para la Pascua, antes de salir con su canasto a cosechar los huevos pintados entre las matas del jardín, me susurró al oído que los conejos no ponen huevos, porque son mamíferos. «Y entonces, ¿quién deja los huevos de Pascua?», le pregunté, como una estúpida. «Tú», me contestó. Nicole, la menor, debió defenderse de sus hermanos desde que pudo tenerse de pie. Para un cumpleaños tuve la mala idea de regalarle a Alejandro, quien me lo había pedido de rodillas batiendo sus pestañas de jirafa, un juego de puñales Ninja de plástico. Primero obtuve autorización especial de los padres —que no permitían armas, igual que se oponían a la televisión, dos tabúes de la Nueva Era en California—, porque no se puede criar a los chiquillos en una burbuja; más vale que se contaminen desde pequeños, así se inmunizan. Enseguida le advertí a mi nieto que no podía atacar a sus hermanas, pero fue como darle un dulce y decirle que no lo chupara. A los cinco minutos le mandó un cuchillazo a Andrea, quien se lo devolvió de inmediato, y luego los dos se enfrentaron con Nicole. Vimos pasar a Alejandro y Andrea corriendo despavoridos y Nicole detrás, con un puñal en cada mano, aullando como apache de película. Todavía usaba pañales. Andrea era la más pintoresca, vestía entera de rosado, salvo las chancletas verde limón, le asomaban unos crespos dorados entre los adornos que se ponía en la cabeza —tiaras, cintas de paquete, flores de papel— y vivía perdida en su mundo imaginario. Además tenía Poder Rosado, un anillo mágico con una piedra de ese color, regalo de Tabra, que podía transformar el brécol en helado de fresa y mandarle una patada a distancia al chico que se había burlado de ella en el recreo. Una vez su maestra le alzó la voz y ella se le plantó al frente, apuntándola con el dedo del poderoso anillo: «¡Tú no te atrevas a hablarme así! ¡Yo soy Andrea!». En otra ocasión regresó muy alterada del colegio y se abrazó a mí.

—¡He tenido un día muy desgraciado! —me confesó, sollozando.

—¿No hubo un solo momento bueno en el día, Andrea?

—Sí. Una niña se cayó y se partió los dientes.

—¡Pero qué tiene eso de bueno, Andrea, por Dios!

—Que no fui yo.

MENSAJES

Se publicó *Paula* en España con una foto tuya en la tapa, que te había tomado Willie, en la que apareces sonriendo y plena de vida, con tu melena oscura cubriéndote como un manto. Pronto empezaron a llegarme centenares de cartas, que llenaban cajones en la oficina; a Celia no le alcanzaban las horas para ordenarlas y responder. Durante años había recibido cartas de lectores entusiastas, aunque admito que no todas eran motivadas por simpatía hacia mis libros: algunas eran peticiones, como la de un novelista de dieciséis obras inéditas, que me ofrecía galantemente asociarse conmigo y que nos repartiéramos los derechos de autor por la mitad, o un par de chilenos en Suecia que me pedían pasajes para volver a Chile, porque por culpa de mi tío Salvador Allende ellos tuvieron que exiliarse. Sin embargo, nada pudo compararse con la avalancha de correspondencia que nos inundó a raíz de *Paula*. Quise contestar a todo, aunque fuese sólo con un par líneas garabateadas en una tarjeta, porque cada misiva había sido escrita con el corazón y enviada a ciegas, algunas a mis editores, otras a mi agente, muchas a través de amigos o librerías. Pasaba parte de la noche fabricando tarjetas con papeles japoneses que me regalaba Miki Shima y pequeñas piezas de plata y piedras semipreciosas de Tabra. Las cartas que recibía eran tan sentidas, que años más tarde, cuando el libro había sido traducido a varios idiomas, algunos editores europeos decidieron publicar una selección de aquella correspondencia. A veces me escribían padres que habían perdido un hijo, pero la mayoría era gente joven que se identificaba contigo, incluso muchachas que deseaban conocer a Ernesto, enamoradas del viudo sin conocerlo. Alto, fornido, moreno y trágico, atraía a las mujeres. No creo que le faltara consuelo: no es un santo y el celibato no es su fuerte, como él mismo me ha contado y como tú siempre supiste. Ernesto asegura que si no fuera porque se enamoró de ti, habría entrado al seminario para hacerse cura, pero lo dudo. Necesita una mujer a su lado.

Ocupada con las cartas, no tuve tiempo para la escritura y hasta la comunicación con mi madre disminuyó. En vez del mensaje diario que nos mantuvo unidas durante décadas, hablábamos por teléfono o enviábamos breves faxes, evitando confidencias que podían quedar expuestas a la curiosidad ajena. Nuestra correspondencia de esa época es muy aburrida. Nada como el correo, con su paso de tortuga y su privacidad, nada como el placer de esperar al cartero, abrir un sobre, sacar las hojas, que mi madre había doblado, y leer sus noticias con dos semanas de atraso. Si eran malas, ya no importaba, y si eran buenas, siempre se podían celebrar.

Entre las cartas llegó la de una joven enfermera que te había atendido en la unidad de cuidados intensivos del hospital de Madrid. A Celia le tocó abrirla y verla primero. Me la trajo, pálida, y la leímos juntas. La enfermera decía que después de leer el libro consideró que era su deber contarme lo que había ocurrido. La negligencia médica y un corte de electricidad, que afectó a la máquina de oxígeno, te destruyeron el cerebro. Muchas personas en el hospital sabían lo sucedido, pero trataron de ocultarlo, tal vez con la esperanza de que murieras sin que hubiese una investigación. Durante meses, las enfermeras me veían esperando el día entero en el corredor de los pasos perdidos y a veces quisieron contarme la verdad, pero no se atrevieron a enfrentar las consecuencias. La carta me dejó mareada durante varios días. «No pienses en eso, Isabel, porque ya no tiene remedio. Ése fue el destino de Paula. Ahora su espíritu está libre y no tendrá que sufrir los sinsabores que siempre depara la vida», me

103

escribió mi madre cuando se lo conté. «Con ese criterio deberíamos estar todos muertos», pensé.

Esas memorias atrajeron más interés del público y la prensa que la suma de mis libros anteriores. Hice muchos viajes, cientos de entrevistas, decenas de conferencias, firmé miles de autógrafos. Una mujer quiso que le dedicara nueve libros, uno para cada una de sus amigas que había perdido a un hijo y otro para ella. Su hija quedó parapléjica a raíz de un accidente de coche y, apenas pudo maniobrar con una silla de ruedas, se tiró a una piscina. Dolor y más dolor. Por comparación, el mío era soportable, porque al menos pude cuidarte hasta el final.

CUATRO MINUTOS DE FAMA

La película basada en mi primera novela, *La casa de los espíritus*, se anunció con gran bombo porque contaba con un elenco formidable de las grandes estrellas de entonces: Meryl Streep, Jeremy Irons, Glenn Close, Vanessa Redgrave, Winona Ryder y mi favorito, Antonio Banderas. Ahora, al pensar en ellos varios años después, estos actores me parecen tan antiguos como los del cine mudo. El tiempo es implacable.

Cuando se publicó mi primera novela, varios miembros de la familia de mi madre se molestaron conmigo, unos porque nuestras ideas políticas están en extremos opuestos y otros porque consideraron que yo había traicionado secretos. «La ropa sucia se lava en casa» es el lema de Chile. Para escribir ese libro tomé como modelos a mis abuelos, a algunos tíos y a otros personajes extravagantes de mi numerosa tribu chilena, y utilicé también las anécdotas que durante años le escuché contar a mi abuelo y los acontecimientos políticos de la época, pero nunca imaginé que algunas personas lo tomarían al pie de la letra. La mía es una versión torcida y exagerada de los hechos. Mi abuela nunca pudo mover una mesa de billar con el pensamiento, como Clara del Valle, ni mi abuelo era un violador y asesino, como Esteban Trueba en la novela. Durante muchos años esos parientes no me dirigieron la palabra o me evitaron. Pensé que la película sería como echar sal en la herida, pero sucedió lo contrario. El poder del cine es tan apabullante que la película se convirtió en la historia oficial de mi familia, y me he enterado de que ahora las fotos de Meryl Streep y Jeremy Irons han reemplazado a las de mis abuelos.

En Estados Unidos se rumoreaba que la película arrasaría con los Premios de la Academia en Hollywood, pero antes de que se estrenara aparecieron críticas negativas porque no se había contado con actores hispanos en un tema latinoamericano. Dijeron que antiguamente, cuando necesitaban a un negro en la pantalla, pintaban a un blanco con betún para los zapatos, y que ahora, cuando querían a un latino, le pegaban bigote a un blanco. Fue filmada en Europa por un director danés, con dinero alemán, actores anglosajones y hablada en inglés. De chilena tenía poco, pero a mí me pareció bastante mejor que el libro y lamenté que fuese recibida con anticipada mala voluntad. Meses antes, el director, Bille August, nos había invitado a Willie y a mí a la filmación en Copenhague. Los exteriores se hicieron en una finca en Portugal, que después se convirtió en un sitio turístico, y los interiores en una casa construida dentro de un estudio en Dinamarca. Los muebles y adornos se alquilaron en anticuarios de Londres. Quise echarme al bolsillo, como recuerdo, una cajita esmaltada, pero cada objeto tenía un código y había una persona encargada de llevar la cuenta. Entonces pedí la cabeza de Vanessa Redgrave, pero no me la dieron. Me refiero a una réplica en cera que debía aparecer en una escena dentro de una sombrerera, pero la omitieron por temor a producir hilaridad en el público en vez del espanto deseado. ¿Qué habrá sido de esa cabeza? Tal vez la tiene Vanessa en su mesita de noche, para que le recuerde la fragilidad de la existencia. A mí me habría servido por años para romper el hielo en cualquier conversación y asustar a mis nietos. En el sótano de la casa tenía escondidas calaveras, mapas de piratas y baúles con tesoros; nada mejor que una infancia de terrores para estimular la imaginación.

Durante una semana, Willie y yo nos codeamos con las celebridades y vivimos como la gente importante de este mundo. Cada estrella tenía su corte de ayudantes, maquilladores, peluqueros, masa-

jistas, cocineros. Meryl Streep, hermosa y remota, estaba acompañada
por sus hijos y sus respectivas niñeras y tutores. Una de sus hijas
pequeñas, con el mismo talento y aspecto etéreo de la madre, actuó
en la película. Glenn Close, quien andaba con varios perros y sus
cuidadoras, había leído mi libro con gran atención para prepararse
para el papel de Férula, la solterona, y pasamos horas entretenidas
conversando. Me preguntó si acaso la relación entre Férula y Clara
era lesbiana y no supe contestarle porque la idea me sorprendió. Creo
que a comienzos del siglo xx en Chile, época en que está situada esa
parte de la novela, existían relaciones amorosas entre mujeres que
nunca llegaban al plano sexual por los impedimentos sociales y re-
ligiosos. Jeremy Irons en la vida real no era precisamente el helado
aristócrata inglés que solemos admirar en la pantalla; podría haber
sido un simpático chofer de taxi en los suburbios de Londres: hacía
gala de una ironía negra, lucía los dedos teñidos de nicotina y se jactaba de un repertorio inagotable de historias extravagantes, como una
en la que perdió a su perro en el metro y durante una mañana completa el perro y el amo se cruzaron en varias direcciones, saltando de
los trenes cada vez que se vislumbraban en alguna estación. No sé
por qué, para la película le pusieron algo en la boca, como un freni-
llo, que distorsionó un poco su cara y su voz. Vanessa Redgrave, alta,
patricia, luminosa y con ojos azul cobalto, se presentaba sin maquillaje
y con un trapo de *babushka* en la cabeza, sin que eso disminuyera para
nada el impacto formidable de su presencia. A Winona Ryder la conocí después; era una especie de muchacho bonito, con el pelo cortado a tijeretazos por su madre, que a mí me pareció encantadora,
aunque tenía fama de mimada y caprichosa entre el equipo técnico.
Dicen que eso dañó su carrera, que pudo haber sido brillante. En cuanto a Antonio Banderas, yo ya lo había visto un par de veces antes y
estaba enamorada de él con ese amor tímido y ridículo de las adolescentes por las estrellas de la pantalla, a pesar de que podría ser mi hijo,
estirando un poco las cosas. En la puerta principal del hotel siempre

había una cola de curiosos medio muertos de frío, con los pies enterrados en la nieve, esperando que pasara una celebridad para pedirle su autógrafo, pero éstas entraban por una puerta de servicio y los fanáticos debían conformarse con mi firma. «¿Quién es?», oí que alguien preguntaba en inglés, señalándome. «¿No ves que es Meryl Streep?», le contestó otro.

Justamente cuando ya nos habíamos acostumbrado a vivir como la realeza, se terminaron las vacaciones, volvimos a casa y pasamos de inmediato al anonimato absoluto: si llamábamos por teléfono a cualquiera de aquellos famosos «amigos», debíamos deletrear nuestros nombres. El estreno mundial de la película no fue en Hollywood, ya que los productores eran alemanes, sino en Munich, donde enfrentamos una muchedumbre de gente alta y un bombardeo apabullante de cámaras y focos. Todo el mundo vestía de negro y yo, del mismo color, desaparecí bajo la línea del cinturón de los demás. En la única foto de prensa en que figuro, parezco un ratón asustado, negro sobre negro, con la mano amputada de Willie sobre un hombro.

Hay algo que me ocurrió diez años más tarde que la película de *La casa de los espíritus* y que sólo puedo contarte aquí o callar para siempre, porque se refiere a la fama y ese tema no te interesa, hija. En 2006 me tocó llevar la bandera olímpica en los Juegos Olímpicos de Invierno en Italia. Fueron sólo cuatro minutos, pero me sirvieron para alcanzar la fama: ahora la gente me reconoce en la calle y por fin mis nietos se jactan de tenerme por abuela.

Las cosas sucedieron así: un día me llamó Nicoletta Pavarotti, la esposa del tenor, una mujer encantadora, treinta y cuatro años menor que su célebre marido, para anunciarme que yo había sido seleccionada como una de las ocho mujeres que llevarían la bandera en la ceremonia inaugural de los Juegos Olímpicos. Le respondí que debía tratarse de un error, porque soy lo opuesto a una atleta; en realidad, no estaba segura de que pudiera dar la vuelta al estadio sin un andador. Me explicó que se trataba de un gran honor, las candidatas habían sido rigurosamente escogidas, sus vidas, sus ideas y su trabajo habían sido muy bien investigados. Además, sería la primera vez que la bandera sería llevada sólo por mujeres, tres atletas con medallas de oro y cinco representantes de los continentes; a mí me correspondía América Latina. Mi primera pregunta fue, naturalmente, cómo iría vestida. Me explicó que llevaríamos uniforme y me pidió mis medidas. Con terror, me vi dentro de un traje acolchado en un repulsivo color pastel, gorda como el anuncio de cauchos Michelin. «¿Puedo llevar tacones altos?», le pregunté, y escuché un suspiro al otro lado de la línea.

A mediados de febrero llegamos con Willie y el resto de la familia a Turín, una hermosa ciudad a nivel internacional, pero no para los italianos, que ni siquiera se impresionan con Venecia o Florencia. Multitudes entusiastas aclamaban el paso de la antorcha olímpica por las calles o el de cualquiera de los ochenta equipos que competían, cada uno con sus colores. Esos jóvenes eran los mejores atletas del mundo, se habían entrenado desde los tres o cuatro años y habían sacrificado sus vidas para llegar a los Juegos. Todos merecían ganar, pero existen los imprevistos: un copo de nieve, un centímetro de hielo o la fuerza del viento pueden determinar el resultado de una carrera. Sin embargo, lo que más pesa, más que el entrenamiento o la suerte, es el corazón, ya que sólo el corazón más valiente y determinado se lleva la medalla de oro. Pasión, ése es el secreto del vencedor. Las calles de Turín estaban cubiertas con afiches que anunciaban la consigna de los Juegos: «La pasión vive aquí». Y, ése es mi mayor deseo, vivir con pasión hasta el último de mis días.

En el estadio conocí a las otras portadoras de la bandera: tres atletas y las actrices Susan Sarandon y Sofía Loren; además de dos activistas, la Premio Nobel de la Paz Wangari Maathai, de Kenia, y Somaly Mam, quien lucha contra el tráfico sexual de niños en Camboya. También recibí mi uniforme. No era el tipo de ropa que uso normalmente, pero tampoco era tan horroroso como me había imaginado: suéter, falda y abrigo de lana blanco invierno, botas y guantes del mismo color, todo con la marca de uno de esos diseñadores caros. No estaba mal, en realidad. Yo parecía un refrigerador, pero las demás también, salvo Sofía Loren, alta, imponente, pechugona y sensual a sus setenta y tantos años. No sé cómo se mantiene delgada, porque durante las muchas horas que estuvimos esperando entre bastidores no dejó de mordisquear carbohidratos: galletas, nueces, bananas, chocolate. Y no sé cómo puede estar bronceada por el sol y no tener arrugas. Sofía es de otra época, muy distinta a las modelos y actrices de hoy, que parecen esqueletos con senos postizos. Su belleza es legendaria y, por lo visto, indestructible. Hace varios años dijo en un programa de televisión que su secreto era mantener una buena postura y «no hacer ruidos de vieja», es decir, nada de quejarse, gruñir, toser, resoplar, hablar sola o soltar vientos. Tú no tienes de qué preocuparte, Paula, siempre tendrás veintiocho años, pero yo, que soy una vanidosa irremediable, he procurado seguir al pie de la letra ese consejo, ya que no puedo imitar a Sofía en ningún otro aspecto.

Quien más me impresionó fue Wangari Maathai. Trabaja con mujeres de aldeas africanas y ha plantado más de treinta millones de árboles, con lo que ha cambiado el clima y la calidad de la tierra en algunas regiones. Esta magnífica mujer brilla como una lámpara y al verla sentí el impulso irresistible de abrazarla, lo que suele ocurrirme en presencia de ciertos hombres jóvenes, pero nunca con una dama como ella. La estreché con desesperación, sin poder soltarla; era como un árbol, fuerte, sólida, quieta, contenta. Wangari, asustada ante aquel exabrupto, me apartó con disimulo.

Los Juegos Olímpicos se inauguraron con un extravagante espectáculo en el que participaron miles de personas: actores, bailarines, extras, músicos, técnicos, productores y muchos más. A cierta hora, alrededor de las once de la noche, cuando la temperatura había descendido bajo cero, nos condujeron a los bastidores y recibimos la enorme bandera olímpica. Los altoparlantes anunciaron el momento culminante de la ceremonia y empezó la «Marcha Triunfal» de *Aida*, coreada por cuarenta mil espectadores. Sofía Loren iba delante de mí. Mide una cabeza más que yo, sin contar su mata de pelo ondulado, y caminaba con la elegancia de una jirafa en la sabana, sosteniendo la bandera sobre su hombro. Yo trotaba detrás en la punta de los pies, con el brazo extendido, de manera que mi cabeza quedaba debajo de la maldita bandera. Por supuesto, todas las cámaras apuntaban a Sofía Loren, lo que me resultó muy conveniente, porque salí en las fotografías de prensa, aunque entre las piernas de ella. Te confieso que estaba tan feliz, que según Nico y Willie, que me vitoreaban desde la galería con lágrimas de orgullo, iba levitando: esa vuelta al estadio olímpico fueron mis cuatro magníficos minutos de fama. He juntado los artículos y fotos de prensa porque es lo único que no deseo olvidar cuando la demencia senil borre todos mis otros recuerdos.

EL MALVADO SANTA CLAUS

Pero volvamos atrás, para no perdernos, Paula. Nos encariñamos con Sally, la novia de Jason, una chica discreta y de pocas palabras, que se mantenía en un segundo plano, aunque siempre atenta y presente. Tenía mano de hada madrina con los niños. Era baja, bonita sin estridencia, con el pelo rubio liso y sin una gota de maquillaje; parecía de quince años. Estaba empleada en un centro de jóvenes delincuentes, donde se requería coraje y firmeza. Se levantaba temprano, partía y ya no la veíamos hasta la noche, cuando llegaba arrastrándose de fatiga. Varios de los jóvenes a su cargo estaban recluidos por asalto a mano armada y, aunque eran menores de edad, tenían tamaño de mastodontes; no sé cómo ella, con su aspecto de gorrión, se hacía respetar. Un día que uno de aquellos matones la amenazó con una navaja, le ofrecí un empleo algo más seguro en mi oficina, para que ayudara a Celia, quien ya no daba abasto con la carga de trabajo. Eran muy amigas, Sally siempre estaba dispuesta a ayudarla con los niños y acompañarla, porque Nico pasaba diez horas fuera de la casa estudiando inglés y trabajando. Con el tiempo llegué a conocerla y coincidí con Willie en que tenía muy poco en común con Jason. «No te metas», me ordenó Willie. Pero cómo no me iba a meter, si vivían en nuestra casa y su vestido de novia, de encaje color merengue, estaba colgado en mi clóset. Pensaban casarse cuando él terminara sus estudios, según decía Jason, pero Sally no daba muestras de impaciencia, parecían una pareja de cincuentones aburridos. Esos noviazgos modernos, largos y relajados, me parecen sospechosos; la urgencia es inseparable del amor. Según la Abuela Hilda, que veía lo invisible, si Sally se casaba con Jason no sería por locura de amor, sino para quedarse en nuestra familia.

El único empleo temporal que consiguió Jason después de graduarse en el *college* fue en un centro comercial, sudando en un traje absurdo de Santa Claus. Al menos sirvió para que entendiera que debía continuar su formación y obtener un título profesional. Nos contó que la mayoría de los Santa Claus eran unos pobres diablos que llegaban al trabajo con varios tragos de alcohol entre pecho y espalda, y que algunos manoseaban a los niños. En vista de eso, Willie decidió que los nuestros contarían con su propio Santa Claus y se compró un disfraz espléndido de terciopelo rojo orillado con auténtica piel de conejo, una barba verosímil y botas de charol. Quise que escogiera algo más barato, pero me anunció que él no se ponía nada ordinario y, además, había muchos años por delante para amortizar el disfraz. Esa Navidad invitamos a una docena de niños con sus padres; a la hora señalada, bajamos las luces, alguien tocó música navideña en un órgano electrónico, y Willie apareció por una ventana con su bolsa de regalos. Se produjo una estampida de pavor entre los más pequeños, menos Sabrina, que no le tiene miedo a nada. «Ustedes deben de ser muy ricos para conseguir que Santa Claus venga en una noche tan ocupada», comentó. Los niños mayores estaban encantados, hasta que uno de ellos manifestó que no creía en Santa Claus y Willie replicó furioso: «Entonces te quedas sin regalo, mocoso de mierda». Ahí terminó la fiesta. De inmediato los niños sospecharon que debajo de la barba se escondía Willie, quién si no, pero Alejandro puso término a las dudas con un razonamiento irrefutable: «No nos conviene saber. Esto es como el ratón que trae una moneda cuando se cae un diente. Es mejor que los padres piensen que somos tontos». Nicole era todavía muy joven para participar en aquella farsa, pero unos años más tarde las dudas la consumían. Le tenía terror a Santa Claus, y cada Navidad debíamos acompañarla al baño, donde se encerraba temblando hasta que le asegurábamos que el terrible viejo había partido en su trineo a otra casa. En esa ocasión se acurrucó junto al excusado con cara larga y se negó a abrir sus regalos.

—¿Qué te pasa, Nicole? —quise saber.

—Dime la verdad, ¿Willie es Santa Claus?

—Creo que mejor se lo preguntas a él —le aconsejé; temí que si le mentía ya no volvería a confiar en mí.

Willie la tomó de la mano, la llevó al cuarto donde estaba el disfraz que acababa de usar y admitió la verdad, después de advertirle que ése sería un secreto entre los dos que ella no podía compartir con los otros niños. Mi nieta menor volvió a la fiesta y se encogió en un rincón con la misma cara larga, sin tocar sus regalos.

—¿Y qué te pasa ahora, Nicole? —le pregunté.

—¡Siempre se han reído de mí! ¡Me han arruinado la vida! —fue su respuesta. Aún no había cumplido los tres años…

Le conté a Jason cuánto me había servido el entrenamiento de periodista para el oficio de la escritura y le sugerí que ése podría ser el primer paso para su carrera literaria. El periodismo enseña a investigar, resumir, trabajar a presión y utilizar el lenguaje con eficiencia; además obliga a tener siempre en mente al lector, algo que los autores suelen olvidar por estar preocupados por la posteridad. Tras mucho presionarlo, porque estaba lleno de dudas y ni siquiera quería llenar los formularios de admisión, postuló a varias universidades y, ante su sorpresa, lo aceptaron en todas y pudo darse el gusto de estudiar periodismo en la más prestigiosa, la de Columbia, en Nueva York. Su partida lo distanció de Sally, y me pareció que esa relación tan tibia acabaría por enfriarse, aunque seguían hablando de casarse. Sally permaneció apegada a nosotros, trabajando conmigo y con Celia, ayudando con los niños: era la tía perfecta. Él se fue en 1995 con la idea de graduarse y volver a California; de todos los hijos de Willie, Jason era el que más celebraba la idea de vivir en tribu. «Me gusta tener una familia grande; esta mezcla de americanos y latinos funciona de lo más bien», me dijo una vez. Para integrarse pasó unos meses en México estudiando español y llegó a hablarlo muy bien, con el mismo acento de bandido de Willie. Siempre fuimos amigos, compartíamos el vicio de los libros y solíamos sentarnos en la terraza con un vaso de vino a contarnos argumentos de posibles novelas y repartirnos los temas. Consideraba que tú, Ernesto, Celia y Nico eran tan hermanos suyos como los que le habían tocado en suerte, quería que todos permaneciéramos juntos para siempre; sin embargo, después de tu muerte y la desaparición de Jennifer, nos hundimos en la tristeza y los lazos se cortaron o cambiaron. Jason dice ahora, años más tarde, que la familia se fue al carajo, pero yo le recuerdo que las familias, como casi todo en este mundo, se transforman y evolucionan.

UN PEÑASCO ENORME

Celia y Willie discutían a gritos con igual pasión tanto por tonterías como por asuntos de fondo.

—Ponte el cinturón de seguridad, Celia —le decía él en el coche.

—No es obligatorio usarlo en el asiento de atrás.

—Sí es.

—¡No!

—¡Me importa un bledo si es obligatorio o no! ¡Éste es mi automóvil y yo voy manejando! ¡Ponte el cinturón o te bajas! —bufaba Willie, rojo de ira.

—¡Coño! ¡Entonces me bajo!

Desde niña se había rebelado contra la autoridad masculina, y Willie, que también salta a la menor provocación, la acusaba de ser una chiquilla malcriada. A menudo se ponía furioso con ella, pero todo quedaba perdonado apenas cogía la guitarra. Nico y yo procurábamos mantenerlos separados, aunque no siempre nos resultaba. La Abuela Hilda no opinaba; lo más que me dijo una vez fue que Celia no estaba acostumbrada a recibir cariño, pero que con el tiempo agacharía el moño.

A Tabra la operaron para quitarle las pelotas de fútbol y colocarle unos senos normales, unas bolsas con una solución menos letal que la silicona. A propósito, el médico que se las puso originalmente llegó a ser uno de los cirujanos plásticos más famosos de Costa Rica, así es que la experiencia adquirida con mi amiga no fue inútil. Supongo que ahora debe de ser un anciano y ni siquiera recuerda a la jo-

116

ven estadounidense que fue su primer experimento. Tabra estuvo seis horas en el quirófano, debieron rasparle de las costillas la silicona fosilizada, y cuando salió de la clínica estaba tan aporreada que la instalamos en nuestra casa para cuidarla hasta que pudiera valerse sola. Se le inflamaron los ganglios, no podía mover los brazos y tuvo una reacción a la anestesia que la dejó con náuseas por una semana. Sólo toleraba sopas aguadas y pan tostado. Esto coincidió con que Jason ya había partido a Nueva York a estudiar y Sally se había mudado a un piso que compartía con una amiga en San Francisco, pero la Abuela Hilda, Nico, Celia y los tres niños vivían temporalmente con nosotros. La buhardilla de Sausalito se les hizo chica y estábamos en los trámites finales de comprarles una casa, que quedaba un poco lejos y había que arreglarla, pero tenía piscina, era amplia y lindaba con cerros silvestres, perfecta para criar a los niños. La nuestra estaba llena y en general reinaba un ambiente de fiesta a pesar de lo mal que se sentía Tabra, salvo cuando a Celia o a Willie se les encabritaba el ánimo; entonces la menor chispa provocaba una pelea. Ese día estalló por un asunto de oficina bastante grave, porque Celia acusó a Willie de no ser claro con el dinero y él se puso como un energúmeno. Se batieron a insultos destemplados y no pude aplacarles ni conseguir que bajaran la voz para razonar y buscar soluciones. En pocos minutos el tono se elevó a un alboroto de arrabal que Nico finalmente detuvo con el único grito que le hemos escuchado en su vida y que nos paralizó por la sorpresa. Willie se fue con un portazo que por poco echa abajo las paredes. En una de las habitaciones, Tabra, todavía atontada por los efectos de la operación y los calmantes para el dolor, oía los gritos y creía estar soñando. La Abuela Hilda y Sally desaparecieron con los niños, creo que se escondieron en el sótano, entre las calaveras de yeso y las covachas de los zorrillos.

La intención de Celia fue protegerme y yo no reaccioné para defender a mi marido, de manera que la sospecha que ella soltó en el aire quedó flotando sin resolverse. Tampoco imaginé que esa discusión iba a traer tan largas consecuencias. Willie se sintió herido de bala, no por Celia, sino por mí. Cuando por fin pudimos hablar, me dijo que yo formaba un círculo impenetrable con mi familia y lo dejaba fuera, que ni siquiera confiaba en él. Traté de deshacer el entuerto, pero fue imposible. Habíamos descendido muy bajo. Quedamos resentidos por semanas. Esta vez yo no podía salir escapando, porque tenía a Tabra convaleciente y a mi familia completa en la casa. Willie levantó un muro a su alrededor, mudo, furioso, ausente. Se iba muy temprano a la oficina y regresaba tarde; se instalaba a ver la televisión solo y ya no cocinaba para nosotros. Comíamos arroz con huevos fritos a diario. Ni siquiera los niños lograban conmoverlo, andaban de puntillas y se cansaron de acercársele con diversos pretextos; el abuelo se había convertido en un viejo gruñón. Sin embargo, mantuvimos el pacto de no mencionar la palabra divorcio y creo que, a pesar de las apariencias, los dos sabíamos que no habíamos llegado al final, que todavía nos quedaba mucha cuerda. Por las noches nos dormíamos cada uno en su rincón de la cama, pero amanecíamos siempre abrazados. A la larga, eso nos ayudó a reconciliarnos.

Tal vez en este relato te he dado la impresión de que Willie y yo no hacíamos más que discutir. Por supuesto que no era así, hija. Excepto cuando yo me iba a dormir donde Tabra, es decir, en los momentos más álgidos de nuestras escaramuzas, andábamos de la mano. En el auto, en la calle, en todas partes, siempre de la mano. Así fue desde el principio, pero esa costumbre se convirtió en una necesidad a las dos semanas de conocernos, por un asunto de zapatos. Dada mi estatura, siempre he usado tacones altos, pero Willie insistió en que yo debía andar cómoda y no como las concubinas chinas de la antigüedad, con unos pies de lástima. Me regaló un par de zapatillas deportivas que todavía, dieciocho años más tarde, están nuevas en su caja.

Para darle gusto me compré unas sandalias que vi en la televisión. Mostraban a unas espigadas modelos jugando al baloncesto en traje de cóctel y con tacones altos, justo lo que yo necesitaba. Me deshice del calzado que había traído de Venezuela y lo reemplacé por aquellas sandalias prodigiosas. No resultaron: se me salían de los pies y tan a menudo fui a dar de narices al suelo que, por razones de seguridad elemental, Willie me ha llevado siempre bien agarrada de la mano. Además, nos tenemos simpatía y eso ayuda en cualquier relación. A mí me gusta Willie y se lo manifiesto de variadas maneras. Me ha rogado que no traduzca al inglés las palabras de amor que le digo en español, porque suenan sospechosas. Le recuerdo siempre que nadie lo ha querido más que yo, ni su propia madre, y que si me muero él acabaría abandonado en una residencia geriátrica, así es que más vale que me mime y me celebre. Este hombre no es de los que prodigan frases románticas, pero si ha vivido conmigo durante tantos años sin estrangularme, debe de ser que también le gusto un poco. ¿Cuál es el secreto de un buen matrimonio? No lo sé, cada pareja es diferente. A nosotros nos unen ideas, una manera similar de ver el mundo, camaradería, lealtad, humor. Nos cuidamos mutuamente. Tenemos el mismo horario, a veces usamos el mismo cepillo de dientes y nos gustan las mismas películas. Willie dice que cuando estamos juntos nuestra energía se multiplica, que tenemos aquella «conexión espiritual» que él sintió al conocerme. Tal vez. A mí me da placer dormir con él.

En vista de las dificultades, decidimos hacer terapia individual. Willie consiguió un psiquiatra, con quien se avino desde el comienzo, un oso grande y barbudo que yo percibí como mi enemigo declarado pero que con el tiempo tendría un papel fundamental en nuestras vidas. No sé lo que Willie trató de resolver en su terapia, supongo que lo más urgente era su relación con sus hijos. En la mía comencé a escarbar en la memoria y a darme cuenta de que andaba con un cargamento muy pesado. Debí enfrentarme a silencios antiguos, admitir que el abandono de mi padre me había marcado a los tres años y esa cicatriz todavía era visible, que eso determinó mi posición feminista y mi relación con los hombres, desde mi abuelo y el tío Ramón, contra quienes me rebelé siempre, hasta Nico, a quien trataba como si fuese un niño, y ni qué decir de los amantes y maridos, a quienes nunca me había entregado por completo. En una sesión, el terapeuta del té verde trató de hipnotizarme. No lo logró, pero al menos me relajé y pude ver dentro de mi corazón un trozo enorme de granito negro. Supe entonces que mi tarea sería librarme de eso; tendría que picarlo en pedacitos, poco a poco.

Para deshacerme de aquella oscura roca, además de la terapia y las caminatas en el bosque diáfano de tus cenizas, tomé clases de yoga y multipliqué las tranquilas sesiones de acupuntura con el doctor Shima, tanto por el beneficio de su ciencia, como por el de su presencia. Reposando en su camilla con agujas por todas partes, meditaba y me evadía a otras dimensiones. Te buscaba, hija. Pensaba en tu alma, atrapada en un cuerpo inmóvil durante aquel largo año de 1992. A veces sentía una garra en la garganta y apenas podía aspirar aire, o me agobiaba el peso de un saco de arena en el pecho y me sentía enterrada en un hoyo, pero pronto me acordaba de dirigir la respiración al sitio del dolor, con calma, como se supone que se debe hacer durante el parto, y de inmediato disminuía la angustia. Entonces visualizaba una escalera que me permitía salir del hoyo y subir a la claridad del día, al cielo abierto. El miedo es inevitable, debo aceptarlo, pero no puedo permitir que me paralice. Una vez dije —o escribí en alguna parte— que después de tu muerte ya no tengo miedo de nada, pero eso no es verdad, Paula. Temo perder o ver sufrir a las personas que amo, temo el deterioro de la vejez, temo la creciente pobreza, violencia y corrupción en el mundo. En estos años sin ti he aprendido a manejar la tristeza, a hacerla mi aliada. Poco a poco tu ausencia y otras pérdidas de mi vida se van convirtiendo en una dulce nostalgia. Eso es lo que pretendo en mi tambaleante práctica espiritual: deshacerme de los sentimientos negativos que impiden caminar con soltura. Quiero transformar la rabia en energía creativa y la culpa en una burlona aceptación de mis fallas; quiero barrer hacia fuera la arrogancia y la vanidad. No me hago ilusiones, nunca alcanzaré el desprendimiento absoluto, la auténtica compasión o el estado de éxtasis de los iluminados, parece que no tengo huesos de santa, pero puedo aspirar a las migas: menos ataduras, algo de cariño hacia los demás, la alegría de una conciencia limpia.

Es una lástima que no pudieras apreciar a Miki Shima durante esos meses en que te visitaba con frecuencia para hacerte acupuntura y darte yerbas chinas. Te habrías enamorado de él, como nos enamoramos mi madre y yo. Usa trajes de duque, camisas almidonadas, gemelos de oro, corbatas de seda. Lo conocí con el pelo negro, pero unos años más tarde ya tenía algunas canas, aunque todavía se mantiene sin una sola arruga, con la piel sonrosada de un infante, gracias a sus ungüentos prodigiosos. Me contó que sus padres vivieron juntos durante sesenta años, detestándose sin disimulo. En el hogar, el marido no hablaba y la mujer hablaba sin tregua para molestarlo, pero lo servía como una esposa japonesa de antaño: le preparaba el baño, le cepillaba la espalda, le daba la comida en la boca, lo abanicaba en los días de verano, «para que él nunca pudiese decir que ella había fallado en sus deberes», del mismo modo que él pagaba las cuentas y dormía cada noche en la casa, «para que ella no dijese que él era un desalmado». Un día la señora se murió, a pesar de que él era mucho mayor y en justicia le correspondía un cáncer de pulmón, pues fumaba como locomotora. Ella, que era fuerte e incansable en su odio, se despachó en dos minutos de un ataque al corazón. El padre de Miki nunca había hervido agua para hacer té, mucho menos había lavado sus calcetas o enrollado la esterilla donde dormía. Los hijos creyeron que se moriría de inanición, pero Miki le recetó unas yerbas y pronto empezó a engordar, a enderezase, a reír y conversar por primera vez en años. Ahora se levanta al alba, como una pelota de arroz con tofu y las famosas yerbas, medita, entona cánticos, hace ejercicios de taichi y se va a pescar truchas con tres paquetes de cigarrillos en el bolsillo. La caminata al río le toma un par de horas. Vuelve con un pez que él mismo cocina, aderezado con polvos mágicos de Miki, y termina la jornada con un baño muy caliente y otra ceremonia para honrar a sus antepasados y, de paso, insultar la memoria de su mujer. «Tiene ochenta y nueve años y está como un pimpollo», me contó Miki. Decidí que si esos misteriosos remedios chinos habían devuelto la juventud a ese abuelo japonés, también podían quitarme del corazón aquella roca de pesadumbre.

BAILE DE SALÓN Y CHOCOLATE

Uno de los psicólogos —había varios a nuestra disposición— nos aconsejó que Willie y yo compartiéramos actividades divertidas, no sólo obligaciones. Necesitábamos más ligereza y diversiones en nuestras vidas. Le propuse a mi marido que tomáramos clases de baile de salón, porque habíamos visto una película australiana sobre el tema, *Strictly Ballroom*, y me imaginaba a los dos danzando iluminados por lámparas de cristal, él de esmoquin, con zapatos de dos colores, y yo con un vestido de lentejuelas y plumas de avestruz, ambos aéreos, graciosos, moviéndonos al mismo ritmo, en perfecta armonía, como esperábamos que algún día fuese nuestra pareja. Cuando nos conocimos aquel inolvidable día de octubre de 1987, Willie me llevó a bailar a un hotel de San Francisco y tuve la oportunidad de acercar la nariz a su pecho y olisquearlo, por eso me enamoré. Willie huele a niño sano. Sin embargo, el único recuerdo que tiene él de aquella ocasión es que yo lo tironeaba. Era como tratar de domar a una yegua brava. «¿Esto va a ser un problema entre nosotros?», parece que me preguntó. Y asegura que yo le contesté con una vocecita sumisa: «¡Claro que no!». De eso ya hacía varios años.

Decidimos comenzar con clases particulares, para no hacer el ridículo delante de otros alumnos más avanzados. Mejor dicho, fui yo quien decidió esto, porque la verdad es que Willie es un buen bailarín y en su juventud le hacían rueda y ganaba concursos de bailes de moda; en cambio yo tengo la gracia de un autobús en la pista de danza. El salón de la academia tenía espejos del techo al suelo en los cuatro costados, y la profesora resultó ser una escandinava de diecinueve años con las piernas tan largas como mi estatura completa, enfundadas en medias negras con costura y sandalias con tacones de aguja. Anunció que empezaríamos bailando salsa. Me señaló una silla, se envolvió en los brazos de Willie y esperó el compás exacto de la música para lanzarse a la pista.

—El hombre guía —fue su primera lección.

—¿Por qué? —le pregunté.

—No sé, pero así es —dijo.

—¡Ajá! —celebró Willie con aire de triunfo.

—No me parece justo —insistí.

—¿Qué es lo que no es justo? —preguntó la escandinava.

—Creo que nos deberíamos turnar. Una vez manda Willie y otra vez mando yo.

—¡El hombre siempre guía! —exclamó esa bruta.

Ella y mi marido se deslizaron por la pista al son de la música latina, entre los grandes espejos que multiplicaban hasta el infinito sus cuerpos entrelazados, las largas piernas con medias negras y la sonrisa idiota de Willie, mientras yo refunfuñaba en mi silla.

Al salir de la clase, en el auto tuvimos una pelea que por poco acaba a puñetazos. Según Willie, ni siquiera se había fijado en las piernas o las pechugas de la profesora, que eran ideas mías. «¡Jesús! ¡Hay que ver qué tonta es esta mujer!», exclamó. El hecho de que yo pasara una hora en la silla mientras él bailaba era lógico, puesto que el hombre guía y, una vez que él aprendiera, podría conducirme por la pista con la perfección de las garzas en su danza nupcial. No lo dijo exactamente así, pero a mí me sonó a burla. El psicólogo opinó que no debíamos darnos por vencidos, que el baile de salón era una eficaz disciplina del cuerpo y el alma. ¡Qué podía saber él, un budista bebedor de té verde que seguramente no había bailado en su vida! Pero, en fin, fuimos a una segunda y una tercera clase antes de que yo perdiera la paciencia y le diera un trompazo a la profesora. Jamás me he sentido más humillada. El resultado fue que lo poco que sabíamos de danza lo perdimos y desde entonces Willie y yo hemos vuelto a bailar juntos una sola vez. Te cuento este episodio porque es como una alegoría de nuestro carácter: nos pinta de la cabeza a los pies.

Celia, Nico y los niños se mudaron a su nueva casa y el hermano de Celia se fue a vivir con ellos. Era un joven alto y agradable, aunque bastante mimado, que andaba buscando su destino y pensaba instalarse en Estados Unidos. Creo que tampoco tenía muy buena relación con su familia.

Entretanto, la publicación de *Paula* me trajo inmerecidos premios, doctorados, me nombraron miembro de algunas academias de la lengua y hasta me dieron las llaves simbólicas de una ciudad. Las togas y birretes se acumularon en un baúl y Andrea las usaba para disfrazarse. Mi nieta había entrado en la etapa conservacionista, tenía un muñeco que se llamaba Salve-el-Atún. Por suerte nunca perdí de vista algo que me dijo Carmen Balcells: «El premio no distingue tanto a quien lo recibe como a quien lo da, así es que no permitas que se te suban los humos a la cabeza». Eso era imposible: mis nietos se encargaban de mantenerme humilde y Willie me recordaba que dormirse en los laureles era la mejor forma de aplastarlos.

En esa época, Willie, Tabra y yo fuimos a Chile al estreno de la película *La casa de los espíritus*. Todavía existían muchos simpatizantes de Pinochet a quienes no les daba vergüenza admitirlo. Hoy quedan menos porque el general perdió prestigio entre sus partidarios cuando salió a la luz la historia de sus robos, evasión de impuestos y corrupción. Los mismos que pasaron por alto la tortura y los asesinatos, no le perdonaron los millones birlados. Ya habían transcurrido casi seis años desde que el dictador fuera derrotado en un plebiscito, pero los militares, la prensa y el sistema judicial lo trataban con inmensa cautela. La derecha controlaba el Congreso, y el país se regía por la Constitución que había creado Pinochet, quien contaba con inmunidad como senador vitalicio y el amparo de una ley de amnistía. La democracia estaba condicionada y existía un acuerdo social y político de no provocar a los militares. Pocos años más tarde, en 1998, arrestaron a Pinochet en Inglaterra, donde fue a cobrar comisiones de ventas de armas, hacerse una revisión médica y tomar té a las cinco de la tarde con su amiga, la ex primera ministra Margaret Thatcher. Salió expuesto en la prensa del mundo acusado de crímenes contra la humanidad; entonces se vino abajo el edificio legal que había construido para protegerse y por fin los chilenos se atrevieron a salir a la calle a burlarse de él.

La película cayó como patada en la extrema derecha, pero fue recibida con entusiasmo por la mayoría, en particular por los jóvenes que se habían criado bajo estricta censura y deseaban saber más sobre lo ocurrido en Chile durante los años setenta y ochenta. En el estreno, recuerdo que un senador muy de derechas se levantó furioso y salió en estampida del teatro, anunciado a voz en cuello que la película era una sarta de mentiras contra el benemérito de la patria, nuestro general Pinochet. La prensa me preguntó qué opinaba al respecto. «Todo el mundo sabe que ese señor es tonto», contesté de buena fe, porque lo había oído decir muchas veces. Lamento haber olvidado el nombre de aquel caballero… A pesar de los tropiezos iniciales, la película tuvo mucho éxito y diez años más tarde seguía siendo una de las favoritas en televisión y video.

Tabra, que no había estado en Santiago de Chile, aunque había recorrido los más ignotos lugares del planeta, se llevó muy buena impresión. No sé qué esperaba, pero se encontró con una ciudad de aspecto europeo vigilada por magníficas montañas, gente hospitalaria y comida deliciosa. Nos alojamos en una suite del hotel más lujoso, donde cada noche nos dejaban una escultura de chocolate con temas autóctonos, como el cacique Caupolicán armado con una lanza y seguido por dos o tres de sus guerreros mapuche. Tabra consumía a duras penas a Caupolicán con la esperanza de terminarlo de una vez por todas, pero a las pocas horas lo reemplazaban con otro kilo de chocolate: una carreta con dos bueyes o seis de nuestros vaqueros, los célebres guasos, a caballo con la bandera chilena. Y ella, que de niña había aprendido a no dejar nada en el plato, lo atacaba con un suspiro, hasta que la venció una réplica del Aconcagua, el pico más alto de la cordillera de los Andes, en chocolate macizo, tan contundente como el peñasco oscuro que, según mi psicólogo, yo tenía plantado en medio del pecho.

LOCOS BAJITOS

Willie y yo nos dimos cuenta con asombro de que llevábamos nueve años juntos; ahora andábamos con paso mucho más firme. Según él, desde el primer momento sintió que yo era su alma gemela y me aceptó completamente, pero no ha sido mi caso. Todavía hoy, mil años más tarde, me maravilla el hecho de que nos encontráramos en la vastedad del mundo, nos sintiéramos atraídos y lográramos barrer con los inconvenientes, que a veces parecían insalvables, para formar una pareja.

Los niños, esos locos bajitos, como los definió el humorista Gila, eran lo más divertido de nuestra existencia. Sabrina había despejado las sombras de su nacimiento y era evidente el don que le dieron las hadas para compensar sus limitaciones físicas: una fuerza de carácter capaz de vencer obstáculos que hubiesen atemorizado a un samurái. Lo que otros niños hacían sin esfuerzo, como caminar o echarse una cucharada de sopa en la boca, a ella le exigía invencible tenacidad y siempre lo lograba. Cojeaba, las piernas le respondían mal, pero nadie dudaba de que en el futuro caminaría, tal como aprendió a nadar, y podía colgarse de un árbol y pedalear en bicicleta con una sola pierna. Como su abuela materna, la primera esposa de Willie, es una atleta extraordinaria; la parte superior del cuerpo es tan fuerte y ágil, que ahora juega al baloncesto en una silla de ruedas. Entonces era una niña delicada y bella, toda color azúcar tostado, con el perfil de la famosa reina Nefertiti. Aprendió a hablar antes que cualquier criatura y nunca manifestó ni el más leve rasgo de timidez, tal vez porque se acostumbró a vivir rodeada de gente.

Alejandro resultó ser muy parecido a Nico de carácter e igual a su madre de aspecto. Como su padre, tenía una mente curiosa y comprendía conceptos matemáticos antes de que pudiese pronunciar todas las consonantes del alfabeto. Era un chiquillo tan guapo que la gente nos detenía en la calle para decirle piropos. Un 2 de abril, recuerdo bien la fecha, estábamos solos en la casa y vino asustado a la cocina, donde yo preparaba una sopa, se aferró a mis piernas y me dijo: «Hay alguien en la escalera». Salimos a buscar, recorrimos la casa sin encontrar a nadie y al regresar al segundo piso, donde estaba la cocina, se plantó, pálido, al pie de la escalera.

—¡Allí!

—¿Qué hay, Alejandro? —le pregunté. Yo sólo veía los peldaños de cerámica.

—Tiene el pelo largo. —Y escondió la cara en mi falda.

—Debe de ser tu tía Paula. No le tengas miedo, sólo vino a saludarnos.

—¡Está muerta!

—Es su espíritu, Alejandro.

—¡Tú me dijiste que estaba en el bosque! ¿Cómo llegó hasta aquí?

—En taxi.

Supongo que para entonces te habías esfumado, porque el chiquillo aceptó subir las escaleras de mi mano. Creo que la leyenda de tu fantasma comenzó cuando mi madre, que nos visitaba un par de veces al año y se quedaba varias semanas, porque el viaje desde Santiago a San Francisco es una travesía de Marco Polo que no puede hacerse a la ligera, dijo que por las noches escuchaba ruidos, como si arrastraran muebles. Todos los habíamos oído y les dimos diversas explicaciones: se metieron venados y andan en la terraza, son las cañerías que se contraen de frío, crujen las maderas secas de la casa. Mi amiga Celia Correas Zapata, profesora de literatura, que había enseñado mis novelas durante más de diez años en la Universidad de San José y estaba escribiendo un libro sobre mi trabajo, *Vida y espíritu*, se quedó una noche a dormir en la pieza que tú ocupabas antes y despertó a medianoche con un intenso olor a jazmines, a pesar de que estábamos en pleno invierno. También mencionó los ruidos, pero nadie les dio demasiada importancia hasta que un periodista alemán, que se quedó para hacerme una larga entrevista, juró que había visto la estantería de libros separarse casi medio metro de la pared, deslizándose sin ruido y sin alterar la posición de los libros. No fue una noche de terremoto y en esa ocasión no se trataba de percepciones de mujeres latinas, sino del testimonio de un varón alemán cuya palabra tenía peso atómico. Aceptamos la idea de que tú solías visitarnos, aunque esa posibilidad ponía muy nerviosa a la señora que limpiaba la casa. Al enterarse de lo que había sucedido con Alejandro, Nico dijo que seguro que el chiquillo había escuchado algún comentario y el resto lo hizo su imaginación infantil. Mi hijo siempre tiene una explicación racional que me aportilla las mejores anécdotas.

Andrea acabó por tolerar sus lentes y pudimos quitarle los elásticos y ganchos imperdibles, pero no mejoró su legendaria torpeza. Andaba un poco perdida en el mundo, no podía subir por las escaleras mecánicas ni usar las puertas giratorias. Al final de una representación escolar, en la que apareció vestida de hawaiana con un ukelele, hizo una profunda y larga reverencia sobre el escenario, pero con el trasero vuelto hacia el público. Una carcajada unánime recibió aquel irrespetuoso saludo, ante la furia de la familia y el horror de mi nieta, que pasó una semana sin salir de casa de la vergüenza. Andrea tenía un rostro extraño de animalito de peluche, acentuado por su pelo crespo. Andaba siempre disfrazada. Pasó un año completo vestida con una de mis camisas de dormir —rosada, por supuesto— y existe una fotografía de ella en el kindergarten con una estola de piel, un lazo de paquete en el pecho, guantes de novia y dos plumas de avestruz en la cabeza. Hablaba sola porque oía las voces de los personajes de sus cuentos, que no la dejaban en paz, y solía asustarse de su propia imaginación. En la casa había un espejo de pared al fondo de un corredor y a menudo me pedía que la acompañara «al camino del espejo». Al acercarnos, sus pasos se hacían más vacilantes porque un dragón acechaba, pero justo cuando la fiera se preparaba para arremeter contra nosotras, Andrea volvía de otra dimensión a esta realidad. «Es sólo un espejo, no hay ningún monstruo», me decía sin mucha convicción. Un instante más tarde ya estaba de nuevo en su cuento, llevándome de la mano por el camino ilusorio. «Esta niñita terminará loca de atar o escribiendo novelas», decidió su madre. Así era yo a su edad.

Nicole se espigó apenas comenzó a caminar y de ser tiesa y cuadrada como un *inuit* pasó a flotar con gracia aérea. Tenía mente afilada, buena memoria, un sentido de la orientación que le permitía saber siempre dónde se hallaba y era capaz de conmover a Drácula con sus ojos redondos y su sonrisa de conejo. Willie no escapaba a su seducción. Nicole tenía la manía de sentarse a su lado cuando él veía las noticias en la televisión, pero a los treinta segundos lo convencía de que era mejor poner dibujos animados. Willie se iba a otro cuarto a ver su programa, y ella, que detestaba quedarse sola, lo seguía. Esto se repetía varias veces durante la tarde. Una vez vio en la pantalla un elefante macho montado sobre una hembra.

—¿Qué están haciendo, Willie?

—Apareándose, Nicole.

—¿Qué?

—Están haciendo un bebé.

—No, Willie, tú no entiendes, están peleando.

—Okey, Nicole, están peleando. ¿Puedo ver las noticias ahora?

En eso apareció un elefante recién nacido. Nicole dio un grito, corrió a mirar de cerca, con la nariz pegada a la pantalla, luego se volvió donde Willie con los brazos en jarra.

—¡Eso pasa por andar peleando, Willie!

La chiquilla debió ir a una guardería infantil cuando todavía usaba pañales porque todos los adultos de la familia trabajábamos y no podíamos cuidarla. Al contrario que su hermana, quien arrastraba siempre una maleta con sus más preciados tesoros —una infinidad de chucherías cuyo inventario mantenía rigurosamente en la memoria—, Nicole carecía por completo del sentido de la propiedad, era libre y desprendida como un jilguero.

LAGARTO EMPLUMADO

Tabra, la aventurera de la tribu, viajaba varias veces al año a lugares remotos, en especial a aquellos que el Departamento de Estado
consideraba desaconsejables para los americanos, ya fuera por peligrosos, como el Congo, ya por hallarse en el otro extremo político, como
Cuba. Había recorrido el mundo en varias direcciones, en condiciones primitivas, con modestia de peregrino y sola, hasta que conoció
al hombre dispuesto a acompañarla. Como he perdido la cuenta de los
pretendientes de mi amiga y algunas anécdotas se me confunden en
la memoria, por razones de prudencia elemental debo cambiarle el
nombre. Digamos que se llamaba Alfredo López Lagarto Emplumado.
Era muy listo y tan guapo que no podía dejar de contemplarse en
cualquier vidrio y espejo que hubiese a su alcance. De piel aceitunada,
cuerpo atlético, era un goce para la vista, sobre todo para la de Tabra,
quien permanecía muda de admiración mientras él hablaba de sí
mismo. Su padre era mexicano de Cholula y su madre era india comanche de Texas, lo que le aseguraba de por vida una firme cabellera
negra, que normalmente llevaba recogida en una cola de caballo, a
menos que Tabra se la trenzara para adornarla con cuentas y plumas.
Siempre había sentido curiosidad por viajar, pero no había podido
hacerlo porque sus magros ingresos no se lo permitían. Lagarto
Emplumado se había preparado la vida entera para una misión secreta
que, sin embargo, le contaba a quien prestara oído: rescatar la corona
de Moctezuma de un museo de Austria y devolvérsela a los aztecas,
sus legítimos dueños. Tenía una camiseta negra con la consigna:

CORONA O MUERTE, VIVA MOCTEZUMA. Willie quiso saber si los aztecas habían dado muestras de apoyar su iniciativa, y nos dijo que no, porque todavía era muy secreta. La corona, hecha con cuatrocientas plumas de quetzal, tenía más de cinco siglos de antigüedad y posiblemente estaría algo apolillada. En una cena familiar le preguntamos cómo pensaba trasladarla y no volvió a visitarnos; tal vez pensó que nos estábamos burlando. Tabra nos explicó que los imperialistas se apoderan de los tesoros culturales de otras naciones; como los británicos, que robaron el contenido de las tumbas egipcias y se lo llevaron a Londres. Por su parte, Lagarto admiraba el tatuaje de Quetzalcóatl que ella tenía en la pantorrilla derecha. No podía ser una casualidad que Tabra se hubiese tatuado el dios de Mesoamérica, la serpiente emplumada, que había inspirado su propio nombre.

Por exigencia de Lagarto, que se sentía llamado por la naturaleza del desierto como buen comanche, hicieron una excursión al Valle de la Muerte. Yo le advertí a Tabra que no era buena idea, que incluso el nombre del lugar era de mal agüero. Ella manejó durante días, se echó al hombro la carpa y los bultos y caminó detrás de su héroe durante varias millas, deshidratada y con insolación, mientras él juntaba piedrecillas sagradas para sus rituales. Mi amiga se abstuvo de quejarse; no quería que él le echara en cara su deficiente estado físico y su edad: ella era doce años mayor que él. Por fin Lagarto Emplumado encontró el lugar perfecto para acampar. Tabra, roja como la remolacha y con la lengua hinchada, armó la carpa y se dejó caer sobre un saco de dormir, temblando de fiebre. El campeón de la causa indígena la zamarreó para que se levantara y le preparara huevos rancheros. «Agua, agua…», balbuceó Tabra. «Aunque mi madre se hubiese estado muriendo, igual le cocinaba los frijoles a mi padre», replicó encabronado su Lagarto.

A pesar de la experiencia en el Valle de la Muerte, donde casi deja sus huesos calcinados, Tabra lo invitó a Sumatra y Nueva Guinea, donde ella iría en busca de inspiración para sus joyas étnicas y de una cabeza jibarizada para su colección de objetos raros. Lagarto Emplumado, quien cuidaba mucho su integridad física, llevaba un pesado bolso con lociones y ungüentos, que no compartía con nadie, y un mamotreto sobre todas las enfermedades y accidentes que puede sufrir un viajero en este planeta, desde el beriberi hasta el ataque de una pitón. En una aldea de Nueva Guinea a Tabra le dio tos; estaba pálida y cansada, tal vez como secuela de la cruenta operación de los senos.

—¡No me toques! Puede ser contagioso. Tal vez tienes una enfermedad que da por comer sesos de antepasados —dijo Lagarto Emplumado, alarmadísimo, después de consultar su enciclopedia de desgracias.

—¿Cuáles antepasados?

—Cualquier antepasado. No tienen que ser nuestros. Esta gente se come los sesos de los muertos.

—No se comen el cerebro entero, Lagarto, sólo un poquito, como signo de respeto. Pero dudo que nosotros hayamos comido eso.

—A veces no se sabe lo que hay en el plato. Además, hemos comido puerco y los puercos en Bukatingi se alimentan de lo que pillan. ¿No los viste escarbando en el cementerio?

La relación de Tabra con Alfredo López Lagarto Emplumado se alteró temporalmente cuando él decidió regresar con una antigua amante que lo convenció de que sólo un corazón puro podría rescatar la corona de Moctezuma y, mientras estuviera con Tabra, el suyo estaba contaminado. «¿Por qué ella es más pura que tú?», le pregunté a mi amiga, quien había contribuido a los fondos necesarios para la epopeya de la corona. «No te preocupes, volverá», la consoló Willie. «Ni Dios lo quiera», pensé, dispuesta a destrozar el recuerdo de aquel ingrato. Pero al ver los ojos mustios de Tabra preferí callarme. Lagarto volvió apenas se dio cuenta de que la otra mujer, por muy pura que fuese, no pensaba financiarlo. Llegó con la idea de que podrían amarse en triángulo, pero ella jamás habría aceptado una solución tan mormónica.

En esos días se murió el ex marido de Tabra, el predicador de
Samoa, que llegó a pesar ciento cincuenta kilos y tenía la presión alta
y una diabetes galopante. Le cortaron un pie y meses más tarde hubo
que amputarle la pierna por encima de la rodilla. Tabra me ha contado lo que padeció en su matrimonio; sé que necesitó años de terapia para superar el trauma que le produjo la violencia de ese hombre,
que la sedujo cuando ella era una niña, la convenció de que se esca-
paran juntos, la golpeó brutalmente desde el primer día, la mantuvo
años aterrorizada y después del divorcio le volvió la espalda a su hijo.
Tabra crió sola a Tongi, sin ayuda de ninguna clase del padre del
muchacho. Sin embargo, cuando le pregunté si se alegraba de que se
hubiese muerto, me miró extrañada. «¿Por qué iba a alegrarme? Tongi
está triste, y dejó muchos otros hijos.»

CAMARADA DE RUTA

Comparado con Lagarto Emplumado, mi compañero de ruta, Willie, es una verdadera madre: me cuida. Y comparados con las expediciones a los confines del planeta de Tabra, mis viajecitos de trabajo eran lamentables, pero igual me dejaban extenuada. Debía subirme a cada rato en aviones, donde me defendía a duras penas de los virus y bacterias de otros pasajeros, pasaba semanas ausente y días enteros preparando discursos. No sé cómo robaba tiempo para escribir. Aprendí a hablar en público sin pánico, a no perderme en los aeropuertos, a sobrevivir con el contenido de un pequeño maletín, a detener un taxi con un chiflido y a sonreír a la gente que me saludaba, aunque me doliera el estómago y me apretaran los zapatos. No recuerdo dónde estuve, no importa. Sé que recorrí Europa, Australia, Nueva Zelanda, América Latina, partes de África y Asia y todo Estados Unidos menos Dakota del Norte. En los aviones le escribía a mano a mi madre para contarle mis aventuras, pero al leer las cartas una década más tarde, es como si todo aquello le hubiese ocurrido a otra persona.

El único recuerdo vívido que me quedó fue una escena en Nueva York, en pleno invierno, que habría de dolerme hasta que pude exorcizarla más tarde, después de un viaje a la India. Willie se había reunido conmigo por el fin de semana y acabábamos de visitar a Jason y a un grupo de sus compañeros de la universidad, jóvenes intelectuales con chaqueta de cuero. Durante esos meses en que había estado separado de Sally no volvió a hablarse de matrimonio; teníamos la idea de que ese noviazgo había acabado, porque así lo sugirió ella en un par de ocasiones, aunque Jason lo negaba por completo. Según él, se casarían apenas él se graduara. En una visita que Ernesto nos hizo en California, supimos que tuvo un breve pero intenso encuentro amoroso con Sally, por eso asumimos que ella estaba libre de ataduras. Jason no se enteró de eso hasta muchos años más tarde. Para entonces ya se habían desencadenado los eventos que demolieron su fe en nuestra familia, que él tanto había idealizado.

Willie y yo nos habíamos despedido de aquel hijo emocionados, pensando en lo mucho que había cambiado. Cuando llegué a vivir con él, pasaba la noche leyendo o de juerga con sus amigotes, se levantaba a las cuatro de la tarde, envuelto en una frazada roñosa, y se instalaba en la terraza a fumar, beber cerveza y hablar por teléfono, hasta que yo lo movilizaba a coscorrones para que fuese a clases. Ahora iba camino de convertirse en escritor, tal como siempre supimos que haría, porque tiene talento. Con Willie estábamos recordando aquella etapa del pasado, mientras paseábamos por la Quinta Avenida en medio del ruido y las multitudes, tráfico, cemento y escarcha, cuando ante la vitrina de una tienda que exhibía una colección de joyas antiguas de la Rusia imperial vimos a una mujer acurrucada en el suelo, tiritando. Era afroamericana, estaba inmunda, envuelta en trapos y tapada con una bolsa negra de basura, y lloraba. La gente pasaba deprisa por su lado, sin verla. Su llanto era tan desesperado, que para mí el mundo quedó congelado, como en una fotografía; hasta el aire se detuvo por un instante en la pena insondable de aquella infeliz. Me agaché a su lado, le di todo mi dinero en efectivo, aunque estaba segura de que pronto vendría un chulo a quitárselo, y traté de comunicarme con ella, pero no hablaba inglés o estaba más allá de la palabra. ¿Quién era? ¿Cómo llegó a ese estado de abandono? Tal vez venía de una isla caribeña o de la costa africana y el oleaje la lanzó a la Quinta Avenida por azar, como esos meteoritos que caen en la tierra desde otra dimensión. Me quedé con el angustioso sentido de culpa de que no pude o no quise ayudarla. Seguimos andando, apurados, con frío; unas cuadras más adelante, nos metimos al teatro y la mujer quedó atrás, perdida en la noche. No imaginé entonces que no podría olvidarla, que su llanto sería un llamado implacable, hasta que un par de años más tarde la vida me diera oportunidad de responder.

Si Willie lograba escapar del trabajo, volaba a encontrarse conmigo en diversos puntos del país para pasar una o dos noches juntos. Su bufete lo retenía y le daba más disgustos que satisfacciones. Los clientes eran gente pobre que se había accidentado en el trabajo. A medida que aumentaba el número de inmigrantes de México y Centroamérica, la mayoría ilegales, aumentaba también la xenofobia en California. Willie cobraba un porcentaje de la compensación que negociaba para sus clientes o que ganaba en un juicio, pero esas cifras eran cada vez más mezquinas y difíciles de obtener. Por suerte, no pagaba renta, porque éramos dueños del antiguo burdel de Sausalito, donde tenía su oficina. Tong, su contador, hacía malabarismos de juglar para cubrir salarios, cuentas, impuestos, seguros y bancos. Este noble chino protegía a Willie como a un hijo tonto y ahorraba hasta el punto de que su tacañería alcanzó niveles de leyenda. Celia aseguraba que en la noche, cuando nos íbamos de la oficina, Tong sacaba de la basura los vasos de papel, los lavaba y volvía a colocarlos en la cocina. La verdad es que sin el ojo vigilante y el ábaco de su contador, Willie se habría hundido. Tong tenía casi cincuenta años, pero se veía como un joven estudiante, delgado, pequeño, con una mata de pelo tieso y siempre vestido con vaqueros y zapatillas. No se hablaba con su esposa desde hacía doce años, aunque vivían bajo el mismo techo, y tampoco se divorciaban para no dividir sus ahorros y por temor a la madre de él, una viejecita diminuta y feroz que había vivido treinta años en California y creía hallarse en el sur de China. La señora no hablaba una sola palabra de inglés, hacía sus compras en los mercados de Chinatown, escuchaba la radio en cantonés y leía el periódico en mandarín de San Francisco. Tong y yo teníamos en común el afecto por Willie, eso nos unía, a pesar de que ninguno de los dos entendía el acento del otro. Al comienzo, cuando recién llegué a vivir con Willie, Tong sentía por mí una desconfianza atávica, que manifestaba cuando se daba la oportunidad.

—¿Qué tiene tu contador contra mí? —le pregunté un día a Willie.

—Nada en particular. Todas las mujeres que he tenido me han salido caras, y como él lleva mis cuentas, preferiría que viviera en riguroso celibato —me informó.

—Explícale que me he mantenido sola desde los diecisiete años.

Supongo que se lo dijo, porque Tong empezó a mirarme con algo de respeto. Un sábado me encontró en la oficina fregando los baños y quitando el polvo con la aspiradora; entonces el respeto se transformó en disimulada admiración.

—Usted se casa con ésta. Ella limpia —le aconsejó a Willie en su inglés algo limitado. Fue el primero en felicitarnos cuando anunciamos que nos casaríamos.

Este largo amor con Willie ha sido un regalo en los años maduros de mi existencia. Cuando me divorcié de tu padre me preparé para seguir andando sola, porque pensé que sería casi imposible encontrar otro compañero. Soy mandona, independiente, tribal y tengo un trabajo poco común que me exige pasar la mitad de mi tiempo sola, callada y escondida. Pocos hombres pueden con todo eso. No quiero pecar de falsa modestia, también tengo algunas virtudes. ¿Te acuerdas de alguna, hija? A ver, déjame pensar… Por ejemplo: requiero poco mantenimiento, soy sana y cariñosa. Tú decías que soy divertida y nadie se aburre conmigo, pero eso era antes. Después de que tú te fuiste se me acabaron las ganas de ser el alma de la fiesta. Me he vuelto introvertida, no me reconocerías. El milagro fue hallar —donde y cuando menos lo esperaba— al único hombre que podía soportarme. Sincronía. Suerte. Destino, diría mi abuela. Willie sostiene que nos hemos amado en vidas anteriores y que seguiremos haciéndolo en vidas futuras, pero ya sabes cómo me asustan el karma y la reencarnación. Prefiero limitar este experimento amoroso a una sola vida, que ya es bastante. ¡Willie todavía me parece tan extranjero! Por la mañana, cuando se está afeitando y lo veo en el espejo, suelo preguntarme quién diablos es ese hombre demasiado blanco, grande y norteamericano y por qué estamos en el mismo baño. Cuando nos conocimos teníamos muy poco en común, veníamos de medios muy diferentes y tuvimos que ir inventando un idioma —*espánglish*— para entendernos. Pasado, cultura y costumbres nos separaban, también los problemas inevitables de los hijos en una familia pegada artificialmente, pero a codazos logramos abrir el espacio indispensable para el amor. Es cierto que para instalarme en Estados Unidos con él dejé casi todo lo que tenía y me acomodé como pude al desorden de batalla de su vida, pero él también hizo muchas concesiones y cambios para que estuviéramos juntos. Desde el principio adoptó a mi familia y respetó mi trabajo, me ha acompañado en lo que ha podido, me ha apoyado y protegido hasta de mí misma, no me critica, se burla suavemente de mis manías, no se deja atropellar, no compite conmigo y hasta en las peleas que hemos tenido me ha tratado con nobleza. Willie defiende su territorio sin alharacas; dice que ha trazado un pequeño círculo de tiza dentro del cual está a salvo de mí y de la tribu: cuidado con violarlo. Una inmensa dulzura yace agazapada bajo su apariencia ruda; es sentimental como un perro grande. Sin él, yo no podría escribir tanto y tan tranquila como lo hago, porque se ocupa de todo aquello que a mí me asusta, desde mis contratos y nuestra vida social, hasta el funcionamiento de las misteriosas máquinas domésticas. A pesar de que todavía me sorprende verlo a mi lado, me he acostumbrado a su enorme presencia y ya no podría vivir sin él. Willie llena la casa, llena mi vida.

EL POZO VACÍO

En el verano de 1996, en Oklahoma City, un racista desquiciado utilizó un camión cargado con dos mil kilos de explosivos para volar un edificio federal. Hubo quinientos heridos y ciento sesenta y ocho muertos, entre ellos varios niños. Una mujer quedó atrapada bajo una masa de cemento y tuvieron que amputarle una pierna sin anestesia para rescatarla. Eso le produjo a Celia tres días de lamentaciones, dijo que mejor sería que la infeliz hubiese muerto, ya que en la tragedia no sólo perdió la pierna, también a su madre y a sus dos hijos pequeños. Su reacción fue similar a la que tenía con otras malas noticias de la prensa; carecía de defensas contra el mundo exterior. No logré adivinar qué le pasaba, a pesar de nuestra larga complicidad. Yo creía que la conocía mejor de lo que se conocía ella misma, pero había mucho en el alma de mi nuera que se me escapaba, como comprobaría unas semanas más tarde.

Con Willie decidimos que era hora de tomar vacaciones. Estábamos cansados y yo no lograba sacudirme el duelo, aunque ya habían transcurrido casi cuatro años de tu muerte y tres de la desaparición de Jennifer. Aún no sabía que la tristeza nunca se va del todo, se queda bajo la piel; sin ella hoy no sería yo y no podría reconocerme en el espejo. Desde que terminé *Paula* no había vuelto a escribir. Hacía años que acariciaba la idea de una novela sobre la fiebre del oro en California, ambientada a mediados del siglo XIX, pero carecía del entusiasmo para emprender una tarea de tan largo aliento. Poca gente sospechaba mi estado de ánimo, porque mantenía la actividad de siempre, pero llevaba un gemido en el alma. Le tomé gusto a la soledad, sólo quería estar con mi familia, me molestaba la gente, los amigos se redujeron a tres o cuatro. Estaba gastada. Tampoco deseaba seguir haciendo giras de promoción explicando lo que ya estaba dicho en los libros. Necesitaba silencio, pero cada vez me resultaba más difícil conseguirlo. Venían periodistas de lejos y nos invadían con sus cámaras y luces. En una ocasión aparecieron unos turistas japoneses a observar nuestra casa como si fuese un monumento, justo cuando había llegado un equipo proveniente de Europa, que pretendía fotografiarme dentro de una enorme jaula con una majestuosa cacatúa blanca. El pajarraco no parecía amistoso y poseía garras de cóndor. Venía con su entrenador, que debía controlarlo, pero se cagó sobre los muebles y casi me arranca un ojo dentro de la jaula. Sin embargo, no podía quejarme: me recibía un público cariñoso y mis libros circulaban por todas partes. La tristeza se manifestaba en las noches en vela, la ropa oscura, el deseo de vivir en una cueva de anacoreta y la ausencia de inspiración. Llamaba a las musas en vano. Hasta la musa más zarrapastrosa me había abandonado. Para alguien que vive para escribir y vive de lo que escribe, la sequía interior es aterradora. Un día estaba en Book Passage perdiendo el tiempo en sucesivas tazas de té cuando llegó Ann Lamott, una escritora americana muy querida por sus historias llenas de humor, profundidad y fe en lo divino y lo humano. Le conté que estaba bloqueada y me contestó que eso del «bloqueo de escritor» son pamplinas, lo que pasa es que a veces el pozo está vacío y hay que llenarlo.

La idea de que mi pozo de historias y el deseo de contarlas se estuvieran secando me dio pánico, porque nadie me daría empleo en ninguna parte y tenía que ayudar a mantener a mi familia. Nico trabajaba como ingeniero de computación en otra ciudad, se desplazaba por autopistas durante más de dos horas al día, y Celia hacía la labor de tres personas en mi oficina, pero no podían correr con todos sus gastos; vivimos en una de las zonas más caras de Estados Unidos. Entonces recordé mi entrenamiento de periodista: si me dan un tema y tiempo para informarme, puedo escribir sobre casi cualquier cosa, menos política o deporte. Me asigné un «reportaje» lo más distinto posible al tema del libro anterior, nada que ver con dolor y pérdida, sólo con los pecados placenteros de la vida: gula y lujuria. Como no sería una obra de ficción, los caprichos de la musa importaban poco, sólo tendría que investigar sobre comida, erotismo y el puente entre ambos: afrodisíacos. Tranquilizada con ese plan, acepté la propuesta de Tabra y Willie de ir a la India, aunque no sentía deseos de viajar y menos a la India, que es lo más lejos de nuestra casa a donde se podía ir antes de emprender el regreso por el otro lado del planeta. No me hallaba capaz de tolerar la pobreza mítica de ese país, aldeas devastadas, niños famélicos, muchachitas de nueve años sometidas a matrimonio prematuro, trabajo forzado o prostitución, pero Willie y Tabra me aseguraron que la India era mucho más que eso y se dispusieron a llevarme, aunque fuese amarrada. Además, Paula, yo te había prometido que un día iría a ese país, porque tú volviste fascinada de un viaje allí y me convenciste de que es la más rica fuente de inspiración para un escritor. Alfredo López Lagarto Emplumado no nos acompañó, a pesar de que había reaparecido en el horizonte de Tabra, porque pensaba pasar un mes en la naturaleza con un par de comanches, hermanos de tribu. Tabra tuvo que comprarle unos tambores sagrados, indispensables para los rituales.

Willie adquirió un atuendo color caqui de explorador, provisto de treinta y siete bolsillos, una mochila, un sombrero australiano y un nuevo lente para sus cámaras, que medía y pesaba como un cañón pequeño, mientras Tabra y yo empacábamos las mismas faldas gitanas de siempre, ideales porque en ellas no se notan arrugas ni manchas. Emprendimos una travesía que terminó un siglo después, cuando aterrizamos en Nueva Delhi y nos hundimos en el calor pegajoso de la ciudad y su algarabía de voces, tráfico y radios destempladas. Nos rodeó un millón de manos, pero por suerte la cabeza de Willie sobresalía como un periscopio por encima de la masa humana y divisó a lo lejos un letrero con su nombre en manos de un hombre alto, con bigote autoritario y turbante. Era Sirinder, el guía que habíamos contratado en San Francisco a través de una agencia. Se abrió paso con su bastón, escogió a unos culis para que llevaran el equipaje y nos condujo a su viejo coche.

Estuvimos varios días en Nueva Delhi, Willie agonizando por una infección intestinal y Tabra y yo paseando y comprando cachivaches. «Creo que tu marido está bastante mal», me dijo ella al segundo día, pero yo quería acompañarla a un distrito de artesanos donde ella mandaba cortar piedras para sus joyas. Al tercer día Tabra me hizo ver que mi marido estaba tan débil que ya no hablaba, pero como todavía no habíamos visitado la calle de los sastres, donde yo pensaba adquirir un sari, no tomé una decisión inmediata. Supuse que debíamos darle tiempo a Willie; hay dos clases de enfermedades, las que se curan solas y las mortales. Por la noche Tabra sugirió que si Willie se moría, se nos arruinaría el viaje. Ante la posibilidad de tener que cremarlo a orillas del Ganges, llamé a la recepción del hotel y pronto enviaron a un doctor bajito, con el cabello aceitado, metido en un traje brilloso color ladrillo, quien al ver a mi marido como un cadáver no pareció alarmado en lo más mínimo. Extrajo de su aporreado maletín una jeringa de vidrio, como la que usaba mi abuelo en 1945, y se dispuso a inyectarle al paciente un líquido viscoso con una aguja que descansaba en una mota de algodón y a todas luces era tan antigua como la jeringa. Tabra quiso intervenir, pero le aseguré que no valía la pena armar lío por una posible hepatitis si de todos modos el futuro del enfermo era incierto. El médico obró el milagro de devolver la salud a Willie en veinte horas y así pudimos continuar el viaje.

La India fue una de esas experiencias que marcan la vida, memorable por muchas razones, pero aquí no corresponde contarlas, ya que esto no es una crónica de viaje; basta decir que me ayudó a llenar el pozo y me devolvió la pasión por escribir. Sólo anotaré dos episodios relevantes. El primero me dio una idea para honrar tu memoria y el segundo cambió para siempre a nuestra familia.

¿QUIÉN QUIERE UNA NIÑA?

Sirinder, nuestro chofer, poseía la pericia y el valor necesarios para moverse en el tráfico de la ciudad sorteando automóviles, buses, burros, bicicletas y más de una vaca famélica. Nadie se daba prisa —la vida es larga—, excepto las motocicletas, que zigzagueaban a velocidad de torpedos con cinco pasajeros encima. Sirinder dio muestras de ser hombre de pocas palabras, y Tabra y yo aprendimos a no hacerle preguntas, pues sólo le contestaba a Willie. Los caminos rurales eran angostos y llenos de curvas, pero él manejaba reventando el motor. Cuando dos vehículos se encontraban nariz con nariz, los conductores se miraban a los ojos y decidían en una fracción de segundo quién era el macho alfa, entonces el otro daba la pasada. Los accidentes que vimos consistían siempre en dos camiones de similar tamaño estrellados de frente; no se aclaró a tiempo quién era el chofer alfa. No teníamos cinturones de seguridad por el asunto del karma: nadie muere antes de su tiempo. Y no usábamos las luces de noche por la misma razón. La intuición le indicaba a Sirinder que un vehículo podía venir en dirección contraria; entonces encendía los focos y lo encandilaba.

Al alejarnos de la ciudad el paisaje se tornó seco y dorado, luego polvoriento y rojizo. Las aldeas se espaciaron y las llanuras se hicieron eternas, pero siempre había algo que llamaba la atención. Willie andaba con su maleta de cámaras, un trípode y el cañón, bastante engorroso de instalar. Dicen que lo único que recuerda un buen fotógrafo es la foto que no tomó. Willie podrá recordar un millar, como un elefante pintarrajeado con rayas amarillas y vestido de trapecista que andaba solo en aquel descampado. En cambio pudo inmortalizar a un grupo de trabajadores que estaban trasladando una montaña de un lado del camino al otro. Los hombres, apenas cubiertos por un taparrabos, colocaban las piedras en unos canastos y las mujeres los acarreaban sobre la cabeza. Eran graciosas, delgadas, vestían saris raídos de colores brillantes —magenta, limón, esmeralda— y se movían como juncos en la brisa cargando el peso de las rocas. Se consideraban «ayudantes» y ganaban la mitad que los hombres. A la hora de comer, ellos se encuclillaron en círculo con sus recipientes de lata y ellas esperaron a cierta distancia. Más tarde comieron las sobras de los hombres.

Al cabo de muchas horas de viaje estábamos cansados, el sol empezaba a descender y brochazos color de incendio cruzaban el cielo. En la distancia, entre los campos secos, se alzaba un árbol solitario, tal vez una acacia, y debajo adivinamos unas figuras que parecían grandes pájaros, pero al acercarnos resultaron ser un grupo de mujeres y niños. ¿Qué hacían allí? No había aldea ni pozo en la cercanía. Willie le pidió a Sirinder que nos detuviéramos para estirar las piernas. Tabra y yo caminamos hacia las mujeres, que al vernos hicieron ademán de retroceder, pero su curiosidad venció a la timidez y pronto estábamos juntas bajo la acacia, rodeadas de niños desnudos. Las mujeres llevaban saris polvorientos y gastados. Eran jóvenes, con largas melenas oscuras, la piel seca, los ojos hundidos y maquillados con khol. En la India, como en muchas partes del mundo, no existe el concepto de espacio personal que tanto defendemos en Occidente. A falta de un idioma común nos dieron la bienvenida con gestos y luego nos examinaron con dedos atrevidos, tocándonos la ropa, la cara, el pelo rojo oscuro de Tabra, un tono que tal vez nunca habían visto, nuestros adornos de plata… Nos quitamos los brazaletes para ofrecérselos; ellas se los colocaron con deleite de adolescentes. Había suficientes para todas, dos o tres para cada una de ellas.

Una de las mujeres, que podría haber sido de tu edad, Paula, me tomó la cara entre las manos y me besó ligeramente en la frente. Sentí sus labios partidos, su aliento tibio. Fue un gesto tan inesperado, tan íntimo, que no pude retener las lágrimas, las primeras que vertía en mucho tiempo. Las demás mujeres me acariciaron en silencio, desorientadas por mi reacción.

A lo lejos un bocinazo de Sirinder nos indicó que era hora de partir. Nos despedimos de las mujeres y empezamos a alejarnos, pero una nos siguió. Me tocó la espalda, me volví y me ofreció un paquete. Creí que pretendía darme algo a cambio de las pulseras y traté de explicarle por señas que no era necesario, pero me obligó a tomarlo. Era muy liviano, parecía sólo un atado de trapos, pero al abrirlo vi que contenía un bebé recién nacido, diminuto y oscuro. Tenía los ojos cerrados y olía como ningún otro niño que yo haya tenido en los brazos, un olor acre de ceniza, polvo y excremento. Lo besé en la cara, murmuré una bendición y quise devolvérselo a la madre, pero en vez de recibirlo, ella dio media vuelta y corrió a juntarse con las demás, mientras yo me quedé allí, meciendo al crío, sin comprender lo que sucedía. Un minuto después Sirinder llegó gritando que lo soltara, no podía llevármelo, estaba sucio, y me lo arrebató de los brazos y fue a entregárselo a las mujeres, pero ellas retrocedieron, aterradas ante la ira de ese hombre. Entonces, él se inclinó y puso al infante sobre la tierra seca, bajo el árbol.

Willie había acudido también y me llevó casi en vilo hacia el coche, seguido por Tabra. Sirinder encendió el motor y nos alejamos, mientras yo hundía la cabeza en el pecho de mi marido.

—¿Por qué esa mujer pretendía darnos su bebé? —murmuró Willie.

—Era una niña. Nadie quiere a una niña —explicó Sirinder.

Hay historias que tienen el poder de sanar. Aquello que ocurrió esa tarde bajo la acacia desató el nudo que me ahogaba, sacudió las telarañas de la lástima por mí misma y me obligó a volver al mundo y transformar mi pérdida en acción. No pude salvar a esa niñita, ni a su madre desesperada, ni a las «ayudantes» que acarreaban la montaña piedra a piedra, ni a millones de mujeres como ellas y como aquella, inolvidable, que lloraba en la Quinta Avenida durante un invierno de Nueva York, pero prometí que al menos intentaría aliviar su suerte, como habrías hecho tú, para quien ninguna tarea de compasión era imposible. «Debes ganar mucha plata con tus libros, mamá, para que yo pueda tener un refugio para pobres y tú pagues las cuentas», me decías completamente en serio. El ingreso que había recibido y seguía recibiendo por el libro *Paula* se hallaba congelado en un banco, aguardando que se me ocurriera cómo emplearlo. En ese momento lo supe. Calculé que si aumentaba el capital con cada libro que escribiese en el futuro, algo de bien podría hacer, sólo una gota de agua en el desierto de las necesidades humanas, pero al menos no me sentiría impotente. «Voy a crear una fundación para ayudar a mujeres y niños», les anuncié a Willie y Tabra esa noche. No imaginaba que esa semilla se convertiría con los años en un árbol, como aquella acacia.

UNA VOZ EN EL PALACIO

El palacio del maharajá, todo de mármol, se alzaba en el jardín del Edén, donde no existía el tiempo, el clima era siempre dulce y el aire olía a gardenias. El agua de las fuentes se escurría por sinuosos canales entre flores, jaulas doradas de pájaros, parasoles de seda blanca, soberbios pavos reales. El palacio pertenecía ahora a una cadena internacional de hoteles que tuvo el buen tino de preservar el encanto original. El maharajá, arruinado pero con la dignidad intacta, ocupaba un ala del edificio, protegido de la curiosidad ajena por un biombo de juncos y trinitarias moradas. En la hora tranquila de la media tarde, solía sentarse en el jardín a tomar té con una niña impúber que no era su bisnieta, sino su quinta esposa, cuidado por dos guardias con uniforme imperial, cimitarras al cinto y turbantes emplumados. En nuestra suite, digna de un rey, no había una pulgada libre para descansar la vista en la profusa decoración. Desde el balcón se apreciaba la totalidad del jardín, separado por un alto muro de los barrios de miseria que fuera se extendían hasta el horizonte. Después de desplazarnos durante semanas por caminos polvorientos, pudimos descansar en ese palacio, donde un ejército de silenciosos empleados se llevaron nuestra ropa para lavarla, nos trajeron té y pasteles de miel en bandejas de plata y nos prepararon baños de espuma. Fue el paraíso. Cenamos deliciosa comida de la India, contra la que Willie ya estaba inmunizado, y caímos a la cama dispuestos a dormir para siempre.

El teléfono sonó a las tres de la madrugada —así lo indicaban los números verdes del reloj de viaje, que brillaban en la oscuridad—

despertándome de un sueño caliente y pesado. Estiré la mano buscando a tientas el aparato, sin dar con él, hasta que tropecé con un interruptor y encendí la lámpara. No supe dónde me hallaba, ni qué eran esos velos transparentes flotando sobre mi cabeza o los demonios alados que amenazaban desde el techo pintado. Sentí las sábanas húmedas, pegadas a la piel, y un olor dulzón que no pude identificar. El teléfono seguía repicando y cada campanillazo aumentaba mi aprensión, porque sólo una desgracia inmensa justificaría la urgencia de llamar a esa hora. «Alguien se murió», dije en voz alta. «Calma, calma», repetí. No podía tratarse de Nico, porque yo ya había perdido a una hija y según la ley de probabilidades eso no se repetiría en mi vida. Tampoco podía ser mi madre, porque es inmortal. Tal vez eran noticias de Jennifer… ¿La habrían encontrado? El sonido me guió al otro extremo de la habitación y descubrí un anticuado teléfono entre dos elefantes de porcelana. Desde el otro lado del mundo me llegó, con una claridad de presagio, la inconfundible voz de Celia. No alcancé a preguntarle qué había pasado.

—Parece que soy bisexual —me anunció con voz trémula.

—¿Qué pasa? —preguntó Willie, atontado de sueño.

—Nada. Es Celia. Dice que es bisexual.

—¡Ah! —rezongó mi marido, y siguió durmiendo.

Supongo que me llamó para pedirme socorro, pero no se me ocurrió nada mágico que pudiera ayudarla en ese momento. Rogué a mi nuera que no se diera prisa en tomar medidas desesperadas, ya que casi todos somos más o menos bisexuales, y si había esperado veintinueve años para descubrirlo, bien podía esperar a que nosotros retornásemos a California. Un asunto como ése merecía discutirse en familia. Maldije la distancia, que me impedía ver la expresión de su cara. Le prometí que trataríamos de volver lo antes posible, aunque a las tres de la mañana no era mucho lo que podía hacer para cambiar los pasajes aéreos, gestión que incluso de día era complicada en la India. Se me había espantado el sueño y no regresé a la cama de velos. Tampoco me atreví a despertar a Tabra, quien ocupaba otra habitación del mismo piso.

Salí al balcón a esperar la mañana sentada en un columpio de madera policromada con almohadones de seda color topacio. Una enredadera de jazmín y un árbol de grandes flores blancas despedían aquella fragancia de cortesana que había percibido en la habitación. La noticia de Celia me produjo una rara lucidez, como si pudiese verme y ver a mi familia desde el aire, despegada. «Esta nuera nunca dejará de sorprenderme», murmuré. En su caso, el término «bisexual» podía significar varias cosas, pero ninguna inocua para los míos. Vaya, lo escribí sin pensar: *los míos*. Así los sentía a todos ellos, míos, de mi propiedad: Willie, mi hijo, mi nuera, mis nietos, mis padres e incluso los hijastros, con quienes vivía de escaramuza en escaramuza, eran míos. Me había costado mucho reunirlos y estaba dispuesta a defender a esa pequeña comunidad contra las incertidumbres del destino y la mala suerte. Celia era una fuerza incontenible de la naturaleza, nadie tenía influencia sobre ella. No me pregunté dos veces de quién se había prendado, la respuesta me pareció obvia. «Ayúdanos, Paula, mira que esto no es broma», te pedí, pero no sé si me oíste.

NADA QUE AGRADECER

El desastre —no se me ocurre otra palabra para definirlo— se desencadenó a finales de noviembre, el día de Acción de Gracias. Cierto, parece irónico, pero uno no escoge las fechas para estas cosas. Willie y yo regresamos a California lo más deprisa que pudimos, pero conseguir vuelos, cambiar los pasajes y atravesar medio planeta nos tomó más de tres días. Aquella noche en que Celia me despertó, alcancé a decirle a Willie de qué se trataba, pero estaba dormido, no me oyó y a la mañana siguiente debí repetírselo. Le dio risa. «Esta Celia es una bala suelta de cañón», me dijo, sin medir las consecuencias que el anuncio de mi nuera tendría para la familia. Tabra debía seguir viaje a Bali, así es que nos despedimos sin muchas explicaciones. Al llegar a San Francisco, Celia estaba esperándonos en el aeropuerto, pero nada dijimos al respecto hasta que nos hallamos a solas; no era una confidencia que ella estuviese dispuesta a hacer frente a Willie.

—Nunca imaginé que me iba a pasar esto, Isabel. Acuérdate de lo que yo pensaba de los gays —me dijo.

—Me acuerdo, Celia, cómo se me iba a olvidar. ¿Ya te acostaste con ella?

—¿Con quién?

—Con Sally, con quién va a ser.

—¿Cómo sabes que es ella?

—Ay, Celia, no hay que verse la suerte entre gitanos. ¿Se acostaron?

154

—¡Eso no es lo importante! —exclamó con los ojos ardientes.

—A mí me parece muy importante, pero puedo estar equivo-cada… Las calenturas se pasan, Celia, y no vale la pena destruir un matrimonio por eso. Estás confundida por la novedad, eso es todo.

—Estoy casada con un hombre estupendo y tengo tres hijos que no soltaré jamás. Puedes imaginarte cuánto lo he pensado antes de decírtelo. Una decisión así no se toma a la ligera. No quiero herir a Nico y a los niños.

—Es curioso que me lo confieses a mí, que soy tu suegra. ¿No será que inconscientemente…?

—¡No me vengas con vainas psicológicas! Tú y yo nos contamos todo —me interrumpió. Y era cierto.

Soporté una semana de brutal ansiedad, pero nada comparado con la angustia de Celia y Sally, quienes debían decidir su futuro. Habían vivido en la misma casa, trabajaban juntas, compartían niños, secretos, intereses y diversiones, pero de carácter eran muy diferentes y tal vez en eso consistía la mutua atracción. La Abuela Hilda me había he-cho notar que «estas niñas se quieren mucho». Callada, discreta, casi invisible, a la Abuela nada se le pasaba por alto. ¿Quiso advertirme? Imposible saberlo, porque esa vieja prudente nunca habría hecho un comentario malicioso.

Me debatí en la confusión de cargar con aquel secreto mientras preparaba el pavo del día de Acción de Gracias con una receta nue-va que mi madre me había mandado por carta. Se ponía un montón de hierbas en la licuadora con aceite de oliva y limón, luego se le in-yectaba con una jeringa esa mezcla verde entre cuero y carne al pá-jaro y se dejaba macerar por cuarenta y ocho horas.

Sally renunció al empleo en mi oficina, pero nos veíamos casi a diario cuando yo visitaba a mis nietos, porque ella pasaba mucho tiempo en esa casa. Yo procuraba no clavar los ojos en ella y Celia cuando estaban juntas, pero si se rozaban por casualidad, me daba un brinco el corazón. Willie, aturdido por el largo viaje a la India y la resaca de la infección intestinal, se mantuvo al margen con la esperanza de que las pasiones se disolvieran en el aire.

Por fortuna, conseguí cita con mi psicólogo, a quien no veía desde hacía tiempo porque se había trasladado al sur de California, pero había venido a San Francisco a pasar las fiestas con su familia. Nos encontramos en una cafetería, puesto que ya no tenía su despacho, y mientras él saboreaba su té verde y yo mi capuchino, lo puse al tanto de la telenovela familiar. Me preguntó si acaso estaba demente, que cómo se me ocurría hacer de celestina en una situación semejante; ése no era un secreto que me correspondiese guardar.

—Usted es la figura de la madre, en este caso es un arquetipo: madre de Nico, madrastra de Jason, suegra de Celia, abuela de los niños. Y futura suegra de Sally, si esto no hubiese ocurrido —me explicó.

—Lo dudo, creo que Sally no se habría casado con Jason.

—Ésa no es la cuestión, Isabel. Debe enfrentarlas y exigirles que confiesen la verdad a Nico y Jason. Deles un plazo breve. Si no lo hacen, tendrá que hacerlo usted.

Seguí el consejo y el plazo se cumplió justo durante el fin de semana largo del día de Acción de Gracias, sagrado para los estadounidenses.

Con el pretexto de las fiestas, la familia iba a juntarse por primera vez en meses, incluido Ernesto, quien nos anunció que se había enamorado de una compañera de trabajo, Giulia, y la traía a California para presentarla a la familia. El momento era muy poco propicio. Llegaría él primero de Nueva Jersey y Giulia aparecería al día siguiente, lo que nos daba un poco de tiempo para preparar los ánimos. Menos mal que Fu, Grace y Sabrina iban a celebrar en el Centro de Budismo Zen, así habría tres testigos menos. Willie y yo estábamos tan ofuscados que no podíamos ayudar ni con un consejo. No me explico cómo sobrevivimos sin violencia durante ese horrendo fin de semana. Celia se encerró con Nico y no sé cómo se lo dijo, porque no había manera de hacerlo con diplomacia o de evitar la paliza emocional de semejante noticia. Sería imposible no herirlo a él y a los niños, como ella tanto temía. Creo que al principio Nico no se dio cuenta cabal del alcance de lo que había sucedido y pensó que las cosas podrían barajarse con imaginación y tolerancia. Pasarían semanas, tal vez meses, antes de que comprendiera que su vida había cambiado para siempre.

Jason y Sally estaban separados no sólo por la distancia geográfica, sino también por el hecho de que tenían poco en común. Era difícil imaginar a Sally haciendo vida nocturna y bohemia entre intelectuales en el caos de Nueva York, o a Jason en California, vegetando en el seno de la familia y aburrido a muerte. Muchos años más tarde, hablando de esto con ambos, las versiones se contradicen. Jason me aseguró que estaba enamorado de Sally y convencido de que se casarían, por eso perdió la cabeza cuando ella lo llamó por teléfono para contarle lo ocurrido. «Tengo algo que decirte», le anunció. Él pensó de inmediato que le había sido infiel y sintió una oleada de rabia, pero supuso que no era algo demasiado serio, ya que estaba dispuesta a confesarlo. Ella logró articular las frases para explicarle que se trataba de una mujer, y Jason respiró aliviado porque creyó que no enfrentaba realmente a un rival, eran tonterías que hacen las mujeres por curiosidad, pero entonces ella agregó que estaba enamorada de Celia. A Jason la doble traición le pegó como un garrotazo. No sólo perdía a quien creía ser todavía su novia, también perdía a una cuñada que quería como a una hermana. Se sintió burlado por las dos mujeres y también por Nico, porque no había podido impedirlo. El fin de semana maldito Jason apareció en la casa; estaba flaco, había perdido no sé cuántos kilos, y demacrado. Venía con una mochila a la espalda, sin afeitarse, con los dientes apretados y olor a alcohol. Tuvo que enfrentar la situación sin apoyo, porque cada uno andaba perdido en sus propias pasiones.

Sally recogió en el aeropuerto a Ernesto, que venía de Nueva Jersey, donde vivía desde 1992, cuando te trajimos enferma a California, y se lo llevó a tomar un café para prevenirlo de lo que sucedía; no podía aterrizar de sopetón en el melodrama, creería que nos habíamos vuelto todos locos. ¿Cómo se lo explicaría él a Giulia? Su novia era una rubia alta y parlanchina, de ojos celestes, con esa frescura de la gente que confía en la vida. Las Hermanas del Perpetuo Desorden habíamos rezado durante varios años para que Ernesto encontrara un nuevo amor y Celia te había encargado la misma tarea, que no sólo cumpliste, sino que de paso nos hiciste un guiño desde el Más Allá: Giulia nació el mismo día que tú, el 22 de octubre, su madre se llama Paula y su padre nació el mismo día y año que yo. Demasiadas coincidencias. No puedo menos que pensar que la escogiste para que hiciera feliz a tu marido. Ernesto y Giulia disimularon lo mejor posible su desconcierto ante el descalabro familiar. A pesar de las dramáticas circunstancias que se vivían, dimos el visto bueno a Giulia de inmediato: era perfecta para él, fuerte, organizada, alegre y cariñosa. Según Willie, no valía la pena que nos molestáramos, puesto que esa pareja no necesitaba la aprobación de una familia con la que no tenía lazos de sangre. «Si se casan, habrá que traerlos a California», le respondí.

Entretanto, la carne del pavo se puso verde con el tratamiento intravenoso de aliños y al salir del horno parecía tan podrida como el ambiente que se respiraba en la casa. Nico y Jason, descompuestos, no pudieron participar en el velorio, porque aquel día no fue otra cosa que un velorio. Alejandro y Nicole estaban con fiebre en cama; Andrea circulaba chupándose el dedo y vestida para la ocasión con mi sari, en el que se envolvió como un salchichón. Willie terminó indignado porque ninguno de sus dos hijos se presentó. Tenía hambre, pero nadie se había ocupado de la cena, que en cualquier día de Acción de Gracias normal es un banquete. En un impulso incontrolable, mi marido cogió el pavo verde por una pata y lo tiró a la basura.

VIENTOS ADVERSOS

El colapso de la familia no sucedió de un día para otro, demoró varios meses en que Nico, Celia y Sally se debatieron en la incertidumbre, pero nunca perdieron de vista a los niños. Trataron de protegerlos lo mejor posible, a pesar del caos. Se esmeraron en darles mucho afecto, pero en estos dramas el sufrimiento es inevitable. «No importa, lo resolverán más tarde en terapia», me tranquilizó Willie. Celia y Nico siguieron juntos en la misma casa por un tiempo porque no tenían adónde ir, mientras Sally entraba y salía en su calidad de tía. «Esto parece una película francesa, yo prefiero no venir más», anunció Tabra, escandalizada. A mí tampoco me alcanzaba la tolerancia para tanto y preferí no visitarlos más, aunque cada día que pasaba sin ver a mis nietos era un día fúnebre.

Mientras procuraba mantenerme cerca de Nico, quien no me daba mucha entrada, mi relación con Celia pasaba del llanto y los abrazos a las recriminaciones. Me acusó de que yo no entendía lo que pasaba, era de mente cerrada y me metía en todo. ¿Por qué diablos no los dejaba en paz? Me ofendía con su carácter explosivo y modales bruscos, pero a las dos horas me llamaba para pedir disculpas y nos reconciliábamos, hasta que el ciclo se repetía. Me daba una lástima inmensa verla sufrir. La decisión que había tomado tenía un precio muy alto y toda la pasión del mundo no la salvaría de pagarlo. Celia se preguntaba si no habría algo perverso en ella que la incitaba a destruir lo mejor que tenía, su hogar, sus hijos, una familia en la que estaba a salvo, cómoda, cuidada, querida. Su marido la adoraba y era un hombre bueno, sin embargo se sentía atrapada en esa relación, se aburría, no cabía en su piel, el corazón se le escapaba en anhelos que no sabía nombrar. Me contó que el edificio aparentemente perfecto de su vida se había venido abajo con el primer beso de Sally. Eso le bastó para comprender que no podría seguir con Nico, en ese instante su destino cambió de rumbo. Sabía que el rechazo contra ella sería implacable incluso en California, que se jacta de ser el lugar más liberal del planeta.

—¿Crees que soy anormal, Isabel? —me preguntó.

—No, Celia. Un porcentaje de la gente es gay. Lo malo es que te diste cuenta un poco tarde.

—Sé que voy a perder a todos los amigos y que mi familia no volverá a hablarme. Mis padres jamás entenderán esto, ya sabes de qué medio vengo.

—Si no pueden aceptarte tal como eres, por el momento no los necesitas. Hay otras prioridades, primero tus hijos.

Dejó de ir a mi oficina porque no quería depender de mí, como dijo, pero si no lo hubiese decidido ella, lo habría tenido que hacer yo. No podíamos continuar juntas. Reemplazarla fue casi imposible, tuve que contratar a tres personas para que hicieran el trabajo que ella hacía sola. Yo estaba acostumbrada a Celia, le tenía confianza ciega, y ella había aprendido a imitarme desde la firma hasta el estilo; bromeábamos con que algún día no muy lejano me escribiría los libros. Celia, Nico y Sally empezaron a ir a terapia, separados y juntos, para resolver los detalles. A Celia volvieron a recetarle antidepresivos y somníferos, andaba atontada por las pastillas.

En cuanto a Jason, nadie pensó mucho en él; había decidido quedarse en Nueva York después de graduarse. Ya nada lo atraía a California y no quería volver a ver a Sally ni a Celia. Se sintió solo, creyó que había perdido a su familia completa. Siguió perdiendo peso y cambió de aspecto, dejó de ser un muchacho remolón y se convirtió en un hombre furioso que pasaba buena parte de la noche vagando por las calles de Manhattan porque no podía dormir. No faltaban chicas noctámbulas a quienes les contaba su desgracia para que después lo consolaran en la cama. «Pasarían tres o cuatro años antes de que yo volviera a confiar en una mujer», me dijo mucho después, cuando pudimos hablar del asunto. También perdió la confianza en mí, porque no supe calibrar la parte de sufrimiento que a él le tocó. «Déjate de mariconerías», le contestó Willie la primera vez que lo mencionó, su frase favorita para resolver los conflictos emocionales de sus hijos.

¿Y yo? Me dediqué a cocinar y tejer. Me levantaba al alba cada día, preparaba ollas de comida y las llevaba a la casa de Nico, o se las dejaba en el techo de la camioneta a Celia, para que al menos no les faltara alimento. Tejía y tejía con lana gruesa una prenda informe e inmensa que según Willie era un chaleco para envolver la casa.

En medio de esta tragicomedia, mis padres llegaron de visita y aterrizaron justo en una de esas tormentas descomunales que suelen alterar el clima bendito del norte de California, como si la naturaleza quisiera ilustrar el estado de ánimo de nuestra familia. Mis padres viven en un departamento alegre en un apacible barrio residencial de Santiago, entre árboles nobles, donde al atardecer las empleadas de uniforme, todavía hoy, en pleno siglo XXI, pasean a ancianas quebradizas y perros peluqueados. Los atiende Berta, que ha trabajado con ellos por más de treinta años y es mucho más importante en sus vidas que los siete hijos que juntan entre los dos. Willie sugirió una vez que se instalaran en California a pasar el resto de su vejez cerca de nosotros, pero no hay dinero que pueda pagar en Estados Unidos la comodidad y compañía que gozan en Chile. Me consuelo de esta separación pensando en mi madre con su bigotudo profesor de pintura, con sus amigas en el té de los lunes, durmiendo la siesta entre sábanas de lino almidonadas, presidiendo la mesa en los banquetes preparados por Berta, en su hogar lleno de parientes y amigos. Aquí los viejos se quedan muy solos. Mi madre y el tío Ramón vienen a vernos al menos una vez al año, y yo voy dos o tres veces a Chile, además tenemos el contacto diario de las cartas y el teléfono. Es casi imposible ocultarles algo a ese par de viejos astutos, pero no les dije nada de lo ocurrido con Celia porque me aferré a la vana ilusión de que se resolvería en un tiempo prudente; tal vez era sólo un capricho de juventud. Por eso existe un vacío notorio en la correspondencia con mi madre durante esos meses; para reconstruir esta historia he tenido que interrogar por separado a los participantes y a varios testigos. Cada uno recuerda las cosas de manera diferente, pero al menos podemos hablar sin tapujos. Apenas mis padres pisaron San Francisco se dieron cuenta de que algo muy grave nos había sacudido y no quedó más remedio que contarles la verdad.

—Celia se enamoró de Sally, la novia de Jason —les solté de sopetón.

—Espero que esto no se sepa en Chile —murmuró mi madre cuando pudo reaccionar.

—Se sabrá, estas cosas no se pueden ocultar. Además, pasan en todas partes.

—Sí, pero en Chile no se ventilan.

—¿Qué piensan hacer? —preguntó el tío Ramón.

—No sé. La familia entera está en terapia. Un ejército de psicólogos se está haciendo rico con nosotros.

—Si en algo podemos ayudar… —murmuró mi madre, siempre incondicional, aunque le temblaba la voz, y agregó que debíamos dejarlos que se arreglaran solos y ser discretos, porque los comentarios sólo agravarían la situación.

—Ponte a escribir, Isabel, así estarás ocupada. Será la única manera de que no te metas más de la cuenta —me aconsejó el tío Ramón.

—Lo mismo me dice Willie.

PERO SEGUIMOS NAVEGANDO

Mis Hermanas del Desorden agregaron otra vela en sus altares, además de las que ya tenían por Sabrina y Jennifer, para orar por el resto de mi desquiciada familia y para que yo pudiese volver a escribir, porque llevaba mucho tiempo buscando pretextos para no hacerlo. Se aproximaba el 8 de enero y no me sentía capaz de escribir ficción; podía imponerme la disciplina, pero me faltaba la soltura, aunque el viaje a la India me había llenado la cabeza de imágenes y color. Ya no me sentía paralizada, el pozo de la inspiración estaba lleno y tenía más actividad que nunca porque la idea de la fundación había echado a andar, pero para escribir una novela se necesita una pasión alocada, que ya estaba encendida, pero había que darle oxígeno y combustible para que ardiera con más brío. Seguía dándole vueltas a la idea de «una memoria de los sentidos», una exploración del tema de la comida y el amor carnal. Dado el clima de pasiones que imperaba en la familia, tal vez resultaba sarcástico, pero no era ésa mi intención. Se me había ocurrido antes de los amores de Celia y Sally. Incluso tenía un título, *Afrodita*, que por ser vago me daba plena libertad. Mi madre me acompañó a las tiendas de pornografía de San Francisco, en busca de inspiración, y se ofreció a ayudarme con la parte de cocina sensual. Le pregunté de dónde sacaría recetas eróticas y respondió que cualquier plato presentado con coquetería es afrodisíaco, así que no había para qué perder energía con nidos de golondrina y cuernos de rinoceronte, tan difíciles de conseguir en los mercados locales. Ella, criada en uno de los medios más católicos e intolerantes del mundo, nunca había pisado una tienda «para adultos», como las llaman, y tuve que traducirle del inglés las instrucciones de varios adminículos de goma que casi la matan de risa. La investigación para *Afrodita* nos produjo a ambas sueños eróticos. «A los setenta y tantos años, todavía pienso en eso», me confesó mi madre. Le recordé que mi abuelo también pensaba en eso a los noventa. Willie y el tío Ramón fueron nuestros conejillos de Indias, en ellos probamos las recetas afrodisíacas que, como la magia negra, sólo surten efecto si la víctima sabe que se las han administrado. Un plato de ostras, sin la explicación de que estimula la libido, no da resultados visibles. No todo fue drama en esos meses, también nos divertimos.

Cuando podíamos, escapábamos a tu bosque con Tabra y mis padres para dar largas caminatas. Las lluvias nutrían el arroyo donde echamos tus cenizas, y el bosque tenía una fragancia de tierra mojada y árboles. Caminábamos a buen paso, mi madre y yo delante, calladas, y el tío Ramón con Tabra más atrás, hablando del Che Guevara. Mi padrastro considera que Tabra es una de las mujeres más interesantes y guapas que ha conocido —son muchas— y ella lo admira por varias razones, especialmente porque en una ocasión estuvo con el heroico guerrillero, e incluso tiene una fotografía con él. El tío Ramón le ha repetido el mismo cuento doscientas veces, pero ni ella se cansa de oírlo ni él de relatarlo. Tú nos saludabas desde las copas de los árboles, paseábamos contigo. Me abstuve de informar a mis padres que una vez tu fantasma había ido en taxi a visitarnos a la casa; no había para qué confundirlos más.

Me he preguntado de dónde proviene esta tendencia a convivir con espíritus; parece que otra gente no tiene esta manía. Antes que nada debo aclarar que rara vez me he topado con uno de frente, y en las ocasiones en que eso ha ocurrido, no puedo asegurar que no estaba soñando; pero no dudo de que el tuyo me acompaña todo el tiempo. Si no, ¿para qué estaría escribiéndote estas páginas? Te manifiestas de las maneras más raras. Por ejemplo, una vez, cuando Nico estaba cambiándose de trabajo, se me ocurrió inventar una corporación para darle empleo. Incluso alcancé a consultar con el contador y un par de abogados, quienes me agobiaron con reglamentos, leyes y cifras. «¡Si pudiera llamar a Paula para pedirle consejo!», exclamé en voz alta. En ese momento llegó el correo y entre la correspondencia había un sobre para mí, escrito con una letra tan parecida a la mía, que lo abrí de inmediato. La carta contenía pocas líneas escritas con lápiz en papel de cuaderno: «De ahora en adelante no trataré de resolver los problemas de los demás antes de que me pidan ayuda. No voy a echarme a la espalda responsabilidades que no me corresponden. No voy a sobreproteger a Nico y mis nietos». Estaba firmado por mí y fechado siete meses antes. Entonces me acordé de que había ido a la escuela de los nietos para «el día de los abuelos» y la maestra había pedido a todos los presentes que escribieran una resolución o un deseo y lo pusieran en un sobre con su dirección, para que ella lo enviara por correo más adelante. No hay nada extraño en esto. Lo extraño es que llegara justamente en el momento en que yo clamaba por recibir tu consejo. Suceden demasiadas cosas inexplicables. La idea de los seres espirituales, reales, imaginarios o metafóricos, la inició mi abuela materna. Esa rama de la familia siempre fue original y me ha dado material para la escritura. Jamás habría escrito *La casa de los espíritus* si mi abuela no me hubiese convencido de que el mundo es un sitio muy misterioso.

La situación familiar se resolvió de una manera más o menos normal. Normal para California; en Chile habría sido un escándalo digno de la prensa amarilla, sobre todo porque Celia consideró necesario anunciarlo con un megáfono y predicar las ventajas del amor gay. Decía que todo el mundo debía probarlo, que era mucho mejor que ser heterosexual, y ridiculizaba a los hombres y sus caprichosos piripichos. Tuve que recordarle que tenía un hijo y que no convenía desvalorizarlo. Yo misma comentaba demasiado, andábamos de boca en boca, los chismes iban y venían a gran velocidad. Gente que apenas conocíamos se acercaba para darnos el pésame, como si estuviésemos de duelo. Creo que lo supo todo California. Mucha bulla. Al principio me daban ganas de esconderme en una cueva, pero Willie me convenció de que no es la verdad expuesta la que nos hace vulnerables, sino los secretos. El divorcio de Nico y Celia no zanjó las cosas, porque seguíamos atrapados en una maraña de relaciones que cambiaban constantemente pero que no se cortaban, ya que los tres niños nos mantenían unidos, quisiéramos o no. Vendieron la casa, que con tanto esfuerzo habíamos comprado, y se repartieron el dinero. Decidieron que los niños pasarían una semana con la madre y otra con el padre, es decir, vivirían con una maleta a cuestas, pero eso resultaba preferible a la solución salomónica de partirlos por la mitad. Celia y Sally consiguieron una casita que necesitaba arreglos, pero estaba muy bien ubicada, y se instalaron como mejor pudieron. Fue muy duro para ellas al principio, porque sus propios parientes y varios amigos les dieron la espalda. Se quedaron casi solas, con pocos recursos y la sensación de ser juzgadas y condenadas. Yo me mantuve cerca de ellas y traté de ayudarlas, a menudo a espaldas de Nico, que no podía entender mi debilidad por esa ex nuera que había herido a la familia. Celia me ha confesado que lloraba casi todos los días, y Sally debió aguantar que la acusaran de haber destruido un hogar, pero a medida que pasaban los meses el ruido se fue acallando, como casi siempre sucede.

Nico encontró una vieja casa a dos cuadras de la nuestra y la remodeló cambiándole los pisos, las ventanas y los baños. Contaba con un jardín coronado por dos enormes palmeras y se asomaba a la orilla de una pequeña laguna donde anidaban gansos y patos salvajes. Allí vivía con el hermano de Celia, a quien le ofreció techo durante un año, y quien por alguna razón no se fue con su propia hermana. Ese joven seguía buscando su destino sin mucho éxito, tal vez porque no tenía permiso de trabajo y su visa de turista, que ya había renovado un par de veces, estaba a punto de expirar. A menudo se deprimía o se ponía de mal humor, y en más de una ocasión Nico debió parar en seco las rabietas de aquel hombre que ya no era su cuñado pero seguía siendo su huésped.

Para Celia y Sally, que tenían empleos con horario flexible, cuidar a los niños en la semana que les tocaba no era tan complicado como para Nico, que debía hacerlo solo y trabajaba muy lejos. Ligia, la misma señora que había mecido a Nicole en los meses de su llanto inconsolable, lo ayudaba y continuaría haciéndolo por varios años. Ella recogía a mis nietos en la escuela, donde había un jardín de infancia al que incluso Nicole podía asistir, los llevaba a la casa y se quedaba con ellos hasta que llegaba yo, si podía hacerlo, o Nico, quien trataba de salir más temprano de su oficina en la semana en que tenía a sus hijos y compensaba las horas cuando no los tenía. Nico nunca dio muestras de azoramiento o impaciencia, por el contrario, era un padre alegre y tranquilo. Gracias a su organización mantenía rodando su hogar, pero se levantaba al alba y se acostaba muy tarde, extenuado. «No tienes ni un minuto para ti mismo, Nico», le dije un día. «Sí, mamá, tengo dos horas solo y callado en el coche cuando voy y vuelvo de la oficina. Mientras más tráfico, mejor», me contestó.

La relación de Nico y Celia se puso color de hormiga. Nico defendía su territorio como podía, y la verdad es que yo no lo ayudaba en esa ingrata tarea. Por último, cansado de chismes y pequeñas traiciones, me pidió que cortara mi amistad con su ex mujer, porque, tal como estaba la situación, él debía pelear en dos frentes. Se sentía desdeñado e impotente como padre de los niños y atropellado por su propia madre. Celia acudía a mí si necesitaba algo, y yo no lo consultaba a él antes de actuar, así es que, sin quererlo, saboteaba algunas decisiones que ellos habían acordado antes y que después Celia cambiaba. Además, le mentía para evitar explicaciones y, por supuesto, siempre me pillaba; por ejemplo, los niños se encargaban de decirle que me habían visto el día anterior en casa de su madre.

La Abuela Hilda, perpleja con el curso de los acontecimientos, volvió a Chile a casa de Hildita, su única hija. No se le oyó ni una palabra de crítica, se abstuvo de dar su opinión, fiel a su fórmula de evadir conflictos, pero Hildita me contó que cada tres horas se echaba a la boca una de sus misteriosas píldoras verdes para la felicidad; tuvieron un efecto mágico, porque cuando un año más tarde volvió a California, pudo visitar a Celia y Sally con el mismo cariño de siempre. «Estas niñas son tan buenas amigas, da gusto ver cómo se avienen», dijo, repitiendo el comentario que me había hecho mucho antes, cuando nadie sospechaba lo que iba a ocurrir.

UNA TRIBU MUY VAPULEADA

En los primeros tiempos yo hablaba por teléfono escondida en el baño para concertar citas clandestinas con Celia. Willie me oía cuchichear y empezó a sospechar que yo tenía un amante, nada más halagador, porque bastaba verme desnuda para comprender que no mostraría mis carnes a nadie más que a él. Pero en realidad a mi marido no le alcanzaban las fuerzas para ataques de celos. En esa época tenía más casos legales que nunca entre las manos y todavía no se daba por vencido con el de Jovito Pacheco, aquel mexicano que se cayó de un andamio en un edificio en construcción de San Francisco. Cuando la compañía de seguros le negó una indemnización, Willie entabló juicio. La selección del jurado era fundamental, como me explicó, porque existía una creciente hostilidad contra los inmigrantes latinos y era casi imposible conseguir un jurado benevolente. En su larga experiencia como abogado había aprendido a descartar del jurado a personas obesas, que por alguna razón siempre votaban contra él, y a los racistas y xenófobos, que siempre existían, pero que aumentaban día a día. La hostilidad entre anglos y mexicanos en California es muy antigua, pero en 1994 se aprobó una ley, la Proposición 187, que hizo explotar ese sentimiento. A los estadounidenses les encanta la idea de la inmigración, es el fundamento del sueño americano —un pobre diablo que llega a estas orillas con una maleta de cartón puede convertirse en millonario—, pero detestan a los inmigrantes. Ese odio, que sufrieron escandinavos, irlandeses, italianos, judíos, árabes y otros inmigrantes, es peor contra la gente de color y en especial contra los hispanos, porque son muchos y no hay forma de detenerlos. Willie viajó a México, alquiló un coche y, siguiendo las complicadas indicaciones que le habían dado por carta, anduvo durante tres días culebreando por huellas polvorientas hasta llegar a una aldea remota con casitas de barro. Llevaba una fotografía amarillenta de la familia Pacheco, que le sirvió para identificar a sus clientes: una abuela de hierro, una viuda tímida y cuatro niños sin padre, entre ellos uno ciego. Nunca habían usado zapatos, carecían de agua potable y electricidad, y dormían en jergones en el suelo.

Willie convenció a la abuela, quien dirigía con mano firme a la familia, de que debían acompañarlo a California para presentarse en el juicio y le aseguró que le mandaría los medios para hacerlo. Cuando quiso regresar a Ciudad de México, se dio cuenta de que la autopista pasaba a quinientos metros del villorrio, pero ninguno de sus clientes la había usado jamás; por eso sus instrucciones sólo indicaban los senderos de mulas. Pudo hacer el camino de vuelta en cuatro horas. Se las arregló para conseguir visas para una breve visita de los Pacheco a Estados Unidos, los metió en un avión y los trajo, mudos de espanto ante la perspectiva de elevarse en un pajarraco metálico. En San Francisco descubrió que en ningún motel, por modesto que fuese, la familia se sentía a gusto: no sabían de platos ni cubiertos —comían tortillas— y nunca habían visto un excusado. Willie tuvo que hacerles una demostración, que produjo ataques de risa de los niños y perplejidad en las dos mujeres. Los intimidaba esa inmensa ciudad de cemento, ese torrente de tráfico y esa gente que hablaba una jerigonza incomprensible. Por último los amparó otra familia mexicana. Los niños se instalaron frente a la televisión, incrédulos ante tal prodigio, mientras Willie procuraba explicar a la abuela y la viuda en qué consistía un juicio en Estados Unidos.

El día señalado se presentó con los Pacheco en el tribunal: la abuela delante, envuelta en su rebozo y con unas chancletas que apenas podía sostener en sus anchos pies de campesina, sin comprender nada de inglés, y atrás la viuda con los niños. En el alegato final, Willie acuñó una frase de la que nos hemos burlado por años: «Señores del jurado, ¿van a permitir que el abogado de la defensa arroje a esta pobre familia en el basural de la historia?». Pero ni eso logró conmoverlos. No les dieron nada a los Pacheco. «Esto jamás le habría pasado a un blanco», comentó Willie mientras se preparaba para apelar ante un tribunal superior. Estaba indignado por el resultado del juicio, pero la familia lo tomó con la indiferencia de la gente acostumbrada a la desgracia. Esperaban muy poco de la vida y no entendían por qué ese abogado de ojos azules se había dado el trabajo de ir a buscarlos a su aldea para mostrarles cómo funcionaba un excusado.

Para paliar la frustración de haberles fallado, Willie decidió llevarlos de paseo a Disneylandia, en Los Ángeles, con el fin de que al menos les quedara un buen recuerdo del viaje.

—¿Para qué crearles a esos niños expectativas que nunca podrán satisfacer? —le pregunté.

—Deben saber lo que ofrece el mundo, para que prosperen. Yo salí del gueto miserable donde me crié porque me di cuenta de que podía aspirar a más —fue su respuesta.

—Tú eres un hombre blanco, Willie. Y, tal como tú mismo dices, los blancos llevan ventaja.

Mis nietos se acostumbraron a la rutina de cambiar de hogar cada semana y a ver a su madre en pareja con la tía Sally. No era un arreglo inusitado en California, donde en materia de relaciones domésticas hay para regodearse. Celia y Nico fueron al colegio de los críos a explicar lo que había ocurrido y las maestras les dijeron que no se preocuparan, porque cuando los niños llegaran al cuarto grado, el ochenta por ciento de sus compañeros tendría madrastras o padrastros y a menudo habría tres del mismo sexo, tendrían hermanos adoptados de otras razas, o estarían viviendo con los abuelos. La familia de los libros de cuentos ya no existía.

Sally había visto nacer a los niños y los quería tanto que, años más tarde, cuando le pregunté si no pensaba tener hijos propios, me contestó que para qué, si ya tenía tres. Asumió el papel de madre con el corazón abierto, lo que yo nunca pude hacer con mis hijastros, y nada más que por eso nunca dejé de estimarla. Sin embargo, una vez tuve la maldad de acusarla de haber seducido a la mitad de mi familia. ¿Cómo pude decir semejante estupidez? Ella no era la sirena que atraía a sus víctimas para estrellarlas en las rocas; cada uno fue responsable de sus actos y sentimientos. Además, yo no tengo autoridad moral para juzgar a nadie; en mi vida he hecho varias locuras por amor y quién sabe si haré algunas más antes de morirme. El amor es un rayo que nos golpea de súbito y nos cambia. Así me pasó con Willie. Cómo no voy a entender lo de Celia y Sally.

En esos días recibí una carta de la madre de Celia en que me acusaba de haber pervertido a su hija con mis ideas satánicas y de «haber manchado a su bella familia, en la que el error siempre se llamó error y al pecado, pecado», lo contrario a lo que yo transmitía en mis libros y en mi conducta. Supongo que no se puso en el caso de que Celia era gay; el problema fue que la muchacha no lo sabía, se casó y tuvo tres niños antes de poder admitirlo. ¿Qué razón tendría yo para inducir a mi nuera a herir a mi familia? Me pareció extraordinario que alguien me atribuyera tanto poder.

—¡Qué suerte! Ya no tenemos que hablarle nunca más a esta señora —fue lo primero que dijo Willie cuando leyó la carta.

—Visto desde fuera, damos la impresión de ser muy decadentes, Willie.

—Tú no sabes lo que sucede a puerta cerrada en otras familias. La diferencia es que en la nuestra todo sale a la luz.

Me tranquilicé un poco respecto a los nietos porque contaban con la dedicación de sus padres, en ambas casas existían más o menos las mismas reglas de convivencia y la escuela les daba estabilidad. No terminarían traumatizados, sino demasiado consentidos. Había tanta franqueza para explicarles las cosas que a veces los chiquillos preferían no preguntar porque la respuesta podía ir más lejos de lo que deseaban oír. Desde el comienzo establecí el hábito de verlos casi a diario cuando estaban con Nico y una vez por semana en casa de Celia y Sally. Nico era firme y consistente, sus reglas eran claras, pero también prodigaba una gran ternura y paciencia con sus hijos. Muchos domingos lo sorprendí en la mañana durmiendo con todos los críos en su cama, y nada me conmovía tanto como verlo llegar con las dos chicas en brazos y Alejandro colgado de sus piernas. En casa de Celia había un ambiente relajado, desorden, música y dos gatos ariscos que pelechaban sobre los muebles. Solían improvisar una carpa con frazadas en la sala, donde acampaban durante la semana entera. Creo que Sally mantenía firmes las costuras de esa familia, sin ella Celia habría naufragado en esa época de tanta perturbación; Sally poseía un instinto certero con los niños, adivinaba los problemas antes de que sucedieran y los vigilaba con discreción, sin apabullarlos.

Reservé «días especiales» con cada nieto por separado, en que ellos escogían la actividad. Así es como tuve que calarme la película animada de *Tarzán* trece veces y otra que se llamaba *Mulan* diecisiete; podía recitar los diálogos de atrás para adelante. Siempre querían lo mismo en el día especial: pizza, helados y cine, excepto una vez que Alejandro manifestó interés en ver a los hombres vestidos de monja que habían anunciado por televisión. Un grupo de homosexuales, gente de teatro, se disfrazaba de monjas con las caras pintadas y se pavoneaba pidiendo dinero para obras de caridad. El desatino era que lo hacían en Semana Santa. Salió en el noticiario porque la Iglesia católica ordenó a sus feligreses que no visitaran San Francisco, para sabotear el turismo de esa ciudad que, como Sodoma y Gomorra, vivía en pecado mortal. Llevé a Alejandro a ver *Tarzán* una vez más.

Nico se había vuelto muy callado y tenía una dureza nueva en la mirada. La rabia lo había cerrado como una ostra, no compartía sus sentimientos con nadie. No fue el único que sufrió, a cada uno le tocó su parte, pero él y Jason se quedaron solos. Me aferré al consuelo de que nadie actuó con perfidia, fue una de esas tormentas en que se pierde el control del timón. ¿Qué pasó a puerta cerrada entre Celia y él? ¿Qué papel desempeñó Sally? Ha sido inútil sondearlo, siempre me responde con un beso en la frente y alguna frase neutra para distraerme, pero no pierdo la esperanza de averiguarlo en mi hora final, cuando no se atreva a negarle un último deseo a su madre moribunda. La existencia de Nico se redujo al trabajo y a ocuparse de sus hijos. Nunca fue muy sociable, sus amistades habían sido aportadas por Celia y él no intentó mantenerlas. Se aisló.

En esos días vino a limpiar los vidrios de nuestra casa un psiquiatra con pinta de actor de cine y aspiraciones de novelista que ganaba más limpiando ventanas ajenas que escuchando las quejas latosas de sus pacientes. En realidad, el trabajo no lo hacía él, sino una o dos holandesas espléndidas que no me explicó dónde pescaba, siempre diferentes, bronceadas por el sol californiano, con melenas platinadas y pantaloncitos cortos. Las bellas trepaban por las escaleras de mano con trapos y baldes, mientras él se sentaba en la cocina a contarme el argumento de su próxima novela. Me daba rabia, no sólo por las rubias tontas que hacían la labor pesada, que después él cobraba, sino porque ese hombre no era ni sombra de Nico y disponía de cuanta mujer se le antojara. Le pregunté cómo lo hacía y me dijo: «Prestándoles oído, les gusta que las escuchen». Decidí pasarle el dato a Nico. A pesar de su arrogancia, el psiquiatra era mejor que el hippie viejo que lo precedió en la limpieza de vidrios, quien antes de aceptar una taza de té revisaba la tetera minuciosamente para cerciorarse de que no tuviese plomo, hablaba en susurros y una vez perdió quince minutos tratando de sacar un insecto de la ventana sin machucarlo. Casi se cae de la escalera cuando le ofrecí un matamoscas.

Yo vivía pendiente de Nico y nos veíamos casi a diario, pero se había vuelto un desconocido para mí, cada día más retraído y distante, aunque siempre hizo gala de la misma impecable cortesía. Esa delicadeza llegó a molestarme; hubiera preferido que nos haláramos el pelo mutuamente. A los dos o tres meses ya no pude más y decidí que no podíamos seguir postergando una conversación franca. Los enfrentamientos son muy raros entre nosotros, en parte porque nos llevamos bien sin proclamas sentimentales y en parte porque así somos por carácter y hábito. Durante los veinticinco años de mi primer matrimonio, nunca nadie levantó la voz, mis hijos se acostumbraron a una absurda urbanidad británica. Además, partimos con buenos propósitos y suponemos que si hay ofensa es por error u omisión, no por ánimo de herirnos. Por primera vez le hice chantaje a mi hijo y, con la voz quebrada, le recordé mi amor incondicional y lo que había hecho por él y sus niños desde que nacieron, le reproché su alejamiento y rechazo… en fin, un discurso patético. Tuve que admitir, eso sí, que él siempre se había portado como un príncipe conmigo, salvo cuando me hizo la broma pesada de ahorcarse, a los doce años. Te acordarás que tu hermano se colgó de un arnés en el umbral de una puerta y cuando lo vi, con la lengua fuera y una gruesa cuerda al cuello, casi me despacho a mejor vida. ¡Jamás se lo perdonaré! «¿Por qué no vamos al grano, vieja?», me preguntó amablemente al cabo de un buen rato de oírme, cuando ya no pudo evitar que la mirada se le fuera al techo. Entonces nos lanzamos al ataque frontal. Llegamos a un acuerdo civilizado: él haría un esfuerzo por estar más presente en mi vida y yo haría un esfuerzo por estar más ausente en la suya. O sea, ni calvo ni con dos pelucas, como dicen en Venezuela. No pensaba cumplir mi parte del trato, como se vio enseguida cuando le sugerí que tratara de conocer mujeres porque a su edad no convenía el celibato: órgano que no se usa, se atrofia.

—Supe que en una fiesta de tu oficina estuviste conversando con una muchacha muy agradable, ¿quién es? —le pregunté.

—¿Cómo lo sabes? —contestó, alarmado.

—Tengo mis fuentes de información. ¿Piensas llamarla?

—Me basta con tres niños, mamá. No me sobra tiempo para el romance. —Y se rió.

Estaba segura de que Nico podía atraer a quien quisiese: tenía facha de noble del Renacimiento italiano, era de buena índole, en eso salió a su padre, y no tenía nada de tonto, en eso salió a mí, pero si no se ponía las pilas iba a acabar en un monasterio trapense. Le conté del psiquiatra con su corte de holandesas que limpiaban las ventanas de nuestra casa, pero no manifestó el menor interés. «No te metas», volvió a decirme Willie, como siempre. Por supuesto que iba a meterme, pero debía darle un poco de tiempo a Nico para que se lamiera las heridas.

SEGUNDA PARTE

EMPIEZA EL OTOÑO

Según el diccionario, otoño no sólo es la estación dorada del año, sino la edad en que se deja de ser joven. A Willie le faltaba poco para los sesenta y yo recorría con paso todavía firme la década de los cincuenta, pero mi juventud terminó junto a ti, Paula, en el corredor de los pasos perdidos de aquel hospital madrileño. Sentí la madurez como un viaje hacia dentro y el comienzo de una nueva forma de libertad: podía usar zapatos cómodos y ya no tenía que vivir a dieta ni complacer a medio mundo, sólo a aquellos que realmente me importan. Antes tenía las antenas siempre listas para captar la energía masculina en el aire; después de los cincuenta las antenas se me pusieron mustias y ahora sólo me atrae Willie. Bueno, también Antonio Banderas, pero eso es puramente teórico. A Willie y a mí nos cambió el cuerpo y la mente. La memoria prodigiosa de él comenzó a dar tropezones, ya no podía recordar los números de teléfono de todos sus amigos y conocidos. Se puso tieso de espalda y rodillas, sus alergias empeoraron y me acostumbré a oírlo carraspear a cada rato como una vieja locomotora. A su vez, él se resignó a mis peculiaridades: los problemas emocionales me producen retortijones de barriga y dolor de cabeza, no puedo ver películas sanguinarias, no me gustan las reuniones sociales, devoro chocolate a escondidas, me enojo con facilidad y boto dinero como si éste creciera en los árboles. En este otoño de la vida por fin nos conocemos y nos aceptamos enteramente; nuestra relación se enriqueció. Estar juntos nos resulta tan natural como respirar y la pasión sexual dio paso a encuentros más reposados y tiernos. Nada de castidad. Estamos apegados, ya no queremos separarnos, pero eso no significa que no tengamos algunas peleas; nunca suelto mi espada, por si acaso.

En uno de los viajes a Nueva York, estación obligada en todas las giras de promoción de mis libros, visitamos a Ernesto y Giulia en su casa de Nueva Jersey. Nos abrieron la puerta y lo primero que vimos al entrar fue un pequeño altar con una cruz, las armas de aikido de Ernesto, una vela, dos rosas en un vaso y una fotografía tuya. La casa tenía el mismo aire de blancura y sencillez de los ambientes que tú habías decorado en tu corta vida, tal vez porque Ernesto compartía el mismo gusto. «Ella nos protege», nos dijo Giulia señalando tu retrato al pasar, con la mayor naturalidad. Comprendí que esa joven había tenido la inteligencia de adoptarte como amiga en vez de competir con tu recuerdo, y con eso se ganó la admiración de la familia de Ernesto, que te había adorado, y por supuesto, de la nuestra. Entonces empecé a planear la forma de que se instalaran en California, donde podrían ser parte de la tribu. ¿Qué tribu? Quedaba poco de ella: Jason en Nueva York, Celia con otra pareja, Nico enfurruñado y ausente, mis tres nietos yendo y viniendo con sus maletitas de payaso, mis padres en Chile, y Tabra viajando por ignotos rincones del mundo. Hasta Sabrina tenía su propia vida y la veíamos poco; ya podía circular sola con un andador y para Navidad pidió una bicicleta más grande que la que tenía.

—Nos estamos quedando sin tribu, Willie. Debemos hacer algo pronto o acabaremos jugando al bingo en una residencia geriátrica en Florida, como tantos viejos americanos, que están más solos que si se hallaran en la Luna.

—¿Cuál es la alternativa? —preguntó mi marido, pensando seguramente en la muerte.

—Convertirnos en una carga para la familia, pero antes tenemos que aumentarla —le informé.

Era broma, claro, porque lo más temible de la vejez no es la soledad, sino la dependencia. No quiero molestar a mi hijo y mis nietos con mi decrepitud, aunque no estaría mal pasar mis últimos años cerca de ellos. Hice una lista de prioridades para mis ochenta años: salud, recursos económicos, familia, perra, historias. Los dos primeros me permitirían decidir cómo y dónde vivir; tercero y cuarto me acompañarían; y las historias me mantendrían callada y entretenida, sin fregar a nadie. A Willie y a mí nos aterra perder la mente y que Nico o, peor aún, extraños, decidan por nosotros. Pienso en ti, hija, que estuviste meses a merced de desconocidos antes de que pudiéramos traerte a California. ¿Cuántas veces habrás sido maltratada por un médico, una enfermera o una empleada y yo no lo supe? ¿Cuántas veces habrás deseado en el silencio de ese año morir pronto y en paz?

Los años transcurren sigilosos, de puntillas, burlándose en susurros, y de pronto nos asustan en el espejo, nos golpean a mansalva las rodillas o nos clavan una daga en la espalda. La vejez nos ataca día a día, pero parece que se pone en evidencia al cumplirse cada década. Existe una fotografía mía a los cuarenta y nueve años, presentando *El plan infinito* en España; es la de una mujer joven, las manos en las caderas, desafiante, con un chal rojo sobre los hombros, las uñas pintadas y unos largos zarcillos de Tabra. Fue en ese mismo momento, con Antonio Banderas a mi lado y un vaso de champán en la mano, cuando me anunciaron que acababas de entrar al hospital. Salí corriendo, sin imaginar que tu vida y mi juventud estaban por acabar. Otra foto mía, un año más tarde, muestra a una mujer madura, el pelo corto, los ojos tristes, la ropa oscura, sin adornos. Me pesaba el cuerpo, me miraba en el espejo y no me reconocía. No fue sólo pena lo que me envejeció súbitamente, porque al revisar el álbum de fotos familiares puedo comprobar que cuando cumplí treinta y después cuarenta también hubo un cambio drástico en mi aspecto. Así será en el futuro, sólo que en vez de notarlo en cada década, será cada año bisiesto, como dice mi madre. Ella va veinte años más adelante que yo, abriéndome el camino, mostrándome cómo seré en cada etapa de mi vida. «Toma calcio y hormonas, para que no te fallen los huesos, como a mí», me aconseja. Me repite que me cuide, que me quiera, que saboree las horas, porque se van muy rápido, que no deje de escribir, para mantener la mente activa, y que haga yoga para poder agacharme y ponerme sola los zapatos. Agrega que no me esmere en preservar una apariencia joven, porque los años se me notarán de todos modos, por mucho que trate de disimularlos, y no hay nada tan ridículo como una vieja con ínfulas de lolita. No hay trucos mágicos que eviten el deterioro, sólo se puede posponer un poco. «Después de los cincuenta, la vanidad sólo sirve para sufrir», me asegura esa mujer con fama de bella. Pero me asusta la fealdad de la vejez y pienso combatirla mientras me quede salud; por eso me estiré la cara con cirugía plástica, ya que todavía no han descubierto la forma de rejuvenecer las células con un jarabe. No nací con la espléndida materia prima de Sofía Loren, necesito toda la ayuda que pueda conseguir. La operación equivale a desprender músculos y piel, cortar lo que sobra y coser la carne de nuevo a la calavera, tirante como malla de bailarín. Durante semanas tuve la sensación de andar con una máscara de madera, pero al final valió la pena. Un buen cirujano puede engañar al tiempo. Éste es un tema que no puedo tocar delante de mis Hermanas del Desorden o de Nico, porque sostienen que la ancianidad tiene su propia hermosura, incluso con verrugas peludas y varices. Tú eras de la misma opinión. Siempre te gustaron más los viejos que los niños.

EN MALAS MANOS

A propósito de cirugía plástica, un miércoles de madrugada me llamó Tabra algo turbada, con la novedad de que uno de sus senos había desaparecido.

—¿Estás bromeando?

—Se desinfló. Un lado está liso, pero el otro pecho está como nuevo. No me duele nada. ¿Crees que debo ver al médico?

Fui a buscarla de inmediato y la llevé donde el cirujano que la había operado, quien nos aseguró que no era culpa suya, sino de la fábrica de implantes: a veces salen defectuosos, se rompen y el líquido se desparrama por el cuerpo. No había que preocuparse, agregó, era una solución salina que con el tiempo se absorbía sin peligro para la salud. «¡Pero no puede quedarse con un solo seno!», intervine. Al médico le pareció razonable y unos días después reemplazó el globo pinchado, aunque no se le ocurrió hacer una rebaja en el precio de sus servicios. Tres semanas más tarde se desinfló el otro. Tabra llegó tapada con una ruana a nuestra casa.

—¡Si ese desgraciado no se responsabiliza por tus tetas, le meteré juicio! ¡Tiene que operarte gratis! —bramó Willie.

—Prefiero no molestarlo de nuevo, Willie, se puede enojar. Fui a consultar a otro médico —admitió ella.

—¿Y ése sabe algo de senos? —le pregunté.

—Es un hombre muy decente. Fíjate que cada año va a Nicaragua a operar gratis a niños con labio leporino.

En realidad, hizo un trabajo excelente y Tabra tendrá firmes pechos de doncella hasta que se muera a los cien años. Las mujeres de su familia viven muy largo. A los pocos meses apareció en la prensa el primer cirujano, el de los implantes fallados. Le habían quitado la licencia y estaban a punto de arrestarlo porque operó a una paciente, la dejó durante la noche en su consultorio sin una enfermera, la mujer sufrió un ataque y se murió. Mi nieto Alejandro calculó el costo de cada pecho de su tía Tabra y sugirió que si cobraba diez dólares por mirarlos y quince por tocarlos, recuperaría la inversión en un plazo aproximado de tres años y ciento cincuenta días; pero a ella le iba bien con sus joyas y no necesitaba recurrir a medidas tan extremas.

En vista de la bonanza de su negocio, Tabra contrató a un gerente de ideas faraónicas. Ella había levantado su negocio de la nada; comenzó vendiendo en la calle y paso a paso, con mucho trabajo, perseverancia y talento, llegó a formar una empresa modelo. No entendí para qué necesitaba a un tío arrogante que no había fabricado una pulsera en su vida y tampoco se la había puesto. Ni siquiera podía jactarse de tener una melena negra. Ella sabía mucho más que él. El licenciado empezó por comprar un equipo de computadoras como las de la NASA, que vendía un amigo suyo y que ninguno de los refugiados asiáticos de Tabra aprendió a usar, a pesar de que algunos de ellos hablaban varios idiomas y tenían una sólida educación, y luego decidió que se necesitaba un grupo de consultores para formar un directorio. Escogió entre sus amigos y les asignó un buen sueldo. En menos de un año el negocio de Tabra se tambaleaba como el bufete de Willie, porque salía más dinero del que entraba y había que mantener a un ejército de empleados cuyas funciones nadie comprendía. Esto coincidió con que la economía del país sufrió un bajón y ese año se pusieron de moda las joyas minimalistas, en vez de las grandes piezas étnicas de Tabra; hubo robos internos en la compañía y mala administración. Ése fue el momento que el gerente escogió para mandarse a cambiar y dejar a Tabra agobiada de deudas. Se empleó como consultor en otra empresa, recomendado por los mismos que él tenía en su directorio.

Durante casi un año Tabra luchó contra los acreedores y la presión de los bancos, pero al fin debió resignarse a la bancarrota. Lo perdió todo. Vendió su poética propiedad en el bosque por mucho menos de lo que había pagado por ella. Los bancos se apropiaron de sus bienes, desde su camioneta hasta la maquinaria de la fábrica y la mayor parte de la materia prima adquirida durante una vida. Meses antes, Tabra me había regalado frascos con cuentas y piedras semipreciosas, que guardé en el sótano esperando el momento en que me enseñaría a usarlas; no sospechaba que después le servirían a ella para volver a trabajar. Willie y yo vaciamos y pintamos la pieza del primer piso que fue tuya y se la ofrecimos, para que al menos tuviese techo y familia. Se trasladó con los pocos muebles y objetos de arte que pudo salvar. Le facilitamos una mesa grande y allí comenzó de nuevo, como treinta años antes, a hacer sus joyas una por una. Salíamos casi a diario a caminar y hablábamos de la vida. Nunca la oí quejarse o maldecir al gerente que la arruinó. «Es culpa mía por haberlo contratado. Esto nunca volverá a sucederme», fue todo lo que dijo. En los años que la conozco, que son muchos, mi amiga ha estado enferma, desilusionada, pobre y con mil problemas, pero sólo la he visto desesperada cuando se murió su padre. Por mucho tiempo lloró a ese hombre al que adoraba sin que yo pudiese ayudarla. En la época de su quiebra económica no se inmutó. Con humor y coraje se dispuso a recorrer desde el principio el camino que había hecho en su juventud, convencida de que si lo hizo a los veinte años, podía hacerlo de nuevo a los cincuenta. Tenía la ventaja de que su nombre era conocido en varios países; cualquiera en el negocio de las joyas étnicas sabe quién es ella; dueños de galerías de arte del Japón, Inglaterra, las islas del Caribe y de muchos otros lugares acuden a comprar sus joyas y hay clientas que las coleccionan de forma obsesiva; llegan a juntar más de quinientas y siguen comprando.

Tabra demostró ser una huésped ideal. Por cortesía, se comía lo que hubiese en su plato, y sin nuestras caminatas diarias habría terminado redonda. Era discreta, silenciosa y divertida, y además nos entretenía con sus opiniones.

—Las ballenas son machistas. Cuando la hembra está en celo, los machos la rodean y la violan —nos contó.

—No se puede juzgar a los cetáceos con un criterio cristiano —la rebatió Willie.

—La moral es una sola, Willie.

—Los indios yanomami de la selva amazónica raptan a mujeres de otras tribus y son polígamos.

Entonces Tabra, que siente gran respeto por los pueblos primitivos, concluía que en ese caso no se aplica la misma moral que a las ballenas. ¡Ni qué decir las discusiones políticas! Willie es muy progresista, pero comparado con Tabra parece un talibán. Para entretenerse durante otra de las repentinas desapariciones de Alfredo López Lagarto Emplumado, que coincidió con su bancarrota, nuestra amiga volvió al vicio de las citas a ciegas a través de avisos en los periódicos. Uno de los candidatos se presentó con la camisa abierta hasta el ombligo, luciendo media docena de cruces de oro sobre un pecho peludo. Eso, más el hecho de que era de raza blanca y se estaba quedando calvo en la coronilla, habría sido suficiente para que ella no se interesara, pero parecía inteligente y decidió darle una oportunidad. Se juntaron en una cafetería, conversaron por un buen rato y descubrieron cosas en común, como el Che Guevara y otros heroicos guerrilleros. A la segunda cita, el hombre se había abotonado la camisa y le llevó un regalo envuelto con primor. Al abrirlo, resultó ser un pene de tamaño optimista tallado en madera. Tabra llegó furiosa a la casa y lo tiró a la chimenea, pero Willie la convenció de que era un objeto de arte y si ella coleccionaba calabazas para cubrir vergüenzas masculinas en Nueva Guinea, no veía razón para ofenderse por aquel presente. A pesar de sus dudas, ella volvió a salir con el galán. En la tercera cita se les agotaron los temas relacionados con la guerrilla latinoamericana y permanecieron callados durante un rato muy largo, hasta que ella, por decir algo, anunció que le gustaban los tomates. «A mí me gustan TUS tomates», replicó el, poniéndole una zarpa en el seno que tanto dinero le había costado. Y como ella se quedó paralizada de estupor ante aquella tropelía, él se sintió autorizado para dar el paso siguiente y la invitó a una orgía en que los comensales se desnudaban y se lanzaban de cabeza en una pila humana a retozar como los romanos en tiempos de Nerón. Costumbres de California, aparentemente. Tabra culpó a Willie, dijo que el pene no había sido un regalo artístico, sino una proposición deshonesta y un atentado a la decencia, tal como ella sospechaba. Hubo otros pretendientes, muy divertidos para nosotros, aunque no tanto para ella.

Tabra no era la única que nos daba sorpresas. Nos enteramos en esos días de que Sally y el hermano de Celia se habían casado para conseguirle a él una visa que le permitiera quedarse en el país. Para convencer al Servicio de Inmigración de que era una boda legítima, hicieron una fiesta con torta de novios y se tomaron una foto en la que Sally lleva puesto el famoso vestido de merengue que había languidecido en mi clóset durante años. Le rogué a Celia que escondiera la foto, porque no habría manera de explicar a los niños que la compañera de su mamá se había casado con el tío, pero a Celia no le gustan los secretos. Dice que a la larga todo se sabe y no hay nada más peligroso que las mentiras.

EN BUSCA DE UNA NOVIA

Nico se puso muy guapo. Llevaba el cabello largo como un apóstol y se le habían acentuado las facciones de su abuelo, ojos grandes de párpados lánguidos, nariz aristocrática, mandíbula cuadrada, manos elegantes. Era inexplicable que no hubiese una docena de mujeres arremolinadas en la puerta de su casa. A espaldas de Willie, que no entiende nada de estos asuntos, Tabra y yo decidimos buscarle novia, que es exactamente lo que hubieras hecho tú en esas circunstancias, hija, así es que no me riñas.

—En la India y muchos otros lugares del mundo los matrimonios son arreglados. Hay menos divorcios que en el mundo occidental —me explicó Tabra.

—Eso no prueba que sean felices, sino que tienen más aguante —alegué.

—El sistema funciona. Casarse por amor trae muchos problemas, es más seguro juntar a dos personas compatibles, que con el tiempo aprenden a quererse.

—Es un poco arriesgado, pero no se me ocurre una idea mejor —admití.

No es fácil hacer estos arreglos en California, como ella misma había comprobado durante años, ya que ninguna de las agencias casamenteras le consiguió un hombre que valiese la pena. El mejor había sido Lagarto Emplumado, pero seguía sin dar noticias. Revisábamos la prensa con regularidad para averiguar si la corona de Moctezuma había sido devuelta a México, pero nada. En vista de los nulos resultados obtenidos por Tabra, no quise recurrir a avisos en los periódicos ni a agencias; además, habría sido una indiscreción, ya que no lo había consultado con Nico. Mis amistades no servían porque ya no eran jóvenes y ninguna mujer en la menopausia se haría cargo de mis tres nietos, por muy majo que fuese Nico.

Me dediqué a buscar una novia por todos los rincones, y en el proceso se me afinó el ojo. Indagaba entre amigos y conocidos, escudriñaba a las jóvenes que solicitaban mi firma en las librerías, incluso abordé con desparpajo a un par de muchachas en la calle, pero ese método resultó poco eficiente y muy lento. A ese paso tu hermano cumpliría setenta años soltero. Yo estudiaba a las mujeres y al final las iba descartando por diversos motivos: serias o chinchosas, parlanchinas o tímidas, fumadoras o macrobióticas, vestidas como sus madres o con un tatuaje de la Virgen de Guadalupe en la espalda. Se trataba de mi hijo, la elección no podía tomarse a la ligera. Empezaba a desesperar, cuando Tabra me presentó a Amanda, fotógrafa y escritora, que deseaba hacer un reportaje conmigo en el Amazonas para una revista de viajes. Amanda era muy interesante y bella, pero estaba casada y pensaba tener hijos pronto, así es que no servía para mis designios sentimentales. Sin embargo, en la conversación con ella salió el tema de mi hijo y le conté el drama completo, porque ya no era ningún secreto lo que había sucedido con Celia; ella misma lo había ventilado a diestra y siniestra. Amanda me anunció que conocía a la chica ideal: Lori Barra. Era su mejor amiga, de corazón generoso, sin hijos, bonita, refinada, diseñadora gráfica de Nueva York, instalada en San Francisco. Tenía un pretendiente detestable, según ella, pero ya veríamos la forma de deshacernos de él y así Lori quedaría disponible para presentársela a Nico. No tan deprisa, le dije, primero yo debía conocerla a fondo. Amanda organizó un almuerzo y yo llevé a Andrea, porque me pareció que la joven diseñadora debía tener una idea aproximada de lo que se le vendría encima. De los tres, Andrea era sin duda la más peculiar. Mi nieta apareció vestida de mendiga, con trapos rosados amarrados en diversas partes del cuerpo, un sombrero de paja con flores mustias y su muñeco Salve-el-Atún. Estuve a punto de llevarla a la rastra a comprar un atuendo más presentable, pero luego decidí que era preferible que Lori la conociera en su estado natural.

Amanda nada le dijo de nuestros planes a su amiga, ni yo a Nico, para no alarmarlos. El almuerzo en un restaurante japonés fue una buena artimaña que no levantó sospechas en Lori, quien sólo deseaba conocernos porque le gustaban las joyas de Tabra y había leído un par de mis libros, dos puntos a su favor. Tabra y yo quedamos bien impresionadas con ella, era un remanso de sencillez y encanto. Andrea la observó sin decir palabra mientras procuraba en vano echarse a la boca trozos de pescado crudo con dos palitos.

—En una hora no se conoce a una persona —me advirtió Tabra después.

—¡Es perfecta! Hasta se parece a Nico, los dos son altos, delgados, guapos, de huesos nobles y se visten de negro: parecen mellizos.

—Ésa no es la base de un buen matrimonio.

—En la India son los horóscopos, que tampoco es muy científico que digamos. Todo es cuestión de suerte, Tabra —repliqué.

—Debemos saber más de ella. Hay que verla en circunstancias difíciles.

—¿Cómo una guerra, dices tú?

—Eso sería ideal, pero no hay una cerca. ¿Qué te parece que la invitemos al Amazonas? —sugirió Tabra.

Y así fue como Lori, que nos había visto una sola vez por encima de un plato de sushi, terminó con nosotras volando al Brasil en calidad de ayudante de Amanda, la fotógrafa.

Al planear la odisea en el Amazonas imaginé que iríamos a un sitio muy primitivo, donde quedaría en evidencia el carácter de Lori y de las demás expedicionarias, pero por desgracia el viaje resultó mucho menos peligroso de lo esperado. Amanda y Lori habían previsto hasta el menor detalle y llegamos sin inconvenientes a Manaos, después de unos días en Bahía, donde hicimos un alto para conocer a Jorge Amado. Tabra y yo habíamos leído su obra completa y queríamos averiguar si el hombre era tan extraordinario como el escritor.

Amado nos recibió con su esposa, Zélia Gattai, en su casa, sentado en una poltrona, amable y hospitalario. A los ochenta y cuatro años, medio ciego y bastante enfermo, todavía era dueño del humor y la inteligencia que caracterizan sus novelas. Era el padre espiritual de Bahía, había citas de sus libros en todas partes: grabadas en piedra, adornando las fachadas de los edificios municipales, en graffiti y en pinturas primitivas en las chozas de los pobres. Plazas y calles llevaban orgullosas los nombres de sus libros y personajes. Amado nos invitó a probar las delicias culinarias de su tierra en el restaurante de Dadá, una negra hermosa que no inspiró su célebre novela *Doña Flor y sus dos maridos*, porque era una niña cuando él la escribió, pero calzaba con la descripción del personaje: bonita, pequeña y agradablemente carnosa sin ser gorda. Esta réplica de Doña Flor nos agasajó con más de veinte suculentos platos y una muestra de sus postres, que culminó con pastelitos de *punhetinha*, que en la jerga local quiere decir «masturbación». ¡Ni que decir cómo me sirvió todo esto para mi libro *Afrodita*!

El viejo escritor también nos llevó a un *terreiro* o templo, del que era padre protector, para presenciar una ceremonia de candomblé, religión llevada por los esclavos africanos al Brasil hace varios siglos y que hoy cuenta con más de dos millones de adeptos en ese país, incluso blancos urbanos de clase media. Los oficios divinos habían comenzado temprano con el sacrificio de algunos animales a los dioses (*orishas*), pero esa parte no la vimos. La ceremonia se hizo en una construcción que parecía una modesta escuela, adornada con papel crepé y fotografías de las madres (*maes*) ya fallecidas. Nos sentamos en duros bancos de madera y pronto llegaron los músicos y empezaron a golpear sus tambores con un ritmo irresistible. Entró una larga fila de mujeres vestidas de blanco, girando con los brazos en alto en torno a un poste sagrado, llamando a los *orishas*. Una a una fueron cayendo en trance. Nada de espumarajos por la boca ni violentas convulsiones, nada de velas negras ni serpientes, nada de máscaras terroríficas ni sangrientas cabezas de gallo. Las mujeres mayores se llevaban a otra pieza a las que caían «montadas» por los dioses y luego las traían de regreso, ataviadas con los coloridos atributos de sus *orishas*, para que siguieran danzando hasta el amanecer, cuando la liturgia concluía con una abundante comida de carne asada de los animales sacrificados, mandioca y dulces.

Me explicaron que cada persona pertenece a un *orisha* —a veces a más de uno— y en cualquier momento de la vida puede ser reclamado y tiene que ponerse al servicio de su deidad. Quise descubrir cuál era la mía. Años antes, cuando leí el libro de Jean Shinoda Bolen, mi hermana del desorden, sobre las diosas que supuestamente hay en cada mujer, quedé algo confundida. Tal vez el candomblé era más preciso. Una *mae de santo*, mujer enorme, vestida con una carpa de vuelos y encajes, con un turbante de varios pañuelos y una chorrera de collares y pulseras, nos «echó las conchas», que allá se llama *jogo de búzios*. Empujé a Lori para que se viera la suerte primero y las conchas le anunciaron un críptico nuevo amor, «alguien que conocía, pero que aún no había visto». Tabra y yo habíamos hablado mucho de Nico, aunque procurando que no se notaran nuestras intenciones; si para entonces Lori no lo conocía, es que había estado en la luna. «¿Tendré hijos?», preguntó Lori. Tres, respondieron las conchitas. «¡Ajá!», exclamé encantada, pero una mirada de Tabra me devolvió a la racionalidad. Después me tocó a mí. La *mae de santo* frotó largamente un puñado de conchitas, me hizo acariciarlas a mi vez y luego las tiró sobre un paño negro. «Perteneces a Yemayá, la diosa de los océanos, madre de todo. Con Yemayá comienza la vida.

Es fuerte, protectora, cuida a sus hijos, los conforta y los ayuda en el dolor. Puede curar la infertilidad en las mujeres. Yemayá es compasiva, pero cuando se enoja es terrible, como una tormenta en el océano.» Agregó que yo había pasado por un gran sufrimiento, que me había paralizado por un tiempo, pero que ya empezaba a disiparse. Tabra, que no cree en estas cosas, debió admitir que por lo menos la parte de la maternidad me calzaba. «Le apuntó por casualidad», fue su conclusión.

Visto desde el avión, el Amazonas es una mancha verde, interminable. Desde abajo es la patria del agua: vapor, lluvia, ríos anchos como mares, sudor. El territorio amazónico ocupa el sesenta por ciento de la superficie del Brasil, un área mayor que la India, y forma parte de Venezuela, Colombia, Perú y Ecuador. En algunas regiones impera todavía la «ley de la selva» entre bandidos y traficantes de oro, drogas, madera y animales, que se matan entre ellos y, si no pueden exterminar a los indios con impunidad, se las arreglan para expulsarlos de sus tierras. Es un continente en sí mismo, un mundo misterioso y fascinante. Me pareció tan incomprensible en su inmensidad, que no imaginé que podría servirme de inspiración, pero varios años más tarde usé mucho de lo que vi para mi primera novela juvenil.

Como resumen del viaje, ya que los detalles no caben en este relato, puedo decir que fue mucho más seguro de lo deseado, porque íbamos preparadas para una dramática aventura de Tarzán. Lo más cercano a Tarzán fue que una pulguienta mona negra se prendó de mí y me esperaba desde el amanecer en la puerta de mi pieza para instalarse sobre mis hombros, con la cola enrollada en mi cuello, a buscar piojos en mi cabeza con sus deditos de duende. Fue un romance delicado. Lo demás fue un paseo ecoturístico: los mosquitos resultaron soportables, las pirañas no nos arrancaron pedazos y no tuvimos que esquivar flechas emponzoñadas; contrabandistas, soldados, bandoleros y traficantes pasaron por nuestro lado sin vernos; no contrajimos la malaria; no se nos introdujeron gusanos bajo la piel ni peces como agujas por las vías urinarias. Las cuatro expedicionarias salimos sanas y salvas. Sin embargo, esta pequeña aventura cumplió ampliamente su propósito, ya que llegué a conocer a Lori.

CINCO BALAZOS

Lori pasó las pruebas con notas máximas. Era tal como la había descrito Amanda: de mente clara y bondad natural. Con discreción y eficiencia aliviaba la carga de sus compañeras, resolvía detalles engorrosos y suavizaba roces inevitables. Contaba con buenos modales, lo que es fundamental para la sana convivencia, piernas largas, que nunca están de más, y una risa franca que sin duda seduciría a Nico. Tenía la ventaja de unos pocos años más que él, ya que la experiencia siempre sirve, pero se veía muy joven. Era guapa, de facciones fuertes, con una estupenda melena oscura y crespa y ojos dorados, pero eso era lo de menos, porque mi hijo no atribuye ninguna importancia a la apariencia física; me riñe porque uso maquillaje y no quiere creer que con la cara lavada me veo como un carabinero. Observé a Lori con la atención de un buitre y hasta le puse algunas trampas, pero no pude sorprenderla en una falla. Eso me inquietó un poco.

Al cabo de un par de semanas, exhaustas, regresamos a Río de Janeiro, donde tomaríamos el avión a California. Nos alojamos en un hotel de Copacabana y, en vez de broncearnos en las playas de arena blanca, se nos ocurrió ir a una favela, para tener una idea de cómo viven los pobres y buscar otra pitonisa que hiciera el *jogo de búzios*, porque Tabra seguía fregándome con su escepticismo respecto a mi diosa Yemayá. Fuimos con una periodista brasilera y un chofer, que nos llevó en una camioneta por unos cerros de miseria absoluta, donde no entraba la policía y menos los turistas. En un *terreiro* mucho más modesto que el de Bahía, nos recibió una mujer de edad madura vestida con pantalones vaqueros. La sacerdotisa repitió el mismo ritual de las conchas que había visto en Bahía y sin vacilar dijo que yo pertenecía a la diosa Yemayá. Era imposible que las dos adivinas se hubiesen puesto de acuerdo. Esta vez Tabra debió tragarse sus comentarios irónicos.

Dejamos la favela y en el camino de vuelta vimos un modesto local donde vendían comida típica al peso. Me pareció más pintoresco que almorzar cóctel de camarones en la terraza del hotel y le pedí al chofer que se detuviera. El hombre se quedó en la camioneta para cuidar el equipo de fotografía, mientras las demás hacíamos cola frente a un mesón para que nos echaran el guiso con una cuchara de palo en un plato de cartón. No sé por qué salí afuera, seguida por Lori y Amanda, tal vez para preguntarle al chofer si deseaba comer. Al asomarme a la puerta del local, noté que la calle, antes llena de tráfico y actividad, se había vaciado, no pasaban vehículos, las tiendas parecían cerradas, la gente había desaparecido. Al otro lado de la calle, a unos diez metros de distancia, un joven con pantalones azules y una camiseta de manga corta, esperaba en la parada del bus. Por detrás avanzó un hombre parecido, también joven, con pantalones oscuros y una camiseta similar, que llevaba sin disimulo una pistola grande en la mano. Levantó el arma, apuntó a la cabeza del otro y disparó. Por un instante no supe lo ocurrido, porque el balazo no fue explosivo como en el cine, sino un sonido sordo y seco. Saltó un chorro de sangre antes de que la víctima cayera. Y cuando estaba en el suelo, el asesino le disparó cuatro tiros más. Luego, tranquilo y desafiante, se alejó por la calle. Avancé como una autómata hacia el hombre que se desangraba en el suelo. Se estremeció con un par de violentas convulsiones y enseguida se quedó quieto, mientras a su alrededor crecía y crecía un charco de sangre luminosa. No alcancé a agacharme a socorrerlo, porque mis amigas y el chofer, que se había escondido en la camioneta durante el crimen, me arrastraron hacia el vehículo. En un minuto la calle se volvió a llenar de gente, escuché gritos, bocinazos, vi a los clientes salir corriendo del restaurante.

La periodista brasilera nos obligó a subir a la camioneta y le indicó al chofer que nos llevara al hotel por callecitas laterales. Pensé que deseaba evitar el tapón de tráfico, que sin duda se produciría, pero nos explicó que era una estrategia para eludir a la policía. Demoramos unos cuarenta minutos en llegar, que se hicieron eternos. En el trayecto me asaltaban imágenes del golpe militar en Chile, los muertos en la calle, la sangre, la violencia súbita, la sensación de que en cualquier momento puede ocurrir algo fatal, que nadie está seguro en ninguna parte. En el hotel nos esperaba la prensa con varias cámaras de televisión; inexplicablemente, se había enterado de lo ocurrido, pero mi editor, que también estaba allí, no nos permitió hablar con nadie. Nos condujo deprisa a una de las habitaciones y nos ordenó que permaneciéramos encerradas hasta que pudiera llevarnos directamente al avión, porque el asesinato podía haber sido un arreglo de cuentas entre criminales, pero por la forma en que sucedió, en la calle y a plena luz del mediodía, parecía más bien una de las famosas ejecuciones de la policía, que en esos años solía tomar la ley en sus manos con plena impunidad. La prensa y el público lo comentaban, pero nunca había pruebas, y si las había, desaparecían oportunamente. Al saberse que un grupo de extranjeras, entre las que estaba yo —mis libros son más o menos conocidos en Brasil—, había presenciado el crimen, los periodistas supusieron que podíamos identificar al asesino. Si ése era el caso, nos dijeron, más de uno trataría de impedirlo. En pocas horas estábamos en el avión de vuelta a California. La periodista y el chofer debieron esconderse durante semanas.

Este incidente fue la prueba de fuego para Lori. Cuando nos escabullíamos en la camioneta, ella temblaba en brazos de Amanda. Admito que la vista de un hombre desangrándose de cinco tiros es terrible, pero Lori había sido asaltada en Nueva York dos o tres veces y había recorrido mucho mundo, no era la primera vez que se hallaba en una situación de violencia. Fue la única que no pudo tolerarlo, las demás aguantamos mudas. Su reacción fue tan dramática, que al llegar al hotel debieron llamar a un médico para que le diera un tranquilizante. Esa joven serena, que durante las semanas anteriores se había mantenido sonriendo bajo presión y había demostrado buen humor ante la incomodidad, osadía para remojarse en el río entre pirañas, y firmeza para poner en su sitio a cuatro rusos borrachos que prodigaban sus atenciones con ella y Amanda, aunque a Tabra y a mí nos trataban con el respeto debido a dos abuelas de Ucrania, se derrumbó con esos cinco balazos. Tal vez Lori podría asumir la carga de mis tres nietos y lidiar con nuestra extraña familia sin que le hiciese mella, pero al verla en ese estado comprendí que era más vulnerable de lo que parecía a primera vista. Necesitaría un poco de ·ayuda.

OFICIO DE CELESTINA

El Amazonas me incendió la imaginación. Terminé de escribir *Afro-dita* en pocas semanas y le agregué las recetas eróticas de la cocina de Dadá en Bahía y otras inventadas por mi madre y luego le pedí a Lori que diseñara el libro, buen pretexto para ir bajándole las defensas.

Amanda era mi cómplice. Una vez fuimos las tres a un retiro budista, por iniciativa de Lori, y terminamos durmiendo en unas celdas con paredes de papel de arroz sobre unas colchonetas en el suelo, después de largas sesiones de meditación. Había que sentar-se durante horas en *safus*, unos cojines redondos y duros que son parte de la práctica espiritual. Quien aguanta el cojín, ya tiene ganado medio camino a la iluminación. Este tormento se interrumpía tres veces al día para comer granos y dar lentos paseos en círculo, en completo silencio, por un jardín japonés de pinos enanos y piedras muy orde-nadas. En nuestra austera celda sofocábamos la risa con los *safus*, pero llegó una señora con trenzas grises y límpidos ojos a recordarnos las reglas. «¿Qué clase de religión es ésta que prohíbe reírse?», comentó Amanda. Yo estaba un poco inquieta, porque Lori parecía disfrutar en ese antro de paz y murmullos, que tal vez calzaba con el tempe-ramento ecuánime de Nico pero era incompatible con la tarea de criar tres niños. Amanda me explicó que Lori había vivido dos años en el Japón y todavía le quedaba una rémora zen, pero no había que preo-cuparse, no era incurable.

Invité a Lori a cenar con Amanda y Tabra a nuestra casa y le pre-senté a Nico y a los dos niños que no conocía, que, comparados con

Andrea, resultaban casi anodinos. A Lori le había dicho que Nico todavía andaba enfurruñado por el divorcio y no le sería fácil encontrar una pareja, ya que ninguna mujer en su sano juicio desearía a un hombre con tres mocosos. A Nico le comenté al pasar que había conocido a una mujer ideal, pero como era mayor que él y tenía una especie de novio, deberíamos seguir buscando. «Creo que eso me corresponde a mí», respondió sonriendo, pero una sombra de pánico se atravesó en su mirada. A Willie le confesé el plan, porque de todos modos ya lo había adivinado, y en vez de repetirme lo usual, que no me metiera, se esmeró en hacer una apetitosa comida vegetariana para Lori, porque al verla le gustó de inmediato, dijo que tenía clase y calzaría muy bien en nuestro clan. A ti también te habría gustado, hija, tienen mucho en común. Durante la cena Lori y Nico no intercambiaron ni una sola palabra, ni siquiera se miraron. Amanda y Tabra estuvieron de acuerdo conmigo en que habíamos fallado estrepitosamente, pero un mes más tarde mi hijo me confesó que había salido con Lori varias veces. No puedo entender cómo se las arregló para ocultármelo durante un mes completo.

—¿Están enamorados? —le pregunté.

—Me parece que eso es algo prematuro —replicó tu hermano, con su cautela habitual.

—El amor nunca es prematuro, y menos a tu edad, Nico.

—¡Acabo de cumplir treinta años!

—¿Treinta, dices? ¡Pero si ayer no más te partías los huesos andando en patineta y le tirabas huevos con una honda a la gente! Los años vuelan, hijo, no hay tiempo que perder.

Años después, Amanda me contó que al día siguiente de conocer a Lori, mi hijo se plantó ante la puerta de su oficina con una rosa amarilla en la mano, y cuando finalmente ella salió a almorzar y lo encontró allí, como un poste, a pleno sol, Nico le dijo que «venía pasando». No sabe mentir, lo traicionó el rubor.

Pronto desapareció del horizonte, sin bulla, el hombre con quien

Lori tenía amores, un fotógrafo de viajes bastante célebre. Era quince años mayor que ella, se creía irresistible para las mujeres, y tal vez lo era antes de que la vanidad y los años lo volvieran un poco patético. Cuando no estaba en alguna de sus excursiones en los confines del mundo, Lori se trasladaba a su apartamento en San Francisco, una buhardilla sin muebles, pero con una vista soberbia, donde compartía con él una extraña luna de miel que más parecía peregrinaje a un monasterio. Ella soportaba amablemente el patológico afán de control de ese hombre, sus manías de solterón y el hecho lamentable de que las paredes estaban cubiertas de muchachas asiáticas con poca ropa que él fotografiaba cuando no estaba en los hielos de la Antártida o las arenas del Sahara. Lori debía calarse las reglas de convivencia: silencio, reverencias, quitarse los zapatos, no tocar nada en la buhardilla, no cocinar porque a él le molestaban los olores, no llamar a nadie por teléfono y mucho menos invitar a alguien, eso habría sido una falta capital de respeto. Había que andar de puntillas. La única ventaja de este buen señor eran sus ausencias. ¿Qué admiraba Lori en él? Sus amigas no podían comprenderlo. Por suerte ella ya empezaba a cansarse de competir con las niñas asiáticas y pudo abandonarlo sin culpa cuando Amanda y otras amigas asumieron la tarea de ridiculizarlo mientras exaltaban las virtudes reales y otras imaginarias de Nico. Al despedirse, él le dijo que no se apareciera por ninguno de los lugares donde habían estado juntos. Recuerdo el momento en que el amor de Nico y Lori se hizo público. Un sábado él nos dejó a los niños, para quienes el mejor programa era dormir con los abuelos y hartarse de dulces y televisión, y regresó a buscarlos el domingo por la mañana. Me bastó ver sus orejas escarlatas, como se le ponen cuando quiere ocultarme algo, para adivinar que había pasado la noche con Lori y, conociéndolo, deducir que el asunto iba en serio. Tres meses más tarde estaban viviendo juntos.

El día que Lori llegó con sus bultos a la casa de Nico, le dejé una carta sobre la almohada dándole la bienvenida a nuestra tribu y diciéndole que la habíamos esperado, que sabíamos que existía en alguna parte y que sólo había sido cuestión de encontrarla. De paso le di un consejo que si yo misma hubiese puesto en práctica, me habría ahorrado una fortuna en terapeutas: que aceptara a los niños como se aceptan los árboles, con gratitud, porque son una bendición, pero sin expectativas o deseos; no se espera que los árboles sean diferentes, se los ama tal cual son. ¿Por qué no lo hice con mis hijastros, Lindsay y Harleigh? Si los hubiese aceptado como árboles tal vez habría peleado menos con Willie. No sólo pretendí cambiarlos, sino que yo misma me asigné el ingrato papel de guardián del resto de la familia y de nuestra casa durante los años en que ellos estuvieron dedicados a la heroína. Agregué en esa misiva para Lori que es inútil tratar de controlar las vidas de los niños o protegerlos demasiado. Si yo no pude protegerte de la muerte, Paula, ¿cómo podría proteger a Nico y a mis nietos de la vida? Otro consejo que no practico.

Para vivir con Nico e incorporarse a la tribu, Lori tuvo que cambiar por completo su vida. De ser una sofisticada joven soltera en un departamento perfecto en San Francisco, pasó a convertirse en esposa y madre en un suburbio, con todas las tareas fastidiosas que eso conlleva. Antes tenía cada detalle bajo control, ahora braceaba en el desorden inevitable de un hogar con niños. Se levantaba al alba y, después de cumplir con las tareas domésticas, iba a San Francisco a su taller de diseño, o pasaba horas en la autopista para encontrarse con sus clientes en otras ciudades. No le quedaba tiempo para la lectura, su pasión por la fotografía, los viajes que siempre había hecho, sus numerosas amistades y su práctica de yoga y zen, pero estaba enamorada y asumió sin chistar el papel de esposa y madre. Rápidamente, la familia la absorbió. No lo sabía entonces, pero tendría que esperar casi diez años —hasta que los niños pudieran valerse por sí mismos— para recuperar, mediante un esfuerzo consciente, su antigua identidad.

Lori transformó la existencia y la morada de Nico. Desparecieron los muebles toscos, las flores artificiales, los cuadros chillones. Remodeló la casa y plantó el jardín. Pintó el living, que antes parecía un calabozo, de color rojo veneciano —casi me desmayo cuando vi la muestra, pero quedó muy fino—, compró muebles livianos y puso algunos cojines de seda tirados por aquí y por allá, como en las revistas de decoración. En los baños colocó fotos de familia, velas y toallas peludas en tonos de verde y morado. En su dormitorio había orquídeas, collares colgados en las paredes, una mecedora, lámparas antiguas con pantalla de encaje y un baúl japonés. Se notaba su mano en todo, incluso en la cocina, donde las pizzas recalentadas y las botellas de Coca-Cola fueron reemplazadas por recetas italianas de una bisabuela de Sicilia, tofu y yogur. A Nico le interesa la cocina, su especialidad es esa paella valenciana que tú le enseñaste, pero mientras estuvo solo carecía de tiempo y ánimo para las ollas. Junto a Lori los recuperó. Ella aportó una sensación de hogar, que mucha falta hacía, y Nico se esponjó; yo nunca lo había visto tan contento y juguetón. Andaban tomados de la mano y se besaban detrás de las puertas, espiados por los niños, mientras Tabra, Amanda y yo nos felicitábamos por la elección. A veces me dejaba caer en la casa de ellos a la hora del desayuno porque el espectáculo de esa familia feliz me reconfortaba para el resto del día. La luz de la mañana inundaba la cocina, por la ventana asomaba el jardín y un poco más lejos la laguna y los patos silvestres. Nico preparaba un cerro de panqueques, Lori picaba fruta, y los niños, risueños, chascones y en pijama, devoraban con avidez. Eran todavía muy pequeños y tenían el corazón abierto. El ambiente era festivo y tierno, un alivio después del drama de enfermedades, muertes, divorcio y peleas que habíamos soportado por tanto tiempo.

SUEGRA INFERNAL

Te dije que «a veces» me dejaba caer, pero la verdad es que tenía llave de la casa de Nico y Lori y estaba mal acostumbrada: llegaba a cualquier hora sin previo aviso, interfería en las vidas de mis nietos, trataba a Nico como si fuese un crío…, en resumen, era una suegra perniciosa. Una vez adquirí una alfombra y, sin pedirles permiso, la coloqué en el salón de su casa, después de mover todos los muebles. No pensé que si alguien decidiera renovar la decoración de mi casa para darme una sorpresa, recibiría un garrotazo en la nuca. Tú me habrías devuelto la alfombra y me habrías dado un sermón memorable, Paula, aunque yo no me habría atrevido jamás a imponerte una alfombra persa de tres metros por cinco. Lori me la agradeció, pálida pero cortés. En otra ocasión compré unos elegantes paños de cocina, para reemplazar los trapos que ellos usaban, y tiré los viejos a la basura, sin sospechar que habían pertenecido a la difunta abuela de Lori y ella los había atesorado durante veinte años. Con el pretexto de despertar a mis nietos con un beso, me introducía en su casa al amanecer. No era raro que al salir del baño casi desnuda, Lori se topara con su suegra en un pasillo. Además, me juntaba con Celia a escondidas, lo que en realidad era una forma de traición a Lori, aunque yo era incapaz de verlo de ese modo. Por esas bromas del destino, invariablemente Nico se enteraba. Aunque veía a Celia y Sally mucho menos, nunca rompí el contacto con ellas, segura de que con el tiempo las cosas se suavizarían. Se iban sumando mentiras y omisiones por mi parte y resentimiento por parte de Nico. Lori estaba confundida, todo a su alrededor se movía, nada era claro y conciso. No entendía que mi hijo y yo nos tratáramos con franqueza absoluta en todo menos en el asunto de Celia. Fue ella quien insistió en la verdad, dijo que no soportaba ese terreno resbaloso y preguntó hasta cuándo íbamos a evitar una sana confrontación. Está de más decir que la tuvimos en varias ocasiones.

—Tengo que mantener una cierta relación con Celia y espero que sea civilizada pero mínima. Es abrasiva, me provoca con su mal carácter y el hecho de que constantemente me cambia las reglas. Lo único que tenemos en común son los niños, pero si tú te metes al medio, todo se enreda —me explicó Nico.

—Entiendo, pero yo no estoy en tu misma posición. Tú eres mi hijo y te adoro. Mi amistad con Celia no tiene nada que ver contigo ni con Lori.

—Sí tiene, mamá. Te da pena verla pasar dificultades. ¿Y no piensas en mí? No te olvides que ella provocó esta situación, ella rompió esta familia, hizo lo que deseaba y eso trae consecuencias.

—No quiero ser una abuela de medio tiempo, Nico. Necesito ver a los niños también durante las semanas que están con Celia y Sally.

—No puedo impedírtelo, pero quiero que sepas que estoy herido y enojado, mamá. Tratas a Celia como al hijo pródigo. Nunca reemplazará a Paula, si eso es lo que pretendes. Te sientes en deuda con ella porque estaba contigo cuando mi hermana murió, pero yo estaba allí también. Mientras más te acercas a Celia, más nos alejamos Lori y yo, es inevitable.

—¡Ay, hijo! No hay reglas fijas para las relaciones humanas, se pueden reinventar, podemos ser originales. Con el tiempo se pasa la rabia y se cierran las heridas…

—Sí, pero eso no me acercará a Celia, te lo aseguro. ¿Acaso tú estás cerca de mi padre o Willie de sus ex mujeres? Esto es un divorcio. Quiero mantener a Celia a prudente distancia para poder relajarme y vivir.

Cierta noche memorable, Nico y Lori vinieron a decirme que yo me metía demasiado en sus vidas. Procuraron hacerlo con delicadeza, pero igual el trauma casi me cuesta un infarto. Me dio una pataleta pueril, convencida de que se había cometido la peor injusticia conmigo. ¡Mi hijo me expulsaba de su existencia! Me ordenaba que no contradijera sus instrucciones con respecto a los niños; nada de helados antes de la cena, dinero y regalos cuando no era una ocasión especial, televisión a medianoche. ¿Para qué sirve una abuela, entonces? ¿Pretendía condenarme a la soledad? Willie se mostró solidario, pero en el fondo se burlaba de mí. Me hizo ver que Lori era tan independiente como yo, que había vivido sola por años y no estaba acostumbrada a que otras personas se pasearan por su casa sin invitación. ¿Y cómo se me ocurría llevarle una alfombra a una diseñadora?

Apenas pude controlar la desesperación llamé a Chile y hablé con mis padres, quienes al principio no entendieron muy bien el problema, porque en las familias chilenas las relaciones suelen ser como la que yo había impuesto a esa pareja, pero luego se acordaron de que en Estados Unidos las costumbres son diferentes. «Hija, a este mundo se viene a perderlo todo. No cuesta nada desprenderse de lo material, lo difícil es soltar los afectos», me dijo mi madre con pena, porque ésa fue su suerte, ninguno de sus hijos o nietos vive cerca de ella. Sus palabras desencadenaron otro torrente de quejas, que el tío Ramón interrumpió con la voz de la razón para explicarme que Lori debió hacer muchas concesiones para estar con Nico: mudarse de ciudad y de casa, modificar su estilo de vida, adaptarse a tres hijastros y a una nueva parentela, y más y más, pero lo peor era la abrumadora presencia de la suegra. Esa pareja necesitaba aire y espacio para cultivar su relación sin que yo fuese testigo de cada uno de sus movimientos. Me recomendó volverme invisible y agregó que los hijos deben separarse de la madre o se quedan infantilizados para siempre. Por buenas intenciones que yo tuviese, dijo, siempre sería la matriarca, posición de la que los demás seguramente se resienten. Tenía razón: mi papel en la tribu es descomunal y carezco de la mesura de la Abuela Hilda. Willie me describe como un huracán en una botella.

Entonces me acordé de una película de Woody Allen en que su madre, una vieja avasalladora con un cerro de pelo teñido color óxido y ojos de búho, lo acompaña a un espectáculo de teatro. El mago pide un voluntario del público para hacerlo desaparecer y, sin pensarlo dos veces, la señora se sube al escenario y entra gateando al baúl. El ilusionista hace su truco y ella se esfuma para siempre. La buscan dentro del baúl mágico, detrás de bastidores, en el resto del edificio y en la calle, nada. Por último llegan policías, detectives y bomberos, pero los esfuerzos por encontrarla resultan inútiles. Su hijo, dichoso, cree que por fin se ha librado de ella para siempre, pero la vieja maldita se le aparece en el cielo montada en una nube, omnipresente e infalible, como Jehová. Así era yo, por lo visto, igual que las madres judías de los chistes. Con el pretexto de ayudar y proteger a mi hijo y a mis nietos, me había convertido en una boa constrictor. «Concéntrate en tu marido, ese pobre hombre ya debe de estar harto de tu familia», añadió mi madre. ¿Willie? ¿Harto de mí y mi familia? No lo había pensado. Pero mi madre tenía razón, Willie había soportado tu agonía y mi largo duelo, que me cambiaron el carácter y me alejaron de él por más de dos años, los problemas con Celia, el divorcio de Nico, mis ausencias por viajes, mi dedicación obsesiva a la escritura, que me mantenía siempre con un pie en otra dimensión, y quién sabe cuántas cosas más. Era hora de ir soltando el carromato lleno de gente que yo venía arrastrando desde los diecinueve años y ocuparme más de él. Me sacudí la angustia, tiré a la basura la llave de la casa de Nico y me dispuse a ausentarme de su vida, pero sin desaparecer del todo. Esa noche cociné uno de los platos preferidos de Willie, tallarines con mariscos, abrí la mejor botella de vino blanco y lo esperé vestida de rojo. «¿Pasa algo?», preguntó, perplejo, al llegar, dejando caer su pesado maletín en el suelo.

LORI ENTRA POR LA PUERTA ANCHA

Ésa fue una época de muchos ajustes en las relaciones de la familia. Creo que mi necesidad de crear y mantener una familia o, mejor dicho, una pequeña tribu, existió en mí desde que me casé a los veinte años; se agudizó al salir de Chile, ya que cuando llegamos a Venezuela con mi primer marido y los niños no teníamos amigos ni parientes excepto mis padres, que también buscaron asilo en Caracas, y se consolidó definitivamente cuando me convertí en inmigrante en Estados Unidos. Antes de que yo llegara a su destino, Willie no tenía idea de lo que era una familia; perdió a su padre a los seis años, su madre se retiró a un mundo espiritual privado al que él no tuvo acceso, sus dos primeros matrimonios fracasaron y sus hijos se lanzaron muy temprano al camino de las drogas. Al comienzo, a Willie le costó entender mi obsesión por reunirme con mis hijos, vivir lo más cerca posible de ellos y agregar a ese pequeño grupo a otras personas para formar la familia grande y unida con que siempre soñé. Willie lo consideraba una fantasía romántica, imposible de llevar a la práctica, pero en los años que llevamos juntos no sólo se dio cuenta de que ésta es la manera de coexistir en la mayor parte del mundo, sino que le tomó el gusto. La tribu tiene inconvenientes, pero también muchas ventajas. Yo la prefiero mil veces al sueño americano de absoluta libertad individual, que si bien ayuda a salir adelante en este mundo, trae consigo alienación y soledad. Por estas razones y por todo lo que habíamos compartido con Celia, perderla fue un golpe duro. Nos había herido a todos, es cierto, y había desquiciado por

210

completo a la familia que con tanto esfuerzo habíamos reunido, pero igual yo la echaba de menos.

Nico trataba de mantener a Celia a distancia, no sólo porque es lo normal entre personas que se divorcian, sino porque sentía que ella invadía su territorio. Yo no supe calibrar sus sentimientos, no consideré necesario elegir entre los dos, pensé que mi amistad con Celia no tenía nada que ver con él. No le di el apoyo incondicional que, como madre, le debía. Se sintió traicionado por mí e imagino cuánto le debe haber dolido. No podíamos hablar con franqueza porque yo evitaba la verdad y a él se le llenaban los ojos de lágrimas y no le salían las palabras. Nos queríamos mucho y no sabíamos manejar una situación en la que inevitablemente nos heríamos. Nico me escribió varias cartas. A solas con la página él lograba expresarse y yo podía oírlo. ¡Qué falta nos hiciste entonces, Paula! Siempre tuviste el don de la claridad. Por último decidimos ir juntos a terapia, donde podíamos hablar y llorar, tomarnos de la mano y perdonarnos.

Mientras tu hermano y yo procurábamos profundizar en nuestra relación, indagando en el pasado y en la verdad de cada uno, Lori se encargó de curarlo de las heridas que le dejó el divorcio; lo hizo sentirse amado y deseado, y eso lo transformó. Daban largas caminatas, iban a museos, teatros y buen cine, le presentó a sus amigos, casi todos artistas, y lo interesó en viajar, como ella había hecho desde muy joven. A los niños les dio un hogar sereno, tal como Sally hacía en la otra casa. Andrea escribió en una composición de la escuela que «tener tres madres era mejor que una sola».

En cuestión de un año o dos, la oficina de Lori dejó de ser rentable. Los clientes creyeron que la visión del artista podía reemplazarse por un programa de computación y miles de diseñadores se quedaron sin empleo. Lori era una de las mejores. Había hecho un trabajo tan notable con mi libro *Afrodita* que mis editores en más de veinte países usaron el mismo diseño y las ilustraciones que ella escogió. Por eso, y no por el contenido, el libro llamó la atención. No era un tema como para tomarlo en serio y, además, acababan de lanzar al mercado una droga nueva que prometía acabar con la impotencia masculina. ¿Para qué estudiar mi ridículo manual y servir ostras en camisón transparente si bastaba con una pildorita azul? El tono de las cartas de algunos lectores que me llegaron por *Afrodita* difería notablemente de las que recibí por *Paula*. Un caballero de setenta y siete años me invitó a participar en horas de intenso placer con él y su esclava sexual, y un joven libanés me mandó treinta páginas sobre las ventajas de un harén. Todo esto mientras en Estados Unidos sólo se hablaba del escándalo del presidente Bill Clinton con una regordeta empleada de la Casa Blanca que logró opacar los éxitos de su gobierno y más tarde costaría la elección a los demócratas. Un vestido o unos calzones manchados llegaron a tener más peso en la política americana que la destacada gestión económica, política e internacional de uno de los presidentes más brillantes que ha tenido el país. Esto provocó una pesquisa legal digna de la Inquisición, que costó la friolera de cincuenta y un millones de dólares a los contribuyentes. Me tocó asistir a un programa en directo por radio en que se recibían llamadas de los oyentes. Alguien me preguntó qué pensaba de ese asunto, y dije que era la chupada de pito más cara de la Historia. Esa frase habría de perseguirme por muchos años. Fue imposible ocultar a los niños lo que estaba sucediendo, porque los detalles más escabrosos salían publicados.

—¿Qué es sexo oral? —preguntó Nicole, término que había escuchado hasta la saciedad por televisión.

—¿Oral? Es cuando uno habla de eso —replicó Andrea, que posee el vasto vocabulario de toda buena lectora.

En esos días una revista decidió destacar mi libro con un reportaje en nuestra casa, y a Lori le tocó supervisarlo, porque yo no entendí qué diablos pretendían. Tres días antes aparecieron dos artistas a medir la luz, hacer muestras de colores y tomar medidas y fotos polaroid. Para el reportaje vinieron siete personas en dos camionetas con catorce cajones llenos de objetos diversos, desde cuchillos hasta un colador de té. Estas invasiones me ocurren con alguna frecuencia, pero nunca me acostumbraré. En este caso el equipo incluía a una estilista y dos chefs, que se apoderaron de la cocina para preparar un menú inspirado en mi libro. Elaboraban los platos con pasmosa lentitud, porque colocaban cada hoja de lechuga como la pluma de un sombrero, en el ángulo exacto entre el tomate y el espárrago. Willie se puso tan nervioso que se fue de la casa, pero Lori parecía comprender la importancia de la maldita lechuga. Entretanto, la estilista reemplazó las flores del jardín, que Willie había plantado con sus propias manos, por otras más coloridas. Nada de esto apareció en la revista, porque las fotos eran detalles en primer plano: media almeja y un trocito de limón. Pregunté para qué habían traído las servilletas japonesas, los cucharones de concha de tortuga y los faroles venecianos, pero Lori me lanzó una mirada significativa para que me callara. Esto duró el día entero, y como no podíamos atacar la comida antes de que fuese fotografiada, nos empinamos cinco botellas de vino blanco y tres de tinto con el estómago vacío. Al final hasta la estilista andaba a tropezones. Lori, quien sólo bebió té de jazmín, tuvo que cargar los catorce cajones de vuelta en las camionetas.

Lori se mantuvo a flote más tiempo que otros diseñadores, pero llegó un día en que no fue posible ignorar los números rojos en su libro de contabilidad. Entonces le propuse que se hiciera cargo por completo de la fundación que yo había creado a mi regreso de la India, inspirada por aquella niña bajo la acacia, algo que ella había estado haciendo a medias durante un tiempo. Todos los años destino una parte sustancial de mis ingresos a la fundación, de acuerdo con ese divertido plan que se te ocurrió de hacer el bien, financiada por la venta de mis libros. En ese año que estuviste dormida me enseñaste mucho, hija; paralizada y muda seguiste siendo mi maestra, tal como lo fuiste durante los veintiocho años de tu vida. Muy poca gente tiene la oportunidad que me diste de estar quieta y en silencio, recordando. Pude revisar mi pasado, darme cuenta de quién soy en esencia, una vez que me desprendo de la vanidad, y decidir cómo deseo ser en los años que me quedan en este mundo. Me apropié de tu lema: «Sólo se tiene lo que se da» y descubrí, sorprendida, que es la piedra fundamental de mi contento. Lori posee tu misma integridad y compasión; podría cumplir el propósito de «Dar hasta que duela», como solías decir. Nos instalamos ante la mesa mágica de mi abuela a conversar durante días, hasta que se fue perfilando una misión clara: apoyar a las mujeres más pobres por cualquier medio que estuviera a nuestro alcance. Las sociedades más atrasadas y miserables son aquellas en las que las mujeres están sometidas. Si se ayuda a una mujer, sus hijos no se mueren de hambre, y si las familias progresan, se beneficia la aldea, pero esta verdad tan evidente es ignorada en el mundo de la filantropía, donde por cada dólar que se destina a programas de mujeres, se entregan veinte a los de hombres.

Le conté a Lori de la mujer que había visto llorando, tapada con una bolsa de basura en la Quinta Avenida, y la reciente experiencia de Tabra, quien había regresado de Bangladesh, donde mi fundación mantenía escuelas para niñas en aldeas remotas y una pequeña clínica para mujeres. Tabra fue con una higienista dental amiga suya, quien deseaba ofrecer sus servicios durante un par de semanas en la clínica. Llenaron las maletas de remedios, jeringas, cepillos y cuanta ayuda consiguieron de amigos dentistas. Apenas llegaron a la aldea vieron que ya había una fila de pacientes en la puerta del local, un recinto caliente e invadido de mosquitos, donde aparte de las paredes había muy poco más. La primera mujer tenía varios molares podridos y estaba enloquecida por el suplicio persistente de meses. Tabra sirvió de ayudante, mientras su amiga, que nunca había arrancado dientes, le anestesiaba la boca con pulso tembloroso y luego procedió a extraerle las piezas malas procurando no desmayarse en la operación. Cuando terminó, la infeliz le besó las manos, agradecida y aliviada. Ese día atendieron a quince pacientes y sacaron nueve muelas y varios dientes, mientras los hombres de la comunidad, en estrecho círculo, observaban y comentaban. A la mañana siguiente Tabra y la higienista dental llegaron temprano a la improvisada clínica y encontraron a la primera paciente del día anterior con la cara hinchada como una sandía. La acompañaba su marido, quien vociferaba indignado que le habían arruinado a la esposa, y ya se estaban juntando los varones del pueblo para vengarse. Aterrada, la higienista administró antibióticos y calmantes a la mujer, rogando al cielo que no hubiese consecuencias fatales. «¿Qué he hecho? ¡Está deforme!», gimió cuando la pareja se fue. «No es por la operación. El marido la agarró a bofetones anoche porque no llegó a tiempo a prepararle la comida», le explicó la persona que traducía.

—Así es la vida de la mayoría de las mujeres, Lori. Son siempre las más pobres de los pobres; hacen dos terceras partes del trabajo en el mundo, pero poseen menos del uno por ciento de los bienes —le expliqué.

Hasta entonces la fundación había repartido dinero obedeciendo a impulsos o cediendo a la presión de una causa justa, pero gracias a Lori establecimos prioridades: educación, el primer paso a la independencia en todo sentido; protección, porque hay demasiadas mujeres atrapadas en el miedo; y salud, sin la cual lo anterior sirve de poco. Agregué control de la natalidad, que para mí ha sido esencial, porque si no hubiese podido decidir algo tan básico como el número de hijos que tendría, no habría podido hacer nada de lo que he hecho. Por fortuna se inventó la píldora anticonceptiva, de lo contrario yo habría tenido una docena de chiquillos.

Lori se apasionó con la labor de la fundación y en el proceso demostró que había nacido para ese trabajo. Tiene idealismo, es organizada, se fija hasta en el menor detalle y no le hace el quite al esfuerzo, que en este caso es mucho. Me hizo ver que no era cosa de repartir dinero con ventilador, había que evaluar los resultados y apoyar a los programas durante años; ésa es la única forma de que la ayuda sirva de algo. También teníamos que concentrarnos, no se podía poner parches en sitios remotos que nadie supervisaba o abarcar más de lo posible, era mejor dar más a menos organizaciones. En un año Lori cambió la fisonomía de la fundación y pude delegar todo en ella; sólo me pide que firme los cheques. Ha cumplido de manera tan notable, que no sólo multiplicó la ayuda que damos, sino también el capital, y ahora maneja más dinero del que nunca imaginamos. Todo se destina a la misión que nos hemos propuesto, cumpliendo así tu plan, Paula.

LOS JINETES DE MONGOLIA

A mediados de ese año tuve un sueño espectacular y lo anoté para contárselo a mi madre, como siempre hacemos ella y yo. No hay nada tan aburrido como escuchar sueños ajenos; por eso los psicólogos cobran caro. En nuestro caso los sueños son fundamentales, porque nos ayudan a entender la realidad y sacar a la luz lo que está enterrado en las cavernas del alma. Me hallaba al pie de un acantilado erosionado por el viento, sobre una playa de arena blanca, con un mar oscuro y un cielo límpido color añil. De pronto, en lo alto del acantilado surgían dos enormes caballos de guerra con sus jinetes. Bestias y hombres iban ataviados como guerreros asiáticos de la antigüedad —Mongolia, China o Japón—, con estandartes de seda, pompones y flecos, plumas y adornos heráldicos, una espléndida parafernalia de guerra brillando al sol. Después de un instante de vacilación al borde del abismo, los corceles levantaban las patas delanteras, relinchaban y con un salto de ángeles se lanzaban al vacío, formando en el cielo un amplio arco de telas, plumajes y pendones, mientras yo retenía el aliento ante el valor de aquellos centauros. Era un acto ritual y no suicida, una demostración de bravura y destreza. Un momento antes de tocar tierra, los caballos agachaban la cerviz y caían sobre un hombro, se ovillaban y rodaban sobre sí mismos levantando una nube de polvo dorado. Y cuando el polvo y el estrépito se aquietaban, los alazanes se ponían de pie a cámara lenta, con los jinetes encima, y se alejaban al galope por la playa hacia el horizonte. Días más tarde, cuando todavía andaba con esas imágenes frescas en la memoria, tratando de darles sentido, me topé con una autora de libros sobre sueños. Ella me dio su interpretación, que resultó parecida a lo que habían dicho las conchas en el *jogo de búzios* en Brasil: un largo y dramático derrumbe había puesto a prueba mi coraje, pero me había levantado y, como los corceles, me había sacudido el polvo y corría hacia el futuro. En el sueño los bridones sabían rodar y los jinetes no se soltaban de las monturas. Según ella, las pruebas pasadas me habían enseñado a caer y ya no debía temer, porque siempre podría ponerme de pie. «Acuérdate de esos caballos cuando te sientas flaquear», dijo.

Me acordé dos días más tarde, cuando se estrenó una obra de teatro basada en mi libro *Paula*.

Camino al teatro pasamos por la feria de Folsom, en San Francisco. No sospechábamos que ese día era el carnaval de los sadomasoquistas: cuadras y cuadras abarrotadas de gente en las más extravagantes indumentarias. «¡Libertad! ¡Libertad para hacer lo que quiero, joder!», gritaba un buen hombre vestido con una túnica de fraile abierta por delante para mostrar un cinturón de castidad. Tatuajes, antifaces, cachuchas de revolucionarios rusos, cadenas, látigos, cilicios de varias clases. Las mujeres lucían bocas y uñas pintadas de negro o verde, botas con tacones de aguja, portaligas de plástico negro, en fin, todos los símbolos de esta curiosa cultura. Había varias gordas monumentales sudando en pantalones y chalecos de cuero con esvásticas y calcomanías de calaveras. Damas y caballeros llevaban argollas o púas atravesadas en las narices, labios, orejas y pezones. Más abajo no me atreví a mirar. Sobre el frente de un coche de los años sesenta había una joven con los senos al aire y las manos atadas, a quien otra mujer vestida de vampiro azotaba con una fusta de caballo en el pecho y los brazos. No era broma, la tenía muy machucada y los gritos se oían por el barrio entero; todo esto ante la mirada divertida de un par de policías y varios turistas que tomaban fotos. Quise intervenir, pero Willie me agarró de la chaqueta, me levantó en vilo y me sacó de allí pataleando en el aire. Media cuadra más lejos vimos a un gigante panzón que llevaba a un enano atado con una correa y un collar de perro. El enano, como su dueño, iba con botas de combate y desnudo, excepto por un forro de cuero negro con remaches metálicos en el piripicho, sostenido precariamente por unas tiritas invisibles metidas en la raya del trasero. El chiquito nos ladró, pero el gigante nos saludó muy amable y nos ofreció chupetes dulces en forma de pene. Willie me soltó y se quedó mirando, boquiabierto, a la pareja. «Si alguna vez escribo una novela, este enano será mi protagonista», dijo, inesperadamente.

Paula, la obra teatral, comenzó con los actores en un círculo, tomados de las manos, llamando a tu espíritu. Fue tan emocionante, que tampoco Willie pudo contener los sollozos cuando al final leyeron la carta que escribiste «para ser abierta cuando muera». Una bailarina etérea y graciosa, vestida con una camisa blanca, tenía el papel protagonista. A veces estaba tendida en una camilla, en coma, otras su espíritu danzaba entre los actores. No habló sino al final, para pedirle a su madre que la ayudara a morir. Cuatro actrices representaron diversos momentos de mi vida, desde la niña hasta la abuela, y pasaban de mano en mano un chal rojo de seda, que simbolizaba a la narradora. El mismo actor hizo de Ernesto y de Willie; otro era el tío Ramón y arrancó risas del público cuando le declaraba su amor a mi madre o explicaba que era descendiente directo de Jesucristo, vean la tumba de Jesús Huidobro en el cementerio católico de Santiago. Salimos del teatro en silencio, con la certeza de que tú flotas todavía entre los vivos. ¿Imaginaste alguna vez que tocarías a tanta gente?

Al día siguiente fuimos al bosque de tus cenizas a saludarte y saludar a Jennifer. Había terminado el verano, el suelo estaba tapizado de hojas crujientes, algunos árboles se habían vestido con los colores de la fortuna, desde cobre oscuro hasta oro refulgente, y en el aire ya se anunciaba la primera lluvia. Nos sentamos en un tronco de secuoya en la capilla formada por las cúpulas de los árboles.

Un par de ardillas jugaban con una bellota a nuestros pies, mirándonos de soslayo, sin miedo. Pude verte intacta, antes de que la enfermedad cometiera sus estragos: de tres años cantando y bailando en Ginebra, de quince recibiendo un diploma, de veintiséis vestida de novia. Los caballos de mi sueño, que caían y volvían a levantarse, me vinieron a la mente, porque me he caído y vuelto a levantar muchas veces en la vida, pero ninguna caída fue tan dura como la de tu muerte.

UNA BODA MEMORABLE

En enero de 1999, dos años después de la primera noche que pasaron juntos, Nico y Lori se casaron. Hasta entonces ella se había resistido porque no le parecía necesario, pero él consideró que los niños habían pasado por muchos sobresaltos y se sentirían más seguros si ellos se casaban. A Celia y Sally las habían visto siempre juntas y no cuestionaban su amor, pero creo que temían que Lori escapara en cualquier descuido. Nico tuvo razón, porque los chiquillos celebraron la decisión más que nadie. «Ahora Lori va a estar más con nosotros», me dijo Andrea. Dicen que se requiere ocho años para adaptarse al papel de madrastra y el caso más arduo es el de la mujer sin hijos que llega a la vida de un hombre que es padre. Para Lori no fue fácil cambiar su vida y aceptar a los niños; se sentía invadida. Sin embargo, se hacía cargo de las tareas ingratas, desde lavar la ropa hasta comprarle zapatos a Andrea, que sólo usaba sandalias de plástico verde, pero no cualquier sandalia, tenía que ser de Taiwán. Se mataba trabajando para cumplir como la madre perfecta, sin fallar en un solo detalle, pero no era necesario que se esmerara tanto, ya que los niños la querían por las mismas razones que la queríamos todos los demás: su risa, su cariño incondicional, sus bromas amistosas, su pelo alborotado, su inmensa bondad, su manera de estar muy presente en las buenas y en las malas.

El casamiento fue en San Francisco; una ceremonia alegre que culminó con una clase colectiva de *swing*, única ocasión en que Willie y yo hemos bailado juntos desde aquella humillante experiencia con la profesora escandinava. Willie, en esmoquin, se veía igual a Paul Newman en una de sus películas, aunque no recuerdo cuál. Ernesto y Giulia vinieron de Nueva Jersey; la Abuela Hilda y mis padres, de Chile. Jason no vino porque tenía que trabajar. Seguía solo, aunque no le faltaban mujeres por una noche. Según él, andaba buscando a alguien tan digno de confianza como Willie.

Conocimos a los amigos de Lori, que acudieron desde los cuatro puntos cardinales. Con el tiempo, varios de ellos se convirtieron en los mejores amigos de Willie y míos, a pesar de la diferencia de edad. Después, cuando nos entregaron las fotos de la fiesta, me di cuenta de que todos parecían modelos de revista; nunca he visto un grupo de gente tan bella. En su mayoría resultaron ser artistas con talento y sin pretensiones: diseñadores, dibujantes, caricaturistas, fotógrafos, cineastas. Willie y yo hicimos amistad inmediata con los padres de Lori, que no veían en mí a la encarnación de Satanás, como había ocurrido con los de Celia, a pesar de que en mi brindis tuve la falta de tino de hacer alusión al amor carnal entre nuestros hijos. Nico todavía no me lo perdona. Los Barra, gente sencilla y cariñosa, son de origen italiano y han vivido más de cincuenta años en la misma casita de Brooklyn, donde criaron a sus cuatro hijos, a una cuadra de las antiguas mansiones de los mafiosos, que se distinguen entre las demás del barrio por las fuentes de mármol, las columnas griegas y las estatuas de ángeles. La madre, Lucille, se está quedando ciega de a poco, pero no le da importancia, no tanto por orgullo como para no molestar. Dentro de su casa, que conoce de memoria, se mueve con certeza, y en su cocina es imbatible; sigue preparando a tientas las complicadas recetas heredadas de generación en generación. Tom, su marido, un abuelo de cuentos, me abrazó con genuina simpatía.

—He rezado mucho para que Lori y Nico se casaran —me confesó.

—¿Para que no siguieran viviendo en pecado mortal? —le pregunté, en broma, sabiendo que es católico practicante.

—Sí, pero más que nada por los niños —me contestó con absoluta seriedad.

Antes de jubilarse, Tom fue dueño de una farmacia de barrio. Eso lo entrenó para el esfuerzo y el susto, porque lo asaltaron en varias ocasiones. Aunque ya no está tan joven, continúa apaleando nieve en invierno y trepando por una escalera de tijera para pintar los techos en verano. Ha lidiado sin vacilar con inquilinos bastante extraños que a lo largo de los años han ocupado sucesivamente un pequeño apartamento en el primer piso de la casa, como un levantador de pesas que lo amenazaba con un martillo; un paranoico que acumulaba periódicos del suelo al techo y había dejado apenas un camino de hormigas, que iba de la puerta al excusado y de allí a la cama; o un tercero que estalló —no se me ocurre otra palabra para describir lo ocurrido— y dejó las paredes cubiertas de excremento, sangre y órganos, que Tom debió limpiar. Nadie pudo explicar lo sucedido, porque no se hallaron rastros de explosivos, pero me imagino que debe haber sido como el fenómeno de autocombustión. A pesar de éstas y otras macabras experiencias, Lucille y Tom mantienen incólume su confianza en la humanidad.

Sabrina, que ya tenía cinco años, bailó la noche entera colgada de diferentes personas, mientras sus madres vegetarianas aprovechaban para mordisquear con disimulo chuletas de cerdo y cordero. Alejandro, con traje y corbata de enterrador, presentó los anillos, acompañado por Andrea y Nicole, vestidas de princesas en raso color ámbar, en contraste con el largo traje morado de la novia, que se veía radiante. Nico estaba orondo, de negro y camisa Mao, con el pelo atado en la nuca y más parecido que nunca a un noble florentino del mil quinientos. Era un final como aquellos que nunca podré poner en mis novelas: se casaron y fueron muy felices. Así se lo manifesté a Willie, mientras él bailaba *swing* y yo trataba de seguirlo. El hombre guía, como decía la escandinava aquella.

—Puedo morirme aquí mismo de un oportuno ataque al corazón,

mi labor en este mundo ya está completa: coloqué a mi hijo —le anuncié.

—Ni se te ocurra, ahora es cuando te van a necesitar —replicó él.

Hacia el final de la noche, cuando ya los comensales se despedían, me arrastré gateando debajo de una mesa con mantel largo acompañada por una docena de niños, borrachos de azúcar, excitados por la música y con la ropa en jirones de tanto revolcarse. Se había corrido la voz entre ellos de que yo conocía todos los cuentos que existen, sólo era cosa de pedir. Sabrina quiso que el cuento fuese de una sirena. Les conté de aquella sirena minúscula que se cayó en un vaso de whisky y Willie se la tragó sin darse cuenta. La descripción del viaje de la infeliz criatura por los órganos del abuelo, navegando con infinitas peripecias en el sistema digestivo, donde se encuentra con toda clase de obstáculos y peligros repugnantes, luego llega a la orina, para ir a dar a una alcantarilla y de allí a la bahía de San Francisco, los dejó mudos de asombro. Al día siguiente Nicole vino con ojos desorbitados a decirme que no le había gustado nada la historia de la sirenita.

—¿Es un cuento verdadero? —me preguntó.

—No todo es verdadero, pero no todo es falso tampoco.

—¿Cuánto es falso y cuánto es verdadero?

—No sé, Nicole. La esencia de la historia es verdadera, y en mi trabajo como contadora de cuentos, eso es lo único que importa.

—Las sirenas no existen, así es que en tu cuento todo es mentira.

—¿Y cómo sabes tú si acaso esa sirena no era una bacteria, por ejemplo?

—Una sirena es una sirena y una bacteria es una bacteria —replicó, indignada.

A CHINA TRAS EL AMOR

Tong aceptó una invitación social por primera vez en los treinta años que había trabajado como contador en la oficina de Willie. Nos habíamos resignado a no convidarlo, porque jamás aparecía, pero la boda de Nico y Lori era un acontecimiento importante incluso para un hombre tan introvertido como él. «¿Es obligación ir?», preguntó. Lori le contestó que sí, lo que nadie se había atrevido a hacer antes. Se presentó solo, porque por fin su mujer, después de años y años de dormir en la misma cama sin hablarse, le había pedido el divorcio. Pensé que en vista del éxito que obtuve con Nico y Lori, podría buscarle novia también a Tong, pero él me informó que deseaba una china, y en esa comunidad carezco de contactos. Tong tenía la ventaja de que Chinatown, en San Francisco, es el barrio chino más poblado y célebre del mundo occidental, pero cuando le sugerí que buscara allí me explicó que quería una mujer incontaminada por Estados Unidos. Soñaba con una esposa sumisa, con los ojos clavados en el suelo, que cocinara sus platos favoritos, le cortara las uñas, le diera un hijo varón y de paso sirviera como esclava a la suegra. No sé quién le había puesto en la cabeza esa fantasía, supongo que fue su madre, aquella diminuta anciana ante la que todos temblábamos. «¿Usted cree que quedan mujeres como ésas en este mundo, Tong?», le pregunté perpleja. Por toda respuesta me llevó a la pantalla de su computadora y me mostró una lista interminable de fotos y descripciones de mujeres dispuestas a casarse con un desconocido para huir de su país o de su familia. Estaban clasificadas por raza, nacionalidad, religión y, si uno es más exigente, hasta por el tamaño del sostén. Si yo hubiese sabido antes que existía ese supermercado de oferta femenina, no me habría angustiado tanto por Nico. Aunque, pensándolo bien, mejor era no saberlo; en esas listas jamás habría hallado a Lori.

La futura novia se convirtió en un largo y complicado proyecto de oficina. Para entonces nos repartíamos con ecuanimidad el burdel de Sausalito entre el bufete de Willie, mi oficina en el primer piso y Lori en el segundo, donde manejaba la fundación. El toque elegante de Lori también había cambiado esa vieja casa, que ahora lucía afiches enmarcados de mis libros, alfombras tibetanas, jarrones de porcelana blanca y azul para las plantas y una cocina completa donde nunca faltaba lo necesario para servir té como en el Savoy. Tong se dio a la tarea de seleccionar a las candidatas, que los demás criticábamos: ésta tiene ojos de mala, ésta es evangélica, ésta se maquilla como una ramera, etc. No permitimos que el contador se dejara impresionar por la apariencia, ya que las fotos mienten, como él sabía muy bien, puesto que Lori había mejorado mucho su retrato con la computadora, lo había hecho más alto, más joven y más blanco, lo que al parecer es un rasgo apreciado en China. La madre de Tong se instaló en la cocina a comparar signos astrales y cuando por fin surgió una joven enfermera de Cantón que a todos nos pareció ideal, la señora se fue a consultar a un sabio astrólogo en Chinatown, quien también dio su aprobación. En la fotografía sonreía una joven de mejillas rojas y ojos vivaces, un rostro que daban ganas de besar.

Después de una correspondencia formal, que duró varios meses, entre Tong y la novia hipotética, Willie anunció que irían juntos a China a conocerla. No pude ir con ellos porque tenía demasiado trabajo, aunque me moría de curiosidad. Le pedí a Tabra que se quedara conmigo, pues no me gusta dormir sola. Mi amiga había logrado poner en pie de nuevo su negocio. Ya no vivía con nosotros, encontró una casa pequeña, con un patio que daba a unas colinas doradas, donde podía crear la ilusión de aislamiento que tanto deseaba. La convivencia con nuestra tribu debió de ser un tormento para ella, que necesita soledad, pero aceptó acompañarme durante la ausencia de mi marido. Por un tiempo, Tabra dejó de buscar parejas en citas a ciegas porque trabajaba de día y de noche para salir de sus deudas, pero nunca dejó de esperar el regreso de Lagarto Emplumado, quien solía aparecer en el horizonte. De repente su voz grabada en el teléfono le ordenaba: «Son las cuatro y media de la tarde, llámame antes de las cinco o nunca más volverás a verme». Tabra llegaba a su casa a medianoche, extenuada, y se encontraba con este simpático mensaje, que la dejaba trastornada durante semanas. Por suerte su trabajo la obligaba a viajar y pasaba temporadas en Bali, la India y otros sitios lejanos, desde donde me enviaba deliciosas misivas, plenas de aventuras, escritas con esa ironía fluida que la caracteriza.

—Ponte a escribir un libro de viajes, Tabra —le rogué varias veces.

—Soy artista, no soy escritora —se defendió—. Pero si tú puedes hacer collares, supongo que yo puedo escribir un libro.

Willie llevó a China su pesada maleta de cámaras y volvió con algunas fotografías muy buenas, especialmente retratos de gente, que es lo que más le interesa. Como siempre, la foto más memorable es la que no alcanzó a tomar. En una aldea remota de Mongolia, donde fue a parar solo porque deseaba darle a Tong la oportunidad de pasar unos días con la muchacha sin tenerlo a él de testigo, vio a una señora de cien años con los pies vendados, como hacían antes con las niñas en esa parte del mundo. Se acercó a preguntarle por señas si podía tomar una foto de sus diminutos «lirios dorados» y la anciana escapó, con toda la prisa que sus patitas deformes le permitían, dando alaridos; nunca había visto a nadie de ojos azules y creyó que era la Muerte que venía a llevársela.

El viaje fue un éxito, según mi marido, porque la futura novia de Tong era perfecta, exactamente lo que su contador buscaba: tímida, dócil e ignorante de los derechos que disfrutan las mujeres en Estados Unidos. Parecía sana y fuerte, seguramente podría darle el tan deseado hijo varón. Su nombre era Lili y se ganaba el sustento como enfermera de quirófano, dieciséis horas al día, seis días a la semana, por un sueldo equivalente a doscientos dólares al mes. «Con razón quiere salir de allí», comentó Willie, como si vivir con Tong y su madre fuera más aliviado.

TIEMPOS DE TORMENTA

Me dispuse a disfrutar unas semanas de soledad, que pensaba emplear en el libro que por fin estaba escribiendo sobre California en tiempos de la fiebre del oro. Llevaba cuatro años postergándolo. Ya tenía título, *Hija de la fortuna*, una montaña de investigación histórica hasta la imagen de la tapa. La protagonista es una joven chilena, Eliza Sommers, nacida alrededor de 1833, que decide seguir a su amante, quien ha partido a la locura del oro. Para una señorita de entonces, una aventura de tal magnitud era impensable, pero creo que las mujeres son capaces de hacer proezas por amor. A Eliza jamás se le hubiese ocurrido cruzar medio mundo por el incentivo del oro, pero no dudó en hacerlo por un hombre. Sin embargo, mis planes de escribir en paz no me resultaron, porque Nico se enfermó. Para extraerle un par de muelas del juicio fue necesario darle anestesia general por unos minutos, lo que suele ser peligroso para los porfíricos. Se levantó de la silla del dentista, caminó hasta la recepción, donde lo esperaba Lori, y sintió que el mundo se volvía negro; se le trabaron las rodillas, cayó hacia atrás tieso como un tronco y se golpeó la nuca y la espalda contra la pared. Quedó desmayado en el suelo. Fue el comienzo de muchos meses de sufrimiento por su parte y de angustia para los demás en la familia, sobre todo para Lori, que no sabía lo que le ocurría, y para mí, que lo sabía demasiado bien.

Mis más trágicos recuerdos se levantaron en furioso oleaje. Creía que después de pasar por la experiencia de perderte ya nada podía afectarme demasiado, pero la mínima posibilidad de que algo semejante le ocurriera al hijo que me quedaba, me volteó. Tenía un peso en el pecho, como una roca aplastándome, que me cortaba la respiración. Me sentía vulnerable, en carne viva, a punto de llorar en cualquier instante. En la noche, cuando todos descansaban, oía un rumor entre las paredes, había quejidos atascados en los umbrales, suspiros en los cuartos desocupados. Era mi propio miedo, supongo. El dolor acumulado en ese largo año de tu agonía estaba agazapado en la casa. Tengo una escena grabada en la memoria para siempre. Entré un día a tu habitación y vi a tu hermano, de espaldas a la puerta, cambiándote el pañal con la misma naturalidad con que lo hacía con sus hijos. Te hablaba, como si pudieras entenderle, de los tiempos de Venezuela, cuando los dos eran adolescentes y te las arreglabas para encubrirle las travesuras y salvarle el pellejo si se metía en líos. Nico no me vio. Salí y cerré calladamente la puerta. Este hijo mío ha estado siempre conmigo, hemos compartido penas primordiales, fracasos deslumbrantes, éxitos efímeros; hemos dejado todo atrás y hemos vuelto a empezar en otra parte; hemos peleado y nos hemos ayudado; en pocas palabras: creo que somos inseparables.

Semanas antes del accidente en el dentista, Nico se había hecho los exámenes anuales de porfiria y los resultados no fueron buenos, sus niveles se habían duplicado desde el año anterior. Después del golpe siguieron subiendo de forma alarmante, y Cheri Forrester, que no lo perdía de vista, estaba preocupada. Al dolor constante en la espalda, que le impedía levantar los brazos o doblarse, se añadió la presión del trabajo, su relación con Celia, que pasaba por una etapa pésima, los altibajos conmigo, que fallaba con mucha frecuencia en mi propósito de dejarlo en paz, y un cansancio tan profundo que se dormía de pie. Hasta la voz le salía en un murmullo, como si el esfuerzo de exhalar el aire fuese demasiado. A veces las crisis de porfiria van acompañadas de trastornos mentales que alteran la personalidad. Nico, quien en tiempos normales hace gala de la misma calma alegre del Dalai Lama, solía hervir de ira, pero lo disimulaba gracias al insólito control que ejerce sobre sí mismo. Se negaba a mencionar su condición, no quería que lo trataran con consideraciones especiales. Lori y yo nos limitábamos a observarlo, sin hacerle preguntas, para no fastidiarlo más de lo que ya estaba, pero le sugerimos que al menos dejara su empleo, que quedaba muy lejos y no le aportaba satisfacción ni desafíos. Pensábamos que con su temperamento tranquilo, intuición y conocimiento matemático, podría dedicarse a transacciones en el mercado de valores, pero a él le pareció muy arriesgado. Le conté el sueño de los caballos, para ilustrarle que uno puede caerse y volver a levantarse y replicó que era muy interesante, pero que no lo había soñado él.

Lori no podía ayudarlo con su salud, pero lo sostuvo y lo acompañó sin flaquear ni un instante, aunque ella misma estaba sufriendo, porque deseaba con ansias ser madre y para ello se sometió a la paliza de un tratamiento de fertilidad. Al juntarse con Nico habían hablado de hijos, por supuesto. Ella no podía renunciar a la maternidad, ya la había postergado demasiado a la espera de un amor verdadero, pero desde un principio él manifestó que no iba a tener más niños, no sólo porque podía transmitirles porfiria, sino también porque ya tenía tres. Se convirtió en padre muy joven, no alcanzó a experimentar la libertad y las aventuras que llenaron los primeros treinta y cinco años de Lori y pretendía gozar el amor que le había caído en la vida, ser camarada, amante, amigo y marido. Durante las semanas en que los niños vivían con Celia y Sally, ellos eran novios, pero el resto del tiempo sólo podían ser padres.

Ella decía que Nico no podía comprender su vacío y creía, tal vez con razón, que nadie estaba dispuesto a mover ni una pieza del puzle familiar para darle cabida a ella; se sentía como una extraña. Percibía algo negativo en el aire cuando se mencionaba la posibilidad de otro niño, y yo tuve mucha culpa en eso, porque al principio no la apoyé: me costó más de un año darme cuenta de lo importante que era la maternidad para ella. Procuré no interferir, para no herirla, pero mi silencio era elocuente: pensaba que un bebé les quitaría a ella y a Nico la poca libertad que tenían; también temía que desplazara a mis nietos. Para colmo, el día de la Madre, una de las niñas dibujó una tarjeta cariñosa, se la dio a Lori y un rato después se la pidió de vuelta, porque quería dársela a Celia. Para Lori eso fue como un cuchillo en el pecho, a pesar de que Nico le explicó una y otra vez que la chiquilla era demasiado joven para darse cuenta de lo que había hecho. Su sentido del deber llegó a ser casi un castigo; cuidaba y servía a los niños con una especie de desesperación, como si quisiera compensar el hecho de no sentirlos como propios. Y no lo eran, tenían madre, pero si adoptaron a Sally, con igual prisa estarían dispuestos a quererla a ella.

En ese tiempo varias amigas de Lori quedaron encinta; estaba rodeada de media docena de mujeres que se jactaban de sus barrigas, no se hablaba de otra cosa, el aire olía a infante, mientras la presión aumentaba para ella porque sus posibilidades de ser madre disminuían mes a mes, como le explicó el especialista que la trataba. A Lori nunca se le pasó por la mente sentir celos de sus amigas, todo lo contrario, se dedicaba a retratarlas y así formó una colección de imágenes extraordinarias, con el tema del embarazo, que espero que un día se convierta en un libro.

La pareja iba a terapia, donde supongo que discutieron este asunto hasta la saciedad. En un impulso, Nico llamó a Chile al tío Ramón, en cuyo criterio confía a ciegas. «¿Cómo pretendes que Lori sea madre de tus hijos si tú no quieres ser padre de los suyos?», fue su respuesta. Era un argumento de justicia prístina. Nico no sólo cedió, sino que se entusiasmó con la idea; sin embargo, el peso entero de aquella decisión recayó en Lori. Se sometió callada y sola a los tratamientos de fertilidad, que causaban estragos en su cuerpo y su ánimo. Ella, que tanto se preocupaba por comer bien, hacer ejercicio y llevar una vida sana, se sintió envenenada por ese bombardeo de drogas y hormonas. Sus intentos fallaron una y otra vez. «Si la ciencia no sirve, hay que ponerlo en manos del padre Hurtado», dijo Pía, mi leal amiga, desde Chile. Pero ni sus oraciones, ni las cábalas de mis hermanas del desorden, ni las invocaciones a ti, Paula, dieron resultados. Y así se fue un año completo.

OTRA CASA PARA LOS ESPÍRITUS

En la cúspide del mismo cerro donde estaba nuestra casa pusieron en venta un terreno de cerca de una hectárea con más de cien robles viejos y una vista soberbia de la bahía. Willie no me dejó en paz hasta que accedí a comprarla, a pesar de que me parecía un capricho superfluo. Él se apropió del proyecto y decidió construir la verdadera casa de los espíritus. «Tienes mentalidad de castellana, necesitas estilo. Y yo necesito un jardín», dijo. A mi parecer, mudarnos era una idea descabellada, porque la casa donde habíamos vivido durante más de diez años tenía su historia y un fantasma querido, no podía permitir que desconocidos habitaran entre esas paredes, pero Willie prestó oídos sordos a mis argumentos y siguió adelante con sus planes. A diario trepaba el cerro a fotografiar cada etapa de la construcción; no se colocó un solo clavo sin que fuera registrado por su cámara, mientras yo, aferrada a mi vieja morada, no quería saber nada de la otra. Lo acompañé algunas veces por cumplir, pero no pude entender los planos, me parecieron un enredo de vigas y pilares, lúgubre y demasiado grande. Pedí más ventanas y claraboyas. Willie decía que yo estaba enamorada del viejo irlandés que hacía los tragaluces, porque entre las dos casas le encargué casi una docena; uno más y los techos se habrían desmigajado como galletas. ¿Quién iba a limpiar ese buque? Se necesitaba un almirante que entendiera la maraña de tuberías y cables, las calderas, los ventiladores y otras máquinas de cambiar el clima. Sobraban habitaciones, nuestros muebles flotarían en esos ambientes enormes. Willie desdeñó mis objeciones malévolas, pero me hizo caso en cuanto al tamaño de las ventanas y los tragaluces, y cuando por fin estuvo lista y sólo faltaba escoger el color de la pintura, me llevó a verla.

La sorpresa fue inmensa: era mucho más que una vivienda, era una prueba de amor, mi propio Taj Mahal. Este amante imaginó una casa chilena de campo, de paredes gruesas y techo de tejas, con arcos coloniales, balcones de hierro forjado, una fuente española y una cabaña al fondo del jardín para que yo escribiera. La casona de mis abuelos en Santiago, que inspiró mi primer libro, nunca fue así, ni tan grande ni tan bella ni tan luminosa como yo la describí en la novela. La que Willie construyó era la que imaginé. Se alzaba orgullosa en la cima de la colina, rodeada de robles, con tres palmeras en el patio de adoquines de la entrada —tres damas espigadas con sombreros de plumas verdes—, que transportaron con una grúa y plantaron en los hoyos que habían preparado. Lucía un letrero de madera colgando del balcón: LA CASA DE LOS ESPÍRITUS. Mi resistencia previa desapareció en un suspiro, le salté al cuello a Willie, agradecida, y me apoderé del lugar. Decidí pintarla por fuera de color durazno y por dentro de color helado de vainilla. Quedó como una torta, pero contratamos a una señora con siete meses de embarazo y provista de una escalera, martillo, soplete y ácido, quien atacó las paredes, las puertas y los hierros, y les dio, en una semana, un siglo de antigüedad. Si no la hubiéramos detenido, habría reducido la casa entera a un montón de escombros antes de dar a luz en nuestro patio. El resultado es una incongruencia histórica: una casona chilena del mil novecientos en un cerro de California en pleno siglo XXI.

En contraste conmigo, que siempre tenía mi equipaje a mano para salir escapando, la única ocasión en que Willie realmente estuvo tentado de divorciarse fue durante la mudanza. Cierto, me porté como un coronel nazi, pero en dos días estábamos instalados como si lleváramos un año allí. La tribu entera participó, desde Nico con su cinturón de herramientas para colocar lámparas y colgar cuadros, hasta los amigos y los nietos, que pusieron tazas y platos en los gabinetes, desarmaron cajas y se llevaron la basura en sacos. En aquel alboroto casi te pierdes, Paula. Dos noches más tarde dimos la tarea por terminada y las catorce personas que nos habíamos deslomado en la mudanza cenamos en la «mesa de la castellana», como la llamó Willie desde el principio, con velas y flores: ensalada de camarones, estofado chileno y flan de leche. Nada de comida china pedida por teléfono. Así se inauguró un estilo de vida que no habíamos tenido hasta entonces.

Si yo habría de gozar en mi nueva situación de castellana, mucho más lo haría Willie, que necesita vista, espacio y techos altos para expandirse, una cocina amplia para sus experimentos, una parrilla para las infelices reses que suele asar y un jardín noble para sus plantas. A pesar del millón de alergias que lo atormentan desde la niñez, sale varias veces al día a oler las flores, a contar los brotes de cada arbusto y a aspirar a bocanadas el aroma fresco del laurel, el dulce de la menta, el penetrante del pino y el romero, mientras los cuervos, negros y sabios, se burlan de él en el cielo. Plantó diecisiete rosales virginales para reponer los que dejó en la otra casa. Cuando lo conocí, tenía diecisiete rosales en barriles, que había transportado durante años por los caminos de divorcios y mudanzas, pero los puso en tierra firme cuando se rindió al amor conmigo. Desde el primer año, cortó flores para mi cuchitril, único lugar de la casa donde se pueden poner, porque a él lo matan. Mi amiga Pía vino de Chile a bendecir la casa y trajo, escondida en su maleta, una patilla del «rosal de Paula», que tiene junto a la ermita en su jardín y que dos años más tarde habría de deleitarnos con rosas rosadas en profusión. Desde su pueblo de Santa Fe de Segarra, donde vive, Carmen Balcells me envía cada semana un ramo hiperbólico de flores, que también debo escamotear de Willie. Mi agente es dadivosa como los hidalgos de la España imperial. Una vez me regaló una maleta de chocolates mágicos: dos años después todavía aparecen en mis zapatos o dentro de alguna cartera; se reproducen misteriosamente en la oscuridad.

De mayo a septiembre calentamos la piscina como sopa y se llena la casa de niños propios y ajenos, que se materializan en la atmósfera, y visitas que llegan sin anunciarse, como el cartero. Más que una familia, somos un pueblo. Montañas de toallas húmedas, zapatillas guachas, juguetes de plástico; pilas de fruta, galletas, quesos y ensaladas sobre el mesón de la cocina; humo y grasa en las parrillas donde Willie hace bailar filetes, costillares, hamburguesas y salchichas. Abundancia y bullicio, que compensan los meses invernales de retiro, soledad y silencio, el tiempo sagrado de la escritura. El verano pertenece a las mujeres; nos juntamos en el jardín, en el carnaval de las flores y las abejas con sus trajes de rayas amarillas, a broncearnos las piernas y vigilar a los niños, en la cocina a probar nuevas recetas, en la sala a pintarnos las uñas de los pies y, en sesiones especiales, a intercambiar ropa con las amigas. Mi vestuario proviene casi en su totalidad de Lea, una imaginativa diseñadora que me hace todo al sesgo y largo, así estira, encoge, se adapta y sirve por igual a un batallón de mujeres de diferentes tallas, incluida Lori, con su cuerpo de modelo, quien ya abandonó el negro absoluto, uniforme obligado en Nueva York, y adoptó los colores de California. Hasta Andrea suele ponerse mis vestidos, pero jamás Nicole, que tiene un ojo implacable para la moda. En esos meses estivales caen los cumpleaños de media familia y de muchos amigos cercanos, y se celebran en conjunto. Es la época de parrandas, chismes y risas. Los niños hornean galletas y se preparan meriendas de quesadillas y batidos de fruta y helados. Supongo que en toda comuna hay uno que se echa al hombro las labores más ingratas; en la nuestra es Lori: debemos luchar a brazo partido con ella para que no asuma sola la tarea de lavar los cerros de tiestos y platos. Si nos descuidamos, es capaz de trapear el piso a gatas.

Lo mejor fue que al mes de mudarnos empezaron los mismos ruidos inexplicables que nos despertaban en la otra casa, y cuando mi madre vino de visita de Chile, comprobó que los muebles se movían por la noche. Era lo que la casa requería para justificar su nombre. No te perdimos en la mudanza, hija.

Había llegado el momento de llamar a Ernesto y Giulia, que llevaban meses considerando la posibilidad de trasladarse a California, para que formaran parte de la tribu y vivieran en la casa que habíamos dejado y que los estaba esperando. Se habían casado hacía un par de años en una ceremonia a la que acudieron las familias de los novios y la nuestra, incluso Jason, quien todavía no se había enterado del breve interludio amoroso entre Ernesto y Sally. Ernesto se lo confesaría más tarde, apenado. Giulia, en cambio, lo sabía, pero no es la clase de mujer que tiene celos del pasado. La novia, espléndida en su sencillo vestido de satén blanco, no se dio por aludida de la inoportuna reacción de algunos invitados, que por poco le arruinan el casamiento. A pesar de que los parientes de Ernesto estaban encantados con ella, se encerraban por turnos en el baño a lloriquear porque se acordaban de ti. No fue mi caso; en realidad estaba muy contenta, siempre he sabido que tú misma buscaste a Giulia para que tu marido no se quedara solo, tal como bromeabas a veces que harías. ¿Por qué hablabas de la muerte, hija? ¿Qué premoniciones tenías? Dice Ernesto que ustedes sentían que el amor no sería largo, que debían gozarlo apresuradamente, antes de que se lo arrebataran.

La vida de Ernesto y Giulia en Nueva Jersey era cómoda y ambos contaban con un buen trabajo, pero se sentían solos y cedieron a mi invitación de quedarse con nuestra antigua casa. Para aceptar ese regalo, Ernesto necesitaba un empleo en California y, como está protegido por un ángel, lo contrataron en una empresa a diez minutos de distancia de su nueva morada. Se demoraron un par de meses en vender su apartamento y cruzar el continente en un camión cargado con sus cosas. Entraron a esa casa el mismo día de mayo en que varios años antes te trajimos de España, para que pasaras allí el tiempo que te quedaba de vida. Me pareció una clara señal de buen augurio. Nos dimos cuenta porque Giulia me regaló un álbum donde había archivado en orden cronológico las cartas que te escribí en 1991, cuando estabas recién casada en Madrid, y las que le mandé a Ernesto en 1992 cuando tú estabas enferma en California y él trabajaba en Nueva Jersey. «Aquí seremos muy felices», dijo Giulia cuando entró a su casa, y no me cupo duda de que lo serían.

AL CORRER DE LA PLUMA

Aún no nos habíamos recuperado del breve roce con la fama del cine, cuando se estrenó *De amor y de sombra*, la película basada en mi segunda novela. La actriz, Jennifer Connelly, se parece tanto a ti —delgada, el cuello largo, las cejas gruesas, el cabello liso y oscuro—, que no pude terminar de ver la película. Hay un momento en que ella está en una cama de hospital y su compañero, Antonio Banderas, la levanta en brazos y la sostiene en el baño. Recuerdo la misma escena entre Ernesto y tú poco antes de que cayeras en coma. La primera vez que vi a Jennifer Connelly fue en un restaurante de San Francisco, donde debíamos encontrarnos. Al verla llegar con sus vaqueros desteñidos, su blusa blanca almidonada y una cola de caballo, creí estar soñando, porque eras tú resucitada en toda tu belleza. *De amor y de sombra*, filmada en Argentina porque no se atrevieron a hacerla en Chile, donde todavía pesaba la herencia de la dictadura, me pareció una película honesta y lamenté que se diera con poca bulla, aunque todavía, muchos años después, circula en video y televisión. Es una historia política, basada en hechos reales, que habla de quince campesinos desaparecidos después de ser arrestados por los militares, pero es esencialmente una novela de amor. Cuando Willie cumplió cincuenta años, una amiga le regaló ese libro, que él leyó durante sus vacaciones; después agradeció el libro a su amiga con una nota en la que le decía: «La autora entiende el amor como yo». Y por eso, por el amor que percibió en esas páginas, decidió ir a conocerme cuando yo pasaba por el norte de California en una gira de libros. En nuestro primer encuentro me habló de los protagonistas, quería saber si habían existido o eran imaginados por mí, si acaso su amor sobrevivió a los avatares del exilio y si volvieron alguna vez a Chile. Esta pregunta me sale al encuentro a cada rato; no sólo los niños quieren saber cuánto hay de verdad en la ficción. Empecé a explicarle, pero él me interrumpió a las pocas frases. «No, no me digas más, no quiero saberlo. Lo importante es que tú la escribiste y por lo tanto crees en esa clase de amor.» Luego me confesó que siempre tuvo la certeza de que un amor así era posible y que un día él lo viviría, aunque hasta entonces no le había sucedido nada ni remotamente parecido. Mi segunda novela me trajo suerte, gracias a ella conocí a Willie.

Por esos entonces ya se había publicado en Europa *Hija de la fortuna*, que según algunos críticos era una alegoría del feminismo, porque Eliza escapa del corsé victoriano para zambullirse, sin preparación alguna, en un mundo masculino, donde tiene que vestirse de hombre para sobrevivir y en el proceso adquiere algo muy valioso: libertad. No pensaba en eso cuando escribí el libro, creía que el tema era simplemente la fiebre del oro, aquel alboroto de aventureros, bandidos, predicadores y prostitutas que dio origen a San Francisco, pero la explicación del feminismo me parece válida, porque refleja mis convicciones y ese deseo de libertad que ha determinado el rumbo de mi vida. Para escribir la novela recorrí California con Willie, empapándome de su historia y tratando de imaginar lo que fueron esos años del siglo XIX en que el oro brillaba en el fondo de los ríos y entre las fisuras de las rocas, enloqueciendo de codicia a los hombres. A pesar de las autopistas, las distancias son inmensas; a caballo o a pie por delgados senderos de montañas, debían de ser infinitas. La soberbia geografía, con sus bosques, sus picos nevados, sus ríos de aguas turbulentas, invita al silencio y me recuerda las regiones encantadas de Chile. La historia y los pueblos que habitan mis dos patrias, Chile y California, son muy diferentes, pero el paisaje y el clima se parecen.

A menudo, cuando regreso a casa después de un viaje, tengo la impresión de haber andado en círculos durante treinta años para acabar de nuevo en Chile; son los mismos inviernos de lluvia y viento, los veranos secos y calientes, los mismos árboles, las costas abruptas, el mar frío y oscuro, los cerros inacabables, los cielos despejados.

A *Hija de la fortuna* siguió *Retrato en sepia*, la novela que estaba escribiendo en esos meses y que también conecta Chile con California. El tema es la memoria. Soy una eterna trasplantada, como decía el poeta Pablo Neruda; mis raíces ya se habrían secado si no estuviesen nutridas por el rico magma del pasado, que en mi caso tiene un componente inevitable de imaginación. Tal vez no es sólo en mi caso, dicen que el proceso de recordar y de imaginar son casi idénticos en el cerebro. El argumento de la novela está inspirado en algo que le ocurrió a una rama lejana de mi familia, en la que el marido de una de las hijas se enamoró de su cuñada. En Chile este tipo de historia familiar no se ventila; aunque todos sepan la verdad, se teje una conspiración de silencio para mantener las apariencias. Tal vez por eso a nadie le gusta tener a un escritor en la familia. El escenario para los sucesos que narré en el libro era una hermosa propiedad agrícola al pie de la cordillera de los Andes, y los protagonistas, la gente más buena del mundo, no merecían tamaño sufrimiento. Creo que éste hubiera sido más tolerable si hubieran hablado sin tapujos y, en vez de encerrarse en el secreto, hubieran abierto puertas y ventanas para que el aire se llevara el mal olor. Fue uno de esos dramas de amor y traición soterrados bajo capas y capas de convenciones sociales y religiosas, como en una novela rusa. Tal como dice Willie, a puerta cerrada hay muchos misterios de familia.

No planeé ese libro como una segunda parte de *Hija de la fortuna*, aunque históricamente coincidían, pero varios personajes, como Eliza Sommers, el médico chino Tao Chi'en, la matriarca Paulina del Valle y otros se introdujeron en las páginas sin que yo pudiese impedirlo. Cuando iba a medio camino en la escritura, comprendí que podía relacionar esas dos novelas con *La casa de los espíritus* y formar así una especie de trilogía que empezaba con *Hija de la fortuna* y usaba a *Retrato en sepia* como puente. Lo malo fue que en uno de los libros Severo del Valle perdió una pierna en la guerra y en el libro siguiente apareció con dos; es decir, existe una pierna amputada flotando en la densa atmósfera de los errores literarios. La investigación correspondiente a California fue fácil, porque ya la había hecho para la novela anterior, pero el resto debí hacerlo en Chile, con ayuda del tío Ramón, quien escarbó durante meses en libros de historia, documentos y periódicos antiguos. Fue una buena excusa para ir a menudo a ver a mis padres, que habían entrado en la década de los ochenta y empezaban a verse más frágiles. Por primera vez pensé en la posibilidad aterradora de que un día no muy lejano podría quedarme huérfana. ¿Qué haría yo sin ellos, sin la rutina de escribirle a mi madre? Ese año, contemplando la cercanía de la muerte, ella me devolvió los paquetes de mis cartas, envueltas en papel de Navidad. «Toma, guárdalas. Si me despacho de un patatús, no conviene que caigan en manos ajenas», me dijo. Desde entonces me las entrega cada año con el compromiso de que cuando yo me muera, Nico y Lori las quemen en una hoguera purificadora. Las llamas se llevarán nuestros pecados de indiscreción: allí vertemos cuanto se nos cruza por la cabeza y además tiramos barro a terceras personas. Gracias al talento epistolar de mi madre y a mi obligación de contestarle, dispongo de una abultada correspondencia donde los acontecimientos permanecen frescos; así he podido escribir estas memorias. La finalidad de esa metódica correspondencia es mantener latiendo el cordón que nos ha unido desde el instante de mi gestación, pero también es un ejercicio para fortalecer la memoria, esa frágil bruma donde los recuerdos se esfuman, se mezclan, cambian, y al final de nuestros días resulta que sólo hemos vivido lo que podemos evocar. Lo que no escribo se me olvida, es como si nunca hubiera sucedido; por eso nada significativo falta en esas cartas. A veces mi madre me llama por teléfono para contarme algo que la ha afectado de manera particular y lo primero que se me ocurre decirle es que me lo escriba, para que no se borre. Si ella se muere antes que yo, como es probable que ocurra, podré leer dos cartas diarias, una suya y otra mía, hasta cumplir ciento cinco años, y como para entonces estaré sumida en la confusión de la senilidad, todo me parecerá nuevo. Gracias a nuestra correspondencia, viviré dos veces.

EL LABERINTO DE LAS PENAS

Nico se repuso de la lesión en la espalda, empezaron a bajar sus niveles de porfiria y pensó en serio en la posibilidad de cambiar de trabajo. Además, se puso a hacer yoga y deporte: levantar pesas sin necesidad, nadar ida y vuelta a Alcatraz en las aguas heladas de la bahía de San Francisco, pedalear en bicicleta sesenta millas cerro arriba, correr de un pueblo a otro como un fugitivo... Le salieron músculos donde no los hay y podía preparar panquecas en la posición yoga del árbol: sobre un solo pie, el otro apoyado en el interior del muslo, un brazo levantado y el otro batiendo, mientras recitaba la palabra sagrada OOOOM. Un día vino a tomar el desayuno a mi casa y no lo reconocí. El príncipe del Renacimiento se había transformado en un gladiador.

A Lori le fallaron todos los intentos de gestar un niño y con mucha tristeza se despidió de ese sueño. Quedó machucada por el tratamiento de fertilidad y lo mucho que hurgaron dentro de su cuerpo, pero eso no fue nada comparado con el dolor del alma. La relación entre Celia y Nico era casi hostil, lo que producía tensión y afectaba mucho a Lori, porque se sentía atacada. No podía pasar por alto la rudeza con que la trataba Celia, por mucho que Nico le repitiera su mantra: «No es personal, cada uno es responsable de sus sentimientos y la vida no es justa». No creo que eso fuera de mucha ayuda. Sin embargo, hasta donde era posible, las dos parejas mantenían a los niños al margen de sus problemas.

El papel de madrastra es ingrato, yo misma he contribuido a la leyenda con mi gota de hiel. No hay una sola madrastra buena en la tradición oral ni en la literatura universal, excepto la de Pablo Neruda, a quien el poeta llamaba «mamadre». En general, no hay agradecimiento para las madrastras, pero Lori puso tanto esmero en la tarea, que mis nietos, con ese instinto infalible de los niños, no sólo la quieren tanto como a Sally, sino que ella es la primera persona a quien recurren si necesitan algo, porque nunca les falla. Hoy no pueden imaginar su existencia sin sus tres madres. Por años desearon que los cuatro padres, Nico, Lori, Celia y Sally, vivieran juntos y, en lo posible, en casa de los abuelos, pero esa fantasía ya desapareció. La infancia de mis nietos ha transcurrido yendo de una familia a otra, siempre de paso, como tres mochileros. Cuando estaban con una pareja, echaban de menos a la otra. Mi madre temía que ese sistema les produjese un incurable desorden de cíngaros, pero los chiquillos resultaron más estables que la mayoría de la gente que conozco.

Ese año 2000 culminó con un sencillo ritual para despedirnos del niño de Lori y Nico que nunca existió y otros duelos. Una tarde de ventisca partimos a las montañas guiados por una amiga de Lori, una joven que es como la encarnación de Gaia, diosa-tierra. Fuimos provistos de linternas y ponchos, por si nos sorprendía la noche. Desde lo alto de un cerro, Gaia nos señaló una quebrada y abajo, en un valle, un amplio laberinto circular hecho con piedras, perfecto en su geometría. Descendimos por un atajo angosto entre colinas grises, bajo un cielo blanco cruzado de pájaros negros. Nuestra guía dijo que nos habíamos reunido para deshacernos de ciertas tristezas, que estábamos allí para acompañar a Lori, pero que a nadie le faltaba una pena propia para dejar allí. Nico llevaba una foto tuya, Willie una de Jennifer, Lori una caja y una foto de su pequeña sobrina. Echamos a andar siguiendo los senderos trazados por las piedras, lentamente, cada uno a su ritmo, mientras los pajarracos fúnebres revoloteaban graznando en aquel cielo lívido. A veces nos cruzábamos en el dédalo y noté que todos tiritábamos de frío y estábamos emocionados.

En el centro había un montículo de rocas, como un altar, donde otros caminantes habían dejado recuerdos que la lluvia había mojado: mensajes, una pluma, flores marchitas, una medalla. Nos sentamos alrededor de ese altar y depositamos nuestros tesoros. Lori colocó la foto de su sobrina, parecida al niño que ella tanto había deseado, con el color y el olor de su familia. Nos contó que desde muy joven había planeado con su hermana vivir en el mismo barrio y criar juntas a sus hijos; los de ella serían una niña, Uma, y un niño llamado Pablo. Agregó que al menos tenía la suerte de que Nico compartía a sus hijos con ella y que trataría de ser una leal amiga para ellos. Sacó de la caja tres bulbos de flores y los plantó en la tierra. A uno le puso al lado una piedra, por Alejandro, a quien le gustan los minerales, a otro un corazón de vidrio rosado, por Andrea, que todavía no superaba la etapa de ese horrendo color, y al último un gusano vivo por Nicole, que ama a los animales. Willie, callado, colocó la fotografía de Jennifer sobre el altar, sujeta con piedrecillas para que no se la llevara el viento. Nico explicó que dejaba tu retrato para que acompañaras al niño que no nació y a las otras penas que allí quedaban, pero que él no deseaba desprenderse de la suya. «Echo de menos a mi hermana y así será siempre, por el resto de mi vida», dijo. Tantos años más tarde, la tristeza de tu partida está intacta, Paula. Basta rascar un poco la superficie y brota de nuevo, fresca como el primer día.

Sin embargo, no basta un ritual en un laberinto de las montañas para superar el deseo de ser madre, por mucha terapia y voluntad que se empleen. Es una cruel ironía que mientras otras mujeres evitan hijos o los abortan, a Lori el destino se los negara. Debió resignarse a no gestarlo, porque aún el método fantástico de plantarle en el vientre un óvulo ajeno fertilizado fue en vano, pero quedaba el recurso de adoptar. Hay infinidad de criaturas sin familia aguardando que alguien les ofrezca un hogar generoso. Nico estaba seguro de que eso agravaría los problemas de Lori de falta de tiempo, exceso de trabajo y poca privacidad. «Si ahora se siente atrapada, peor estaría con un bebé», me decía. Yo no podía darle ningún consejo. La encrucijada en que estaban era endemoniada, porque cualquiera de los dos que cediese quedaría resentido, ella porque Nico la había privado de algo esencial y él porque ella le había impuesto un hijo adoptado.

Nico y yo solíamos ir solos a tomar el desayuno a una cafetería, para ponernos al tanto de los sucesos cotidianos y los secretos del alma. Durante un año el tema predominante de aquellas conversaciones íntimas fue la angustia de Lori y el asunto de la adopción. Él no comprendía que ser madre fuese más importante que el amor entre ellos, que estaba en peligro por esa obsesión. Me decía que ellos habían nacido para quererse, se complementaban en todo y contaban con los recursos para llevar una vida ideal, pero en vez de apreciar lo que tenían, ella sufría por lo que le faltaba. Le expliqué que la especie no existiría sin esa necesidad que a las mujeres nos vence. No hay razón alguna para someter el cuerpo al prodigioso esfuerzo de gestar y dar a luz a un crío, para defenderlo como leona aun a costa de sí misma, para dedicarle cada instante durante años y años, hasta que pueda valerse solo, y luego vigilarlo de lejos con la nostalgia de haberlo perdido, porque los hijos se separan tarde o temprano. Nico alegó que esto de ser madre no es ni tan absoluto ni tan claro: algunas mujeres carecen de ese imperativo biológico.

—Paula era una de ellas, nunca quiso tener hijos —me recordó.

—Tal vez temía las consecuencias de la porfiria, no sólo por el riesgo para ella, sino porque podía transmitirla a sus hijos.

—Mucho antes de sospechar que tenía porfiria, mi hermana decía que los niños son adorables solamente de lejos y que hay otras maneras de realizarse, no sólo la maternidad. También hay mujeres en quienes el instinto maternal no se despierta. Si quedan encinta se sienten invadidas por un ser extraño que las consume y después no quieren al niño. ¿Te imaginas qué cicatriz quedará en el alma de alguien rechazado al nacer?

—Sí, Nico, hay excepciones, pero la inmensa mayoría de las mujeres desea tener hijos y, cuando llegan, sacrifica la vida por ellos. No hay peligro de que la humanidad sucumba por falta de niños.

ESPOSA POR ENCARGO

Lili llegó de la China con una visa de novia por tres meses, al cabo de los cuales debía casarse con Tong o regresar a su país. Era una mujer saludable y bonita, que parecía de veinte años, pero tenía alrededor de treinta, y estaba tan poco contaminada por la cultura occidental como su futuro marido deseaba. Además, no hablaba una sola palabra de inglés; mucho mejor, así sería más fácil mantenerla sometida, opinó la futura suegra, quien desde el principio aplicó el tradicional método de hacerle imposible la existencia a la nuera. Su rostro de luna y ojos chispeantes nos parecieron irresistibles, hasta mis nietos se enamoraron de ella. «Pobre chica, le costará mucho adaptarse», comentó Willie cuando se enteró de que Lili se levantaba al alba para hacer las labores de la casa y preparar los platos complicados que le exigía la despótica suegra, quien a pesar de su minúsculo tamaño la trataba a insultos y empujones. «¿Por qué no manda a la vieja al carajo?», le pregunté por señas a Lili, pero no me entendió. «No te metas», recitó Willie y agregó que yo nada sabía de la cultura china; pero sé un poco más que él, por lo menos he leído a Amy Tan. La novia por correo no era tan pusilánime como había dicho Willie al conocerla, de eso yo estaba segura. Tenía firmeza campesina, espaldas anchas, determinación en la mirada y en los gestos; de un papirotazo podía romperle la crisma a la madre de Tong y a él también, si se lo proponía. De dulce paloma, nada.

A los tres meses, cuando la visa de Lili estaba a punto de expirar, Tong nos anunció que se casarían. Willie, como abogado y amigo, le recordó que la única razón que tenía esa joven para casarse era instalarse en Estados Unidos, donde necesitaba marido sólo por dos años; después podía divorciarse e igual obtendría su permiso de residente. Tong lo había pensado, no era tan ingenuo como para suponer que una chica de internet iba a enamorarse a simple vista de su fotografía, por mucho que Lori la hubiese retocado, pero decidió que los dos ganarían algo con ese arreglo: él la posibilidad de un hijo y ella la visa. Ya verían cuál de las dos cosas se daba primero; el riesgo valía la pena. Willie le aconsejó que hiciera un acuerdo prematrimonial; de otro modo ella se quedaría con parte de los ahorros que con tanta cicatería él había acumulado, pero Lili manifestó que no firmaría un documento que no podía leer. Fueron donde un abogado en Chinatown, quien se lo tradujo. Al comprender el alcance de lo que se le pedía, Lili se puso color remolacha y por primera vez alzó la voz. ¡Cómo podían acusarla de casarse por una visa! ¡Había venido a formar un hogar con Tong!, alegó, sumiendo al novio y al abogado en hondo arrepentimiento. Se casaron sin el acuerdo prematrimonial. Al contármelo, Willie echaba chispas por las orejas, no podía creer que su contador fuese tan tonto, que cómo se le ocurría semejante estupidez, que ahora estaba jodido, que si acaso no había visto cómo a él mismo lo esquilmaron todas las mujeres que se le cruzaron por delante, y dale y dale con una letanía de funestos pronósticos. Por una vez me di el gusto de devolverle la mano: «No te metas».

Lili se inscribió en un curso intensivo de inglés y andaba enchufada a unos audífonos para escuchar el idioma hasta dormida, pero el aprendizaje resultó más difícil y lento de lo esperado. Salió a buscar empleo y a pesar de su esmerada educación y su experiencia como enfermera, no pudo conseguir nada porque no hablaba inglés. Le pedimos que limpiara nuestra casa y recogiera a los nietos en la escuela, porque Ligia ya no trabajaba; uno a uno había traído a sus hijos de Nicaragua, les había dado educación superior y ya todos eran profesionales, por fin podía descansar. Con nosotros Lili podría ganar un sueldo decente mientras encontraba algo apropiado a sus capacidades. Aceptó la proposición agradecida, como si le hubiésemos hecho un favor cuando era ella quien nos lo hacía a nosotros.

Al principio la comunicación con Lili resultaba divertida: yo le dejaba dibujos pegados en la nevera, pero Willie le hablaba en inglés a grito herido y ella sólo le contestaba «¡No!» con una sonrisa adorable. En una ocasión llegó de visita Roberta, una amiga transexual que antes de convertirse en mujer fue oficial de la Marina y se llamaba Robert. Luchó en Vietnam, fue condecorado por su valor, pero se horrorizó ante la muerte de inocentes y dejó el servicio militar. Estuvo treinta años enamorado de su esposa, quien lo acompañó en el proceso de convertirse en mujer y se quedaron juntas hasta que ella murió de cáncer de mama. A juzgar por las fotografías, Roberta era antes un hombrón peludo, con mandíbula de corsario y la nariz quebrada. Se hizo un tratamiento de hormonas, cirugía plástica, electrólisis para quitarse el vello y finalmente una operación genital, pero supongo que su aspecto no era del todo convincente, porque Lili se quedó mirándola boquiabierta y luego se llevó a Willie detrás de una puerta para preguntarle algo en chino. Mi marido dedujo que se trataba del género de nuestra amiga y empezó a explicar el asunto a Lili en un susurro, pero fue subiendo el volumen y terminó vociferando a pulmón desatado que era un hombre con alma de mujer o algo por el estilo. Yo casi me muero de vergüenza, pero Roberta siguió bebiendo té y mordisqueando pastelitos con sus finos modales, sin darse por aludida del alboroto de enajenados que se oía detrás de la puerta.

Mis nietos y Olivia, la perra, adoptaron a Lili. Nuestra casa nunca había estado tan limpia, la desinfectaba como si planeara una cirugía a corazón abierto en el comedor. Así se incorporó a nuestra tribu. Al casarse desapareció su timidez; respiró a fondo, infló el pecho, sacó licencia para conducir y se compró un coche. A Tong le alegró la vida, incluso ahora el hombre se ve más guapo, porque Lili lo viste a la moda y le corta el pelo. Eso no quita que peleen, porque él la trata como un marido déspota. Quise explicarle a Lili con mímica que la próxima vez que él le levantara la voz, ella debía propinarle un sartenazo en la cabeza, pero creo que no me entendió. Sólo les faltan hijos, que no llegan porque ella tiene problemas de fertilidad y él ya no es tan joven. Les aconsejé que adoptaran en China, pero allí no regalan varones y «¿Quién quiere una niña». La misma frase que había escuchado en la India.

MAGIA PARA LOS NIETOS

Cuando terminé *Retrato en sepia*, me perseguía una promesa que ya no podía seguir postergando: escribir tres novelas de aventuras para Alejandro, Andrea y Nicole, una para cada uno. Tal como antes hice con mis hijos, desde que mis nietos nacieron les conté cuentos con un sistema afinado a la perfección: ellos me daban tres palabras, o tres temas, y yo disponía de diez segundos para inventar un cuento que los incluyera. Se ponían de acuerdo para proponerme las cosas más disparatadas y apostaban a que yo no sería capaz de juntarlas, pero mi entrenamiento —que había comenzado contigo, Paula, en 1963— era tan formidable como la inocencia de ellos, y jamás les fallé. El problema surgía a la semana siguiente, si me pedían, por ejemplo, que les repitiera palabra a palabra el mismo cuento de la hormiga inquieta que se metió en un tintero y descubrió por casualidad la escritura egipcia. Yo no tenía ni el menor recuerdo de aquel insecto letrado y me veía en duros aprietos cuando ellos me pedían que recurriera a mi computadora mental. «La suerte de las hormigas es un fastidio, puro trabajar y servir a la reina; mejor les cuento de un escorpión asesino», y me lanzaba antes de que tuviesen tiempo de reaccionar. Pero llegó un día en que ni eso dio resultado; entonces les prometí que escribiría tres libros con los temas que ellos me propusieran, tal como hacíamos con los cuentos improvisados en diez segundos a la hora de dormir.

Mis nietos me dieron el tema del primer libro, que ya se adivinaba en muchos de los cuentos que me habían pedido antes: la ecología.

La aventura de *La Ciudad de las Bestias* nació del viaje que hice al Amazonas. Ahora ya sé que cuando se me seque nuevamente el pozo de la inspiración, como me ocurrió después de tu muerte, Paula, puedo llenarlo en los viajes. La imaginación se me despierta al salir del ambiente conocido y confrontar otras formas de existencia, gentes diferentes, lenguas que no domino, vicisitudes imprevisibles. Compruebo que el pozo se va llenando porque se me alborotan los sueños. Las imágenes y las historias que acumulo en el viaje se transforman en sueños vívidos, a veces en violentas pesadillas, que me anuncian la llegada de las musas. En el Amazonas me sumergí en una naturaleza voraz, verde sobre verde, agua sobre agua, vi caimanes del tamaño de un bote, delfines rosados, mantarrayas flotando como alfombras en las aguas color té del río Negro, pirañas, monos, pájaros inverosímiles y serpientes de muchas clases, incluso una anaconda, muerta, pero anaconda de todos modos. Pensé que nada de eso podría utilizar, porque no calza en el tipo de libros que escribo, pero todo resultó valioso a la hora de plantearme una novela juvenil. Alejandro fue el modelo de Alexander Cold, el protagonista; su amiga, Nadia Santos, es una mezcla de Andrea y Nicole. En la novela Alexander va con su abuela Kate, escritora de viajes, al Amazonas, donde conoce a Nadia. Los chicos se pierden en la selva, viven con una tribu de «indios invisibles» y descubren a unas bestias prehistóricas que viven en el interior de un tepuy, esas extrañas formaciones geológicas de la región. La idea de las bestias surgió de una conversación que escuché en un restaurante en Manaos entre un grupo de científicos que comentaban el hallazgo de un gigantesco fósil de aspecto humano en la selva. Se preguntaban a qué tipo de animal correspondía, tal vez era de la familia de los monos o una especie de yeti tropical. Con esos datos era fácil imaginar a las bestias. Los indios invisibles existen, son tribus que viven en la Edad de Piedra y que para mimetizarse en su ambiente se pintan el cuerpo imitando la vegetación que los rodea y se mueven tan sigilosamente que pueden hallarse a tres metros de ti y no los ves. Muchos de los relatos que oí en el Amazonas sobre corrupción, codicia, tráfico ilegal, violencia y contrabando fueron la materia prima para el argumento, pero lo esencial fue la selva, que se convirtió en el escenario y determinó el tono del libro.

A las pocas semanas de haber comenzado el primer volumen de la trilogía, comprendí que era incapaz de echar a volar la imaginación con la audacia que el proyecto requería. Me costaba mucho introducirme bajo la piel de ese par de adolescentes, que vivirían una aventura prodigiosa ayudados por sus «animales espirituales», como en la tradición de algunas tribus indígenas. Recuerdo los terrores de mi propia infancia, cuando no tenía ningún control sobre mi vida o el mundo que me rodeaba. Temía cosas muy concretas, como que mi padre, desaparecido desde hacía tantos años que hasta su nombre se había perdido, viniera a reclamarme, o que se muriera mi madre y yo terminara en un lúgubre orfanato alimentada con sopa de col, pero mucho más temía a las criaturas que poblaban mi propia mente. Creía que el diablo se aparece de noche en los espejos; que los muertos salen del cementerio durante los temblores de tierra, que en Chile son muy comunes; que había vampiros en el entretecho de la casa, grandes sapos malévolos dentro de los armarios y ánimas en pena entre las cortinas del salón; que nuestra vecina era una bruja y que el óxido de las cañerías era sangre de sacrificios humanos. Estaba segura de que el fantasma de mi abuela me mandaba crípticos mensajes en las migas del pan o en las formas de las nubes, pero eso no me daba miedo, era una de mis pocas fantasías tranquilizadoras. El recuerdo de esa abuela etérea y divertida siempre ha sido un consuelo, incluso ahora, que tengo veinticinco años más de los que ella tenía cuando se murió. ¿Por qué no me rodeaba de hadas con alas de libélula o sirenas de colas enjoyadas? ¿Por qué todo era horrible? No sabría decirlo, tal vez la mayoría de los niños vive con un pie en esos universos de pesadilla.

Para escribir mis novelas juveniles no podía echar mano de mis macabras fantasías de entonces, ya que no se trataba de evocarlas, sino de sentirlas en los huesos, como se sienten en la infancia, con toda su carga emotiva. Necesitaba volver a ser la niña que fui una vez, esa niña silenciosa, torturada por su propia imaginación, que deambulaba como una sombra en la casa del abuelo. Debía demoler mis defensas racionales y abrir la mente y el corazón. Y para ello decidí someterme a la experiencia chamánica de la ayahuasca, un brebaje preparado con la planta trepadora *Banisteriopsis*, que usan los indios del Amazonas para producir visiones.

Willie no quiso que me arriesgara sola y, como en tantas ocasiones de nuestra vida en común, me acompañó a ciegas. Bebimos un té oscuro de sabor repugnante, apenas un tercio de taza, pero tan amargo y fétido que era casi imposible de tragar. Tal vez yo tengo una falla en la corteza cerebral —bien que mal siempre ando un poco volada—, porque la ayahuasca, que a otros les da un empujón hacia el mundo de los espíritus, a mí me lanzó de una sola patada tan lejos que no regresé hasta un par de días más tarde. A los quince minutos de haberla tomado, me falló el equilibrio y me acomodé en el suelo, de donde ya no pude moverme. Me dio pánico y llamé a Willie, quien logró arrastrarse a mi lado, y me aferré a su mano como a un salvavidas en la peor tormenta imaginable. No podía hablar ni abrir los ojos. Me perdí en un torbellino de figuras geométricas y colores brillantes que al principio resultaron fascinantes y después agobiadores. Sentí que me desprendía del cuerpo, el corazón me estallaba y me sumía en una terrible angustia. Volví entonces a ser la niña atrapada entre los demonios de los espejos y las ánimas de las cortinas.

Al poco rato se esfumaron los colores y apareció la piedra negra que yacía casi olvidada en mi pecho, amenazante como algunas montañas de Bolivia. Supe que debía quitarla de mi camino o moriría. Traté de treparla y era resbalosa, quise darle la vuelta y era inmensa, empezaba a arrancarle pedazos y la tarea no tenía fin y mientras crecía mi certeza de que la roca contenía toda la maldad del mundo, estaba llena de demonios. No sé cuánto rato estuve así; en ese estado el tiempo no tiene nada que ver con el tiempo de los relojes. De pronto sentí un golpe eléctrico de energía, di una patada formidable en el suelo y me elevé por encima de la roca. Volví por un momento al cuerpo; doblada de asco, busqué a tientas el balde que había dejado a mano y vomité bilis. Náusea, sed, arena en la boca, parálisis. Percibí, o comprendí, lo que decía mi abuela: el espacio está lleno de presencias y todo sucede simultáneamente. Eran imágenes sobrepuestas y transparentes, como esas láminas impresas en hojas de acetato en los libros de ciencia. Anduve vagando por jardines donde crecían plantas amenazantes de hojas carnosas, grandes hongos que sudaban veneno, flores malvadas. Vi a una niña de unos cuatro años, encogida, aterrada; estiré la mano para levantarla y era yo. Diferentes épocas y personas pasaban de una lámina a otra. Me encontré conmigo en distintos momentos y en otras vidas. Conocí a una vieja de pelo gris, diminuta, pero erguida y con ojos refulgentes; podría haber sido también yo en unos años más, pero no estoy segura, porque la anciana se hallaba en medio de una confusa multitud.

Pronto ese poblado universo se esfumó y entré en un espacio blanco y silencioso. Flotaba en el aire, era un águila con sus grandes alas abiertas, sostenida por la brisa, viendo el mundo desde arriba, libre, poderosa, solitaria, fuerte, indiferente. Allí estuvo ese gran pájaro durante mucho tiempo y enseguida subió a otro lugar, aún más glorioso, en que desapareció la forma y no había sino espíritu. Se acabaron el águila, los recuerdos y sentimientos; no había yo, me disolví en el silencio. Si hubiese tenido la menor conciencia o deseo, te habría buscado, Paula. Mucho más tarde vi un círculo pequeño, como una moneda de plata, y hacia allá enfilé como una flecha, atravesé el hueco y entré sin esfuerzo en un vacío absoluto, un gris translúcido y profundo. No había sensación, espíritu, ni la menor conciencia individual; sin embargo sentía una presencia divina y absoluta.

Estaba en el interior de la Diosa. Era la muerte o la gloria de la que hablan los profetas. Si así es morir, estás en una dimensión inalcanzable y es absurdo imaginar que me acompañas en la vida cotidiana o me ayudas en mis tareas, ambiciones, miedos y vanidades.

Mil años más tarde regresé, como una extenuada peregrina, a la realidad conocida por el mismo camino que había recorrido para irme, pero a la inversa: atravesé la pequeña luna de plata, floté en el espacio del águila, bajé al cielo blanco, me hundí en imágenes psicodélicas y por fin entré a mi pobre cuerpo, que llevaba dos días muy enfermo, atendido por Willie, quien ya empezaba a creer que había perdido a su mujer en el mundo de los espíritus. En su experiencia con la ayahuasca, Willie no ascendió a la gloria ni entró en la muerte, se quedó trancado en un purgatorio burocrático, moviendo papeles, hasta que se le pasó el efecto de la droga unas horas más tarde. Entretanto yo estuve tirada en el suelo, donde después él me acomodó con almohadas y frazadas, tiritando, mascullando incoherencias y vomitando a menudo una espuma cada vez más blanca. Al principio estaba agitada, pero después quedé relajada e inmóvil, no parecía sufrir, dice Willie.

El tercer día, ya consciente, lo pasé tendida en mi cama reviviendo cada instante de aquel extraordinario viaje. Sabía que ya podría escribir la trilogía, porque ante los tropezones de la imaginación tenía el recurso de volver a percibir el universo con la intensidad de la ayahuasca, que es similar a la de mi infancia. La aventura con la droga me embargó de algo que sólo puedo definir como amor, una impresión de unidad: me disolví en lo divino, sentí que no había separación entre mí y el resto de lo que existe, todo era luz y silencio. Quedé con la certeza de que somos espíritus y que lo material es ilusorio, algo que no se puede probar racionalmente, pero que a veces he podido experimentar brevemente en momentos de exaltación ante la naturaleza, de intimidad con alguien amado o de meditación. Acepté que en esta vida humana mi animal totémico es el águila, ese pájaro que en mis visiones flotaba mirando todo desde una gran distancia. Esa distancia es la que me permite contar historias, porque puedo ver los ángulos y horizontes. Parece que nací para contar y contar. Me dolía el cuerpo, pero nunca he estado más lúcida. De todas las aventuras de mi agitada existencia, la única que puede compararse a esta visita a la dimensión de los chamanes fue tu muerte, hija. En ambas ocasiones sucedió algo inexplicable y profundo, que me transformó. Nunca volví a ser la misma después de tu última noche y de beber aquella poderosa poción: perdí el miedo a la muerte y experimenté la eternidad del espíritu.

EL IMPERIO DEL TERROR

El martes 11 de septiembre de 2001 yo estaba en la ducha cuando sonó el teléfono, temprano en la mañana. Era mi madre, desde Chile, horrorizada con la noticia que nosotros todavía desconocíamos, porque en California es tres horas más temprano que en la otra costa del país y acabábamos de salir de la cama. Al oír su voz pensé que me hablaba del aniversario del golpe militar en Chile, también un atentado terrorista contra una democracia, que cada año recordamos como un duelo: martes, 11 de septiembre de 1973. Encendimos la televisión y vimos una y mil veces las mismas imágenes de los aviones estrellándose contra las torres del World Trade Center, que me recordaron las del bombardeo de los militares contra el palacio de La Moneda en Chile, donde ese día murió el presidente Salvador Allende. Corrimos al banco a retirar dinero en efectivo y a abastecernos de agua, gasolina y alimentos. Se cancelaron los vuelos de avión, miles de pasajeros quedaron atrapados, los hoteles se llenaron y debieron poner camas en los pasillos. En esos días yo debía partir en gira de libros a Europa, pero tuve que cancelar el viaje. Las líneas telefónicas estaban tan recargadas que Lori no pudo comunicarse con sus padres durante dos días ni yo con los míos en Chile. Nico y Lori se trasladaron a nuestra casa con los niños, que estaban con ellos esa semana y no iban a la escuela porque las clases se suspendieron. Juntos nos sentíamos más seguros.

Durante días, nadie pudo volver a su trabajo en Manhattan. En el cielo flotaba una nube de polvo y de las cañerías rotas escapaban gases tóxicos. Cuando todavía reinaba la confusión, recibimos noticias de Jason. Nos contó que en Nueva York la situación empezaba a mejorar lentamente. Caminó en la noche hacia el área del desastre con una pala y un casco para ayudar a los equipos de rescate, que estaban extenuados. Pasó junto a docenas de voluntarios que regresaban de muchas horas de trabajo en las ruinas con trapos blancos amarrados al cuello, en honor a las víctimas atrapadas en las torres, que habían agitado pañuelos por las ventanas para despedirse. Desde lejos se veía el humo que se levantaba de las ruinas. Los neoyorquinos se sentían como apaleados. Sonaban sirenas y corrían ambulancias vacías, porque ya no quedaban sobrevivientes, mientras docenas de cámaras de televisión se alineaban cerca del área demarcada por los bomberos. Se anticipaba otro ataque, pero nadie hablaba en serio de dejar la ciudad; Nueva York no había perdido su carácter ambicioso, fuerte y visionario. Al llegar al lugar del desastre, Jason se encontró con muchos voluntarios como él; por cada víctima desaparecida en las ruinas había varias personas dispuestas a buscarla. Cada vez que pasaba un camión con trabajadores, la multitud lo saludaba con gritos de ánimo. Otros voluntarios llevaban agua y comida. Donde antes se alzaban las soberbias torres, había un humeante hueco negro. «Esto es como un mal sueño», dijo Jason.

El bombardeo de Afganistán comenzó pronto. Los misiles llovían sobre las montañas donde se escondía un puñado de terroristas a quienes nadie quería enfrentar cara a cara, aplanando el mundo con su estrépito. Mientras, el invierno se dejó caer y mujeres y niños empezaron a morir de frío en los campos de refugiados: daños colaterales. Entretanto, en Estados Unidos aumentaba la paranoia, la gente abría el correo con guantes y máscara por la posibilidad de un virus de viruela o ántrax, supuestas armas de destrucción masiva. Contagiada por el terror de los demás, salí a conseguir Cipro, un poderoso antibiótico que podía salvar a mis nietos en caso de guerra biológica, pero Nico me dijo que si al primer síntoma de resfrío les

dábamos esa píldora a los niños, en una enfermedad real ya no sería efectiva. Era como matar moscas a cañonazos. «Calma, mamá, no
se puede prevenir todo», me dijo. Y entonces me acordé de ti, hija,
del golpe militar en Chile y de tantos otros momentos de impotencia en mi vida. No tengo control sobre los sucesos esenciales, aquellos
que determinan el curso de la existencia, por lo mismo más vale que
me relaje. La histeria colectiva me hizo olvidar esa tremenda lección
durante varias semanas, pero el comentario de Nico me devolvió a
la realidad.

JULIETTE Y LOS NIÑOS GRIEGOS

Al hacer la investigación para la trilogía juvenil, conocí en la librería Book Passage a Juliette, una joven americana muy bella y muy encinta, quien apenas lograba equilibrar la panza más descomunal que me había tocado ver. Esperaba mellizos, pero no eran suyos, sino de otra pareja; ella sólo había prestado el vientre, me dijo. Era una iniciativa altruista de su parte, pero al conocer su historia me pareció una barbaridad.

A los veintitantos años, después de graduarse en la universidad, Juliette hizo un viaje a Grecia, el destino lógico para quien había estudiado arte, y allí, en la isla de Rodas, conoció a Manolí, un griego exuberante, con melena y barba de profeta, ojos de terciopelo y una personalidad avasalladora que la sedujo de inmediato. El hombre usaba pantalones tan cortos, que al agacharse o sentarse cruzado de piernas se le veían sus vergüenzas. Imagino que eran excepcionales, ya que las mujeres lo perseguían al trote por las callecitas de Lindos, su pueblo. Manoli tenía lengua de oro y podía pasar doce horas en la plaza o en una cafetería contando anécdotas sin pausa, rodeado de oyentes hipnotizados por su voz. La historia de su propia familia era toda una novela: los turcos habían decapitado a su abuelo y su abuela delante de sus siete hijos, a quienes obligaron a caminar, junto a cientos de otros prisioneros griegos, desde el mar Negro hasta el Líbano. En esa ruta del dolor murieron seis de los hermanos; sólo el padre de Manoli, que entonces tenía seis años, sobrevivió. Entre las numerosas turistas bronceadas por el sol y dispuestas a rodar con él en las arenas calientes de Grecia, Manoli escogió a Juliette por su aire de inocencia y su hermosura. Ante la sorpresa de los habitantes de la isla, que lo consideraban soltero insalvable, le propuso matrimonio. Había estado casado antes con una chilena, curiosamente, quien se fugó con un profesor de yoga el día de su boda. La historia no era clara, pero según las lenguas sueltas el rival puso LSD en la bebida de Manoli, quien despertó al otro día en una institución psiquiátrica y para entonces su casquivana esposa había desaparecido. No supo de la chilena nunca más. Para casarse de nuevo debió hacer los trámites legales para probar que ella había desertado del matrimonio, ya que no había nadie para firmar los papeles del divorcio.

Manoli ocupaba una antigua vivienda sobre un acantilado mirando el mar Egeo, una casa que había pertenecido por cientos de años a los sucesivos vigías que oteaban el horizonte. A la vista de barcos enemigos debían montarse en un caballo, que siempre estaba ensillado, y galopar cincuenta kilómetros hasta la mítica ciudad de Rodas, fundada por los dioses, para dar la alarma. Manoli puso mesas fuera y lo convirtió en un restaurante. Cada año daba una mano de pintura blanca a la casa y marrón a las persianas y puertas, como todas las viviendas del idílico pueblo, donde no circulan coches y la gente se conoce por el nombre. Lindos, coronado por su acrópolis, se ve más o menos igual desde hace muchos siglos, con el agregado de un castillo medieval, ya en ruinas. Juliette no dudó en casarse, aunque supo desde el comienzo que no habría manera de sujetar a ese hombre. Para evitar el dolor de los celos y la humillación de que alguien viniera a contarle un chisme, le dijo a Manoli que podía tener las aventuras amorosas que se le antojaran pero nunca a sus espaldas; prefería saberlas. Manoli se lo agradeció, pero por suerte poseía suficiente experiencia como para no cometer la tontería de confesar una infidelidad. Gracias a eso, Juliette vivió tranquila y enamorada. Estuvieron juntos dieciséis años en Lindos.

El restaurante los mantenía muy ocupados durante la temporada alta, pero lo cerraban en invierno y entonces aprovechaban para viajar. Manoli era un ilusionista de la cocina. Preparaba todo en el momento, carnes y pescados a la parrilla, ensaladas frescas. Él mismo escogía cada pescado que los botes traían del mar al amanecer y cada vegetal que llegaba de los plantíos a lomo de mula; así su fama trascendió la isla. Desde el pueblo hasta el acantilado donde estaba el restaurante había veinte minutos de caminata a paso reposado. Los clientes no tenían apuro, porque el soberbio paisaje invitaba a la contemplación. La mayoría se quedaba la noche entera para seguir la trayectoria de la luna sobre la acrópolis y el mar. Juliette, con sus vaporosos vestidos de algodón, sandalias, melena de un castaño intenso suelta sobre los hombros y rostro clásico, resultaba aún más atrayente que la comida. Parecía la vestal de un antiguo templo griego, y por lo mismo llamaba la atención que hablara con acento americano. Se deslizaba con las bandejas entre los comensales, siempre suave y simpática, a pesar del tumulto de clientes apretujados en el local y esperando en la puerta. Sólo en dos ocasiones perdió la paciencia, y en ambas fue con turistas americanos. En la primera, un gordinflón, colorado por el exceso de sol y *ouzo*, rechazó tres veces el plato porque no era exactamente lo que quería y lo hizo con pésimos modales. Juliette, extenuada por una larga noche de servicio, le llevó el cuarto plato y, sin comentarios, se lo volcó sobre la cabeza. En la segunda ocasión fue por culpa de una culebra que trepó por la pata de una mesa y avanzó ondulando hacia la fuente de la ensalada, en medio del griterío histérico de un grupo de tejanos que sin duda habían visto otras más largas en su tierra; no había necesidad de espantar a la clientela con ese escándalo. Juliette cogió un cuchillo grande de la cocina y de cuatro golpes de karate partió la culebra en cinco pedazos. «Enseguida les traigo la langosta», fue todo lo que dijo.

Juliette soportaba de buen grado las manías de Manoli —un marido nada fácil— porque era el hombre más entretenido y apasionado que había conocido. Comparados con él, todos los demás resultaban insignificantes. Había mujeres que delante de ella le pasaban a Manoli la llave de su hotel, que él rechazaba con alguna broma irresistible, después de tomar debida nota del número del cuarto. Tuvieron dos niños tan guapos como la madre: Aristóteles y, cuatro años después, Aquiles. El menor todavía estaba en pañales cuando su padre fue a Tesalónica a consultar a un médico porque le dolían los huesos. Juliette se quedó con los niños en Lindos atendiendo el restaurante lo mejor posible; no atribuyó demasiada importancia al malestar de su marido porque no lo había oído quejarse. Manoli la llamaba por teléfono a diario para contarle nimiedades; nunca se refería a su salud. A las preguntas de ella, contestaba con evasivas y con la promesa de que volvería en menos de una semana, cuando se supieran los resultados de los exámenes. Sin embargo, el mismo día en que ella aguardaba su regreso, vio una larga fila de amigos y vecinos que ascendía por la colina y llegaba a la puerta de su casa a la hora del crepúsculo. Sintió una garra en el cuello y se acordó de que el día anterior, por teléfono, a su marido se le había quebrado la voz en un sollozo cuando le dijo: «Eres una buena madre, Juliette». Ella se había quedado pensando en esa frase, tan inesperada en Manoli, quien no prodigaba lindezas en ella. En ese momento se dio cuenta de que había sido una despedida. Las caras compungidas de los hombres agrupados ante su puerta y el abrazo colectivo de las mujeres se lo confirmaron. Manoli había muerto de un cáncer fulminante, que nadie sospechaba porque se las arregló para disimular el suplicio de los huesos deshechos. Entró al hospital sabiendo que había llegado su hora, pero por orgullo no quiso que su mujer y sus hijos lo vieran agonizar. Los vecinos de Lindos juntaron sus esfuerzos y compraron los pasajes en avión para Juliette y los niños. Las mujeres les hicieron la maleta, cerraron la casa y el restaurante y una de ellas los acompañó a Tesalónica.

La joven viuda anduvo de un hospital a otro buscando a su marido, porque ni siquiera estaba segura de dónde se hallaba, hasta que por fin la condujeron a un sótano, que no era más que una cueva en la tierra, como las que se usaban para guardar vino, donde había un cuerpo sobre una tabla, cubierto apenas por una sábana. Su primera impresión fue de alivio, porque creyó que había sido víctima de una terrible equivocación. Ese cadáver amarillo y esquelético, con una expresión torcida de sufrimiento, no se parecía al hombre alegre y lleno de vida que era su esposo, pero entonces, el enfermero que la acompañaba levantó la lámpara y Juliette reconoció a Manoli. En las horas siguientes, debió sacar fuerzas de lo más profundo, encontrar un sitio en el cementerio y enterrar sin ceremonias a su marido. Después llevó a sus hijos a una plaza y entre árboles y palomas les explicó que no volverían a ver a su padre, pero que lo sentirían muchas veces a su lado, porque Manoli siempre los cuidaría. Aquiles era demasiado joven para comprender la inmensidad de su pérdida, pero Aristóteles quedó aterrado. Esa misma noche Juliette despertó sobresaltada con la certeza de que la besaban en la boca. Sintió los labios suaves, el aliento cálido y el cosquilleo de la barba de su marido, que había venido a darle el beso de despedida que no quiso darle antes, cuando agonizaba solo en un hospital. Lo que ella les había dicho a sus hijos para consolarlos era una verdad absoluta: Manoli velaría por su familia.

El pueblo de Lindos cerró filas en torno a la joven viuda y sus hijos, pero ese abrazo no podía sostenerlos por tiempo indefinido. Era imposible para Juliette manejar sola el restaurante y, como no encontró otro trabajo en la isla, decidió que había llegado el momento de reencontrarse con su familia y regresar a California, donde al menos contaría con la ayuda de sus padres. La existencia cambió para los niños, que se habían criado libres y seguros, jugando descalzos en las calles blancas de la isla, donde todos los conocían. Juliette consiguió un apartamento modesto, parte de un proyecto de una iglesia, y encontró empleo en Book Passage. No había acabado de instalarse cuando a su madre se le declaró una enfermedad incurable y al cabo de unos meses le tocó enterrarla. Un año después murió su padre. Había tanta muerte a su alrededor, que al saber de una pareja que buscaba un vientre para gestarles un hijo, se ofreció sin pensarlo mucho, con la esperanza de que esa vida dentro de ella la consolara de tantas pérdidas y le diera calor. La conocí deformada por el embarazo, con las piernas hinchadas y manchas en la cara, ojerosa y muy cansada, pero contenta. Siguió trabajando en la librería hasta que debió retirarse por orden médica y pasó las últimas semanas en un sofá, aplastada por el peso de la barriga. En menos de cuatro años, Aristóteles y Aquiles habían perdido a su padre y sus dos abuelos; sus cortas vidas estaban marcadas por la muerte. Se aferraban a su madre, la única que les quedaba, con el miedo inevitable de que también ella podía desaparecer, por lo mismo me pareció extraño que Juliette corriera el riesgo de ese embarazo.

—¿Quiénes son los padres de estos mellizos? —le pregunté.

—Casi no los conozco. El contacto se hizo a través de un grupo con el que me junto todas las semanas. Son adultos y niños que están pasando por un duelo. El grupo nos ha ayudado mucho; ahora Aristóteles y Aquiles comprenden que no son los únicos niños sin padre.

—El acuerdo con esa pareja fue que tú tendrías un bebé, pero no dos. ¿Por qué les vas a dar un crío de yapa? Dales uno solo y el otro me lo pasas a mí.

Ella se echó a reír y me explicó que ninguno le pertenecía, existían acuerdos y hasta contratos legales respecto a óvulos, espermatozoides, paternidad y otros líos, así es que yo no podía apropiarme de uno de los mellizos. Qué lástima, no era lo mismo que una camada de perritos.

Juliette es la diosa Afrodita, toda dulzura y abundancia: curvas, senos, labios de beso. Si la hubiese conocido antes, su imagen habría ilustrado la tapa de mi libro sobre comida y amor. Ella y los dos niños griegos, como llamamos a sus hijos, entraron naturalmente a formar parte de nuestra familia, y cuando ahora cuento los nietos, debo sumar dos más. Así aumentó la tribu, esta comunidad bendita donde se multiplican las alegrías y se dividen los dolores. El más prestigioso colegio privado del condado ofreció becas a Aristóteles y Aquiles y, por un golpe de suerte, Juliette consiguió alquilar una casita con jardín en nuestro barrio. Ahora todos, Nico, Lori, Ernesto, Giulia, Juliette y nosotros, vivimos en un radio de pocas cuadras y los niños pueden ir de una casa a otra a pie o en bicicleta. La familia la ayudó a mudarse, y mientras Nico reparaba averías, Lori colgaba cuadros y Willie instalaba una parrilla, yo llamaba a Manoli para que cuidara a los suyos desde el otro lado, tal como había prometido en aquel beso póstumo con que se despidió de su mujer.

Una tarde del verano, sentadas en torno a la piscina de nuestra casa, mientras Willie enseñaba a nadar a Aquiles, que le tenía pavor al agua pero se moría de envidia al ver chapaleando a los demás niños, le pregunté a Juliette cómo ella, que era tan maternal, pudo gestar a dos bebés durante nueve meses, darlos a luz y ese mismo día desprenderse de ellos.

—No eran míos, sólo estuvieron en mi cuerpo por un tiempo. Mientras los llevé dentro los cuidaba y sentía ternura, pero no ese amor posesivo que siento por Aristóteles y Aquiles. Siempre supe que me iba a separar de ellos. Cuando nacieron los tuve un momento en brazos, los besé, les deseé buena suerte y se los pasé a los padres, quienes se los llevaron de inmediato. Después me dolían los pechos, cargados de leche, pero no me dolía el corazón. Me alegré por esa pareja que tanto deseaba tener hijos.

—¿Volverías a hacerlo?

—No, porque ya tengo casi cuarenta años y un embarazo es mucho desgaste. Sólo lo haría por ti, Isabel —me dijo.

—¿Por mí? ¡Ni Dios lo permita! Lo que menos deseo a mi edad es un crío —me reí.

—Entonces, ¿por qué me pediste que me robara a uno de los mellizos para dártelo?

—No era para mí, sino para Lori.

JASON Y JUDY

A los ojos de mi madre, la mejor cualidad de Willie es que «es bien mandado». A ella nunca se le hubiese ocurrido llamar por teléfono al tío Ramón a la oficina para que pasara a comprar sardinas para la cena, o pedirle que se quite los zapatos, se suba a una silla y limpie con el plumero la parte superior de algún mueble, cosas que Willie hace sin aspavientos. Para mí, lo más admirable de mi marido es su porfiado optimismo. No hay forma de hundir a Willie. Lo he visto de rodillas algunas veces, pero se pone de pie, se sacude el polvo, se cala el sombrero y sigue adelante. Ha tenido tantos problemas con sus hijos que en su lugar yo estaría con una depresión incurable. No sólo sufrió con Jennifer, también con los otros dos, que han tenido vidas dramáticas por culpa de la adicción a las drogas. Willie los ha ayudado siempre, pero con el paso de los años ha ido perdiendo la esperanza; por lo mismo se aferra a Jason.

—¿Por qué fuiste tú el único que aprendió algo de mí? Los otros sólo piden: dame, dame, dame —le dijo una vez Willie.

—Se creen con derecho porque son tus hijos, pero a mí no me debes nada. No eres mi padre y siempre te has ocupado de mí. ¿Cómo no me va a importar lo que me dices? —le contestó Jason.

—Estoy orgulloso de ti —gruñó Willie, disimulando una sonrisa.

—Eso no cuesta nada, tu vara no es muy alta, Willie.

Jason se adaptó a Nueva York, la ciudad más entretenida del mundo, donde trabaja con éxito, tiene amigos, vive de la escritura y ha encontrado a la joven que buscaba, «tan digna de confianza como

Willie». Judy se graduó en Harvard y trabaja escribiendo sobre sexo y relaciones en internet y en revistas femeninas. Es de madre coreana y padre americano, bella, inteligente y de carácter tan ferozmente independiente como yo. No puede tolerar la idea de que alguien la mantenga, en parte porque vio a su madre —que apenas hablaba inglés— sometida por completo a su padre, quien a su debido tiempo la dejó por otra mujer más joven. Judy le quitó a Jason el vicio de explotar su drama para seducir muchachas. Con el cuento de la novia que lo dejó por su cuñada, conseguía las citas que quería, nunca le faltaba un hombre femenino y algo más donde hallar consuelo; pero con Judy esa fórmula no resultó, porque ella aprendió temprano a valerse por sí sola y no es de las que se queja. Sintió lástima por lo que él había sufrido, pero no fue eso lo que la atrajo. Cuando se conocieron, ella llevaba cuatro años viviendo con otro hombre, pero no era feliz.

—¿Estás enamorada de él? —le preguntó Jason.

—No sé.

—Si tan difícil es contestar esa pregunta, es que probablemente no lo quieres.

—¡Tú qué sabes! ¡No tienes derecho a decir eso! —replicó ella, indignada.

Se besaron, pero Jason le dijo que no volverían ni siquiera a tocarse hasta que ella dejara a ese hombre; no estaba dispuesto a que lo basurearan de nuevo. En menos de una semana ella salió del estupendo apartamento donde estaba viviendo, lo que parece ser la prueba máxima de amor en Nueva York, y se trasladó a un sucucho oscuro y muy distante del centro. Pasó bastante tiempo antes de que la relación se asentara, porque él seguía desconfiando de las mujeres en general y del matrimonio en particular, ya que sus padres, madrastras y padrastros se habían divorciado una, dos y hasta tres veces. Un día Judy le dijo que no le hiciera pagar a ella por la traición de Sally. Eso, más el hecho de que ella lo quería a pesar de que él se resistía a asumir un compromiso, lo hizo reaccionar. Por fin pudo bajar sus defensas y reírse del pasado. Ahora incluso se comunica de vez en cuando con Sally por email. «Me alegra que haya estado con Celia durante tantos años; eso significa que no me dejó por un capricho. Mucha gente sufrió, pero al fin algo bueno salió de todo ese lío», me dijo.

Según Jason, Judy es la persona más decente que conoce, sin la menor afectación o malicia. La crueldad del mundo siempre la sorprende, porque no se le ocurriría hacerle daño a nadie. Adora a los animales. Cuando se conocieron, ella sacaba a pasear perros abandonados con la esperanza de que alguien se prendara de ellos. En ese momento andaba con Toby, un animal patético, como un ratón sin pelos, que se orinaba sin control y sufría ataques de epilepsia; quedaba con las cuatro patas tiesas en el aire echando espuma por el hocico. Había que administrarle medicamentos cada cuatro horas, una verdadera esclavitud. Era el cuarto perro del que se hacía cargo, pero no había esperanza de que alguien se enamorara de semejante horror y lo adoptara, de modo que se lo llevó a Jason para que le hiciera compañía mientras él escribía. Al final se quedaron con el pobre Toby.

Jason llevaba más de un año contratado por una revista de hombres, una de esas con páginas a pleno color de muchachas lascivas abiertas de labios y piernas, cuando le encargaron que hiciera un reportaje sobre el insólito crimen de un joven que mató a su mejor amigo en el desierto de Nuevo México, donde habían ido a acampar. Se perdieron y estaban a punto de perecer, cuando uno le pidió al otro que le diera una muerte misericordiosa, porque no quería morir de sed, y éste lo acuchilló. Las circunstancias eran bastante turbias, pero el juez determinó que el asesino había actuado enloquecido por la deshidratación y lo dejó en libertad con una pena mínima. La labor periodística no resultó fácil, porque a pesar de la notoriedad del crimen no culminó en un juicio pleno de intriga y tampoco el acusado, ni sus amigos y familiares aceptaron hablar con Jason, quien debió conformarse con lo que obtuvo en el sitio de los hechos y los comentarios de los guardabosques y policías. Sin embargo, con tan escaso material logró dar a su reportaje el tono de urgencia y suspenso de una novela policial. A la semana de salir la revista a la calle, una editorial le encargó que escribiera un libro sobre el caso, le pagó un adelanto inusitado para un autor novato y lo publicó con el título de *Journal of the Dead*, diario del muerto. El texto cayó en manos de unos productores de cine y Jason vendió los derechos para la película. De la noche a la mañana iba camino de convertirse en el próximo Truman Capote. Del periodismo pasó con naturalidad a la literatura, tal como predije la primera vez que me mostró uno de sus cuentos, cuando tenía dieciocho años y vegetaba en la casa de Willie envuelto en una frazada, fumando y bebiendo cerveza a las cuatro de la tarde. Ésa era la época en que no quería despegarse de la familia y nos llamaba por teléfono a media tarde a la oficina para preguntarnos a qué hora volveríamos a la casa y qué íbamos a prepararle para la cena. Ahora es el único de nuestra descendencia que no necesita ayuda para nada. Con los ingresos del libro y la película, decidió comprar un apartamento en Brooklyn. Judy sugirió que lo hicieran a medias y, ante el estupor de Jason y del resto de la familia, hizo un cheque de seis cifras. Había trabajado desde la adolescencia sin escatimar esfuerzo, sabe invertir su dinero y es frugal. Jason salió premiado con esta chica, pero ella no quiere casarse hasta que él deje de fumar.

LAS MADRES BUDISTAS

Fu y Grace no habían adoptado a Sabrina, no se les ocurrió que fuese indispensable, pero entonces el antiguo conviviente de Jennifer salió de la prisión, donde había ido a parar por alguna felonía, y manifestó la intención de ver a su hija. Nunca aceptó hacerse un examen de sangre para probar su dudosa paternidad, y en cualquier caso ya había perdido sus derechos sobre ella, pero su voz en el teléfono puso a las madres sobre alerta. El hombre pretendía llevarse a la niña los fines de semana, lo que no estaban dispuestas a permitir, aunque él fuese el padre, por su prontuario y su estilo de vida, que no les daba confianza. Decidieron entonces que había llegado el momento de legalizar la situación de Sabrina. Esto coincidió con la muerte del padre de Grace, de setenta y cinco años, que había fumado la vida entera, tenía los pulmones arruinados y había terminado en un hospital conectado a una máquina para respirar. Vivía en Oregón, el único estado del país donde nadie invoca la ley cuando se trata de que un enfermo sin esperanza escoja el momento de morir. El padre de Grace calculó que seguir viviendo de mala manera costaba una fortuna y no valía la pena. Llamó a sus hijos, que acudieron de lejos, y mediante su computadora personal les explicó que los había citado para despedirse.

—¿Para adónde va, papá?

—Al cielo, si me dejan entrar —escribió en la pantalla.

—¿Y cuándo piensa morirse? —le preguntaron, divertidos.

—¿Qué hora es? —quiso saber el paciente.

—Las diez.

—Digamos al mediodía. ¿Qué les parece?

Y al mediodía exacto, después de despedirse de cada uno de sus sorprendidos descendientes y consolarlos con la idea de que esa solución convenía a todos, en especial a él mismo, porque no pensaba pasar años enchufado a una máquina de respirar y tenía una gran curiosidad por ver lo que hay al otro lado de la muerte, se desconectó y se fue, feliz.

Para la adopción de Sabrina acudió de San Francisco una jueza, ante quien nos presentamos en familia. Desde la puerta de una sala del Ayuntamiento vimos un largo pasillo por donde venía esa nieta milagrosa caminando por primera vez sin ayuda de un andador. Su figura menuda avanzaba con inmensa dificultad por ese camino eterno de baldosas, seguida por sus madres, que la vigilaban sin tocarla, listas para intervenir en caso necesario. «¿No les dije que iba a caminar?», nos desafió Sabrina con ese gesto de orgullo con que celebra cada conquista de su tenacidad. La habían vestido de fiesta, con lazos en el pelo y zapatillas rosadas. Nos saludó sin darse por aludida de la emoción de Willie, posó para las fotos, agradeció la presencia de la tribu y anunció, solemne, que desde ese momento su nombre era Sabrina y el apellido de Jennifer, seguido por los de sus madres adoptivas. Enseguida se volvió a la jueza y agregó: «La próxima vez que nos veamos, seré una actriz famosa». Y a todos nos quedó la certeza de que así sería. Sabrina, criada en el refugio macrobiótico y espiritual del Centro del Budismo Zen, sólo aspira a ser estrella de cine y su plato favorito es una hamburguesa poco hecha. No sé cómo consigue que la inviten cada año a la ceremonia de los Premios de la Academia en Hollywood. La noche de los Oscar la vemos en la televisión sentada en la galería con una libreta en la mano para llevar la cuenta de las celebridades. Se está entrenando para el momento en que le toque a ella recorrer la alfombra roja.

Fu y Grace ya no son pareja, después de haberlo sido durante más de una década, pero siguen unidas por Sabrina y una amistad tan larga que no vale la pena separarse. Arreglaron la casita de muñecas que tienen en el fundo de los budistas, donde la vivienda es muy codiciada, porque siempre hay postulantes para una existencia contemplativa en ese remanso de espiritualidad. Dividieron el espacio, dejaron una habitación al medio para Sabrina y ellas ocupan los extremos. Hay que pasar saltando por encima de los muebles y de los juguetes desparramados en esas piezas diminutas, que además comparten con Mack, uno de esos perrazos entrenados para ciegos, que consiguieron para Sabrina. Ella lo quiere mucho, pero no lo necesita, se las arregla sola. Se demoraron un año de rigurosos trámites para obtener a Mack, debieron hacer un curso para comunicarse con él, les entregaron un álbum con fotos del cachorro y les advirtieron que recibirían visitas sorpresivas de un inspector, porque si lo descuidaban se lo quitarían. Por fin les llegó un labrador blancuzco con ojos como uvas y más listo que la mayoría de los humanos. Un día Grace lo llevó a su hospital para que la secundara en sus rondas por las salas y vio que hasta los moribundos se animaban en presencia de Mack. Había un paciente psicótico, sumido en su infierno personal durante mucho tiempo, que tenía una mano deforme, siempre oculta en un bolsillo. El perro entró a su cuarto moviendo la cola, apoyó su cabezota de bestia mansa en las rodillas del desdichado, husmeó con el hocico en el bolsillo hasta que éste sacó la mano, que tanto le avergonzaba, y Mack comenzó a lamérsela. Tal vez nadie lo había tocado nunca de esa manera. Los ojos del enfermo se cruzaron con los de Grace y por un instante a ella le pareció que salía de la celda donde estaba atrapado y se asomaba a la luz. Desde entonces el perro está muy ocupado en el hospital, donde le cuelgan un letrero de VOLUNTARIO en el pecho y lo mandan de ronda. Los pacientes esconden las galletas de su cena para dárselas y Mack se ha puesto barrigón. Comparada con ese animal, mi Olivia no es más que un montón de pelos con el cerebro de una mosca.

Mientras Grace y el perro trabajan en el hospital, Fu sigue a cargo del Centro de Budismo Zen, donde yo creo que algún día será abadesa, aunque ella jamás ha demostrado ningún interés en ese puesto. Esa mujer imponente, con el pelo rapado y los ropajes de un monje japonés, siempre me produce el mismo impacto de la primera vez que la vi. Fu no es la única notable en su familia. Tiene una hermana ciega, que se ha casado cinco veces, ha traído al mundo once hijos y salió en la televisión porque a los sesenta y tres años dio a luz el número doce, un niño grande y gordo, que apareció en la pantalla prendido del seno algo flácido de su madre. El último marido es veintidós años menor que ella, por eso esta atrevida señora recurrió a la ciencia y quedó embarazada a una edad en que otras mujeres tejen para los bisnietos. Cuando los reporteros de la prensa le preguntaron por qué lo había hecho, contestó: «Para que acompañe a mi marido cuando yo me muera». Me pareció muy noble de su parte, porque cuando yo me muera prefiero que Willie lo pase pésimo y me eche de menos.

EL ENANO PERVERTIDO

En esos días nos invitaron a un cóctel en San Francisco y fui de mala gana; accedí sólo porque Willie me lo pidió. Un cóctel es una prueba terrible para cualquiera, Paula, pero es peor para las personas de mi estatura, en especial en un país de gente alta; distinto sería en Tailandia. Es prudente evitar estos eventos, porque los comensales están de pie, apretujados, sin aire, con un vaso en una mano y algún *hors-d'oeuvre* imposible de identificar en la otra. Alcanzo, con tacones altos, al esternón de las mujeres y el ombligo de los hombres; los meseros pasan con las bandejas por encima de mi cabeza. Medir un metro cincuenta no tiene ninguna ventaja, salvo que es fácil recoger lo que se cae al suelo y que en la época de la minifalda me hacía vestidos con cuatro corbatas de tu padre. Mientras Willie, rodeado de admiradoras, devoraba los langostinos del bufet y narraba anécdotas de su juventud, cuando dio la vuelta al mundo durmiendo en cementerios, yo me atrincheré en un rincón, para que no me pisaran. En estos eventos no puedo probar bocado porque me caen las manchas propias y otras ajenas que vuelan en mi dirección. Se me acercó un caballero de lo más amable que, al mirar hacia abajo, logró distinguirme en el diseño de la alfombra y desde su cumbre anglosajona me ofreció una copa de vino.

—Hola, soy David, mucho gusto.

—Isabel, el gusto es mío —me presenté, ojeando la copa con aprensión; la mancha de vino tinto no sale de la seda blanca.

—¿Qué haces? —me preguntó con ánimo de iniciar una conversación.

Eso se presta a varias respuestas. Podría haberle dicho que estaba allí, calladita, maldiciendo a mi marido por haberme llevado a ese plomazo, pero opté por algo menos filosófico.

—Soy novelista.

—¡Vaya! ¡Qué interesante! Cuando yo me jubile voy a escribir una novela —me dijo.

—¡No me diga! ¿Y cuál es su trabajo ahora?

—Soy dentista. —Y me pasó su tarjeta.

—Cuando yo me jubile voy a arrancar muelas —le contesté.

Cualquiera diría que escribir novelas es como plantar geranios. Paso diez horas al día clavada en una silla dando vueltas a las frases una y mil veces para poder contar algo en la forma más efectiva posible. Sufro con los temas, me involucro a fondo con los personajes, investigo, estudio, corrijo, edito, reviso traducciones y además ando por el mundo promoviendo mis libros con la tenacidad de un vendedor ambulante.

En el coche, de vuelta a casa, cruzando el magnífico puente del Golden Gate, iluminado por la luna clara, le comenté a Willie, riéndome como una hiena, lo que me había dicho aquel dentista; pero mi marido no le vio la gracia.

—Yo no pienso esperar a jubilarme. Pronto empezaré a escribir mi propia novela —me anunció.

—¡Jesús! ¡Hay que ver la petulancia de cierta gente! ¿Y se puede saber de qué va a tratar tu novelita? —le pregunté.

—De un enano obsesionado con el sexo.

Creí que al fin mi marido empezaba a captar el sentido del humor chileno, pero hablaba en serio. Unos meses más tarde comenzó a escribir a mano en un papel de líneas amarillo. Andaba con el bloc de notas bajo el brazo y le mostraba sus escritos a quien quisiera verlos, menos a mí. Escribía en los aviones, en la cocina, en la cama, mientras yo me burlaba de él sin piedad. ¡Un enano pervertido! ¡Qué idea tan brillante! El optimismo irracional, que tanto le ha servido a

Willie en su existencia, una vez más lo mantuvo a flote y pudo ignorar el sarcasmo chileno, que es como esos tsunamis que arrastran con todo a su paso. Pensé que el afán literario se le esfumaría en cuanto comprobara las dificultades del oficio, pero nada lo detuvo. Terminó una novela abominable en la que un amor frustrado, un caso judicial y el enano se mezclaban, confundiendo al lector, que no lograba determinar si estaba ante un romance, una memoria de abogado o la sarta de fantasías hormonales de un adolescente reprimido. Las amigas que la leyeron fueron muy francas con Willie: debía eliminar al maldito enano y tal vez así podría salvar el resto del libro, si lo reescribía con más cuidado. Los amigos le aconsejaron eliminar el romance y profundizar en la depravación del enano. Jason le dijo que sacara el romance, los tribunales y el enano y escribiera algo situado en México. A mí me pasó algo inesperado: la mala novela aumentó mi admiración por Willie, porque en el proceso pude apreciar más que nunca sus virtudes esenciales: fortaleza y perseverancia. Como algo he aprendido en los años que llevo escribiendo —al menos he aprendido a no repetir los mismos errores, aunque siempre invento nuevos—, le ofrecí a mi marido mis servicios de editora. Willie aceptó mis comentarios con una humildad que no tiene en otros aspectos de la vida y rehízo el manuscrito, pero me pareció que esa segunda versión también presentaba problemas fundamentales. La escritura es como el ilusionismo: no basta con sacar conejos de un sombrero, hay que hacerlo con elegancia y de manera convincente.

ORACIONES

Con una abuela como la mía, que me inició temprano en la idea de que el mundo es mágico y lo demás son ilusiones de grandeza de los humanos, ya que no controlamos casi nada, sabemos muy poco y basta echar un vistazo a la Historia para comprender las limitaciones de la razón, no es raro que todo me parezca posible. Hace miles de años, cuando ella estaba viva y yo era una criatura asustada, esa buena señora y sus amigas me incluían en sus sesiones de espiritismo, seguramente a espaldas de mi madre. Ponían dos cojines sobre una silla para que yo alcanzara el borde de la mesa, la misma mesa de roble con patas de león que hoy tengo en mi poder. Aunque era muy niña y no tengo recuerdos sino fantasía, veo la mesa saltando bajo la influencia de las ánimas invocadas por aquellas damas, sin embargo no se ha movido nunca en mi casa, está en su sitio, pesada y definitiva como un buey muerto, cumpliendo las funciones modestas de los muebles comunes. El misterio no es un recurso literario, sal y pimienta para mis libros, como me acusan mis enemigos, sino parte de la vida misma. Misterios profundos, como el que ya mencioné de mi hermana del desorden, Jean, quien se paseó descalza sobre brasas ardientes. «Es una experiencia transformadora, porque no tiene explicación racional o científica. En ese momento supe que tenemos capacidades increíbles; tal como sabemos nacer, dar a luz y morir, igual sabemos responder ante las brasas ardientes que suele haber en nuestro camino. Después de pasar por eso tengo tranquilidad ante el futuro, puedo enfrentar las peores crisis si me relajo y dejo que el espíritu me guíe», me dijo. Y eso fue lo que hizo Jean cuando su hijo se le murió en los brazos: caminó sobre el fuego sin quemarse.

Nico me ha preguntado por qué creo en prodigios, sueños, espíritus y otros fenómenos dudosos; su mente pragmática requiere pruebas más contundentes que las anécdotas de una bisabuela enterrada hace más de medio siglo, pero a mí la inmensidad de lo que no puedo explicar me inclina al pensamiento mágico. ¿Milagros? Me parece que ocurren a cada rato, como el hecho de que nuestra tribu siga navegando en el mismo bote, pero según tu hermano son sólo una mezcla de percepción, oportunidad y deseos de creer. Tú, en cambio, tenías la misma ansiedad espiritual de mi abuela y ante los milagros diarios buscabas explicación en la fe católica, porque en ella te criaste. Te acosaban muchas dudas. Lo último que me dijiste, antes de caer en coma, fue: «Ando buscando a Dios y no lo encuentro. Te quiero, mamá». Quiero pensar que ya lo hallaste, hija, y que tal vez te llevaste una sorpresa, porque no era como esperabas.

Aquí, en este mundo que dejaste atrás, a Dios lo han secuestrado los hombres. Han creado unas religiones disparatadas, que no entiendo cómo han sobrevivido durante siglos y siguen expandiéndose. Son implacables, predican amor, justicia y caridad, y para imponerlas cometen atrocidades. Los señores muy principales que propagan estas religiones juzgan, castigan, fruncen el ceño ante la alegría, el placer, la curiosidad y la imaginación. Muchas mujeres de mi generación hemos tenido que inventar una espiritualidad que nos calce, y si hubieras vivido más, tal vez habrías hecho lo mismo, porque los dioses del patriarcado definitivamente no nos convienen: nos hacen pagar por las tentaciones y pecados de los hombres. ¿Por qué nos temen tanto? Me gusta la idea de una divinidad incluyente y maternal, conectada a la naturaleza, sinónimo de vida, un proceso eterno de renovación y evolución. Mi Diosa es un océano y nosotros somos gotas de agua, pero el océano existe por las gotas que lo forman.

Mi amigo Miki Shima practica el antiguo sintoísmo del Japón, religión que proclama que somos criaturas perfectas, creadas por la Diosa Madre para vivir con alegría; nada de culpa, penitencias, infierno, pecado, karma, ni necesidad alguna de sacrificios. La vida es para celebrarla. Hace unos meses Miki fue a Osaka a hacer un entrenamiento sintoísta de diez días junto a un centenar de japoneses y quinientos brasileros, que llegaron allí con un bullicio de carnaval. La práctica comenzaba a las cuatro de la madrugada con cánticos. Cuando los maestros y las maestras le decían a la multitud, congregada en aquel inmenso y sencillo templo de madera, que cada uno de ellos era perfecto, los japoneses hacían una reverencia y daban las gracias, mientras los brasileros aullaban y danzaban de dicha, como en un gol de Brasil en el Campeonato Mundial de Fútbol. Cada amanecer, Miki sale al jardín, hace una reverencia y saluda con un breve cántico al nuevo día y a los millones de espíritus que lo habitan, luego entra a su casa, desayuna sushi y sopa de yerbas y se va a su consultorio, riéndose en el coche. Una vez lo detuvo una patrulla porque creyeron que iba ebrio. «No estoy bebido, sino haciendo mi práctica espiritual», explicó Miki. Los policías creyeron que se estaba burlando. La alegría es sospechosa.

Hace poco fuimos con Lori a escuchar a un teólogo cristiano irlandés. A pesar de los obstáculos de su acento y mi ignorancia, saqué algo en limpio de la charla, que comenzó con una breve meditación. El hombre pidió al público que cerrara los ojos, se relajara, tomara conciencia de la respiración, en fin, lo de siempre en estos casos, y luego pensáramos en nuestro lugar favorito —yo escogí un tronco en tu bosque— y en una figura que se acerca y se sienta frente a nosotros. Debíamos hundirnos en la mirada infinita de aquel ser que nos amaba tal como éramos, con defectos y virtudes, sin juzgarnos. Ése, dijo el teólogo, era el rostro de Dios. A mí se me presentó una mujer de unos sesenta años, una africana rotunda: carne firme y pura sonrisa, ojos traviesos, la piel brillante y lisa como caoba pulida,

olorosa a humo y miel, una presencia tan poderosa que hasta los árboles se inclinaban en señal de respeto. Ella me miraba como yo lo
hacía contigo, con Nico y mis nietos cuando eran pequeños: con total
aceptación. Eran perfectos, desde sus orejas transparentes hasta su olor
a pañal usado, y deseaba que permanecieran para siempre fieles a su
esencia, protegerlos de todo mal, tomarlos de la mano y guiarlos hasta
que aprendieran a caminar solos. Ese amor era sólo dicha y celebración, aunque contenía la angustia de saber que cada instante transcurrido los cambiaba un poco y los alejaba de mí.

Por fin pudieron hacerles los exámenes a mis nietos para averiguar
si tienen porfiria. Mis hermanas del desorden en California, y Pía y
mi madre en Chile, llevaban años rezando por mi familia, mientras
yo me preguntaba si eso servía de algo. Se han hecho pruebas lo más
rigurosas posibles y las conclusiones son ambiguas, no hay certeza
de que la oración surta efecto, lo que debe de ser un golpe bajo para
quienes dedican sus vidas a rezar por el bien de la humanidad, pero
no ha logrado desanimar a mis hermanas del desorden ni a mí. Lo
hacemos por si acaso. A Lucille, la madre de Lori, le diagnosticaron
un cáncer de mama justamente cuando yo andaba en una gira por la
tierra del extremismo cristiano, el sur profundo de Estados Unidos.
También en ese momento Willie iba volando con un amigo a lo largo y ancho de América Latina en una avioneta que no era más que
un matapiojo de latón, una aventura de lunáticos desde California
hasta Chile.

Hay cuarenta millones de estadounidenses que se confiesan cristianos renacidos —*born again Christians*— y la mayoría vive en el
centro y el sur del país. Minutos antes de mi conferencia se me acercó
una muchacha y se ofreció para orar por mí. Le pedí que en vez de
hacerlo por mí rezara por Lucille, quien ese día estaba en el hospital, y por Willie, mi marido, que podía perder la vida en algún veri-

cueto de los Andes. Me tomó de las manos, cerró los ojos y comenzó una letanía en alta voz, atrayendo a otras personas, que se unieron al círculo, invocando a Jesús, plenos de fe, con los nombres de Lucille y Willie en cada frase. Después de la conferencia llamé a Lori para averiguar cómo estaba su madre y me enteré de que la operación no se había efectuado porque antes de entrar al quirófano la examinaron y no encontraron el tumor. Esa mañana la sometieron a ocho mamogramas y un sonograma. Nada. El cirujano, que ya tenía los guantes puestos, decidió postergar la intervención para el día siguiente y envió a Lucille a otro hospital para un escáner. Tampoco allí dieron con el cáncer. No había explicación alguna, porque días antes una biopsia lo había confirmado. Esto habría sido un milagro seguro de la oración si dos semanas más tarde no hubiera reaparecido el tumor. Lucille fue operada de todos modos. Sin embargo, ese mismo día, cuando Willie iba volando sobre Panamá, hubo un cambio de presión en el aire y la avioneta descendió en picada dos mil metros en pocos segundos. La habilidad del amigo de Willie, que pilotaba ese frágil insecto mecánico, los salvó por un pelo de una muerte aparatosa. ¿O fueron las buenas intenciones de aquellos cristianos?

A pesar de las oraciones de mis amigas y de lo mucho que te lo pedí, Paula, los resultados de los exámenes de Andrea y Nicole fueron malas noticias. Como tú misma pudiste comprobar de la manera más dolorosa, esta condición es mucho más seria en las mujeres que en los hombres, ya que los inevitables cambios hormonales pueden provocar una crisis. Tendríamos que vivir con el temor de que ocurriese otra tragedia en la familia. Nico me recordó que esto no debilita ni impide tener una vida normal, sólo aumenta el riesgo ante ciertos estímulos, que pueden evitarse. Tu caso fue una combinación de circunstancias y errores, una terrible mala suerte. «Tomaremos precauciones sin exagerar», dijo tu hermano. «Esto es un inconveniente, pero tiene algo de positivo: las niñas aprenderán a cuidarse y será un buen pretexto para mantenerlas siempre más o menos cerca. Esta amenaza nos unirá más.» Me aseguró que con los avances de la medicina las niñas tendrían salud, hijos y larga vida; la investigación en ingeniería genética podrá evitar que la porfiria pase a la próxima generación. «Es mucho menos serio que la diabetes y otras enfermedades hereditarias», concluyó.

Para entonces mi relación con Nico había superado los escollos de los años anteriores, habíamos cortado el cordón umbilical sin perder el cariño. Teníamos la intimidad de siempre, pero yo había aprendido a respetarlo y procuraba honestamente no fastidiarlo. Mi amor por mis tres nietos era una verdadera obsesión y me costó muchos años aceptar que esos chiquillos no eran míos, sino de Nico y Celia. No sé cómo me demoré tanto en aprender algo obvio, algo que todas las abuelas del mundo saben sin necesidad de que se lo enseñe un psiquiatra. Tu hermano y yo fuimos juntos a terapia por un tiempo e incluso hicimos contratos escritos para establecer ciertos límites y reglas de convivencia, aunque no podíamos ser demasiado estrictos. La vida no es una foto, en que uno ordena las cosas para que se vean bien y luego fija la imagen para la posteridad; es un proceso sucio, desordenado, rápido, lleno de imprevistos. Lo único seguro es que todo cambia. A pesar de los contratos, surgían problemas inevitables, así es que era inútil preocuparse, discutir demasiado o tratar de controlar hasta el último detalle; teníamos que abandonarnos al flujo de la existencia cotidiana, confiando en la suerte y en nuestro buen corazón, porque ninguno de los dos hería al otro adrede. Si yo fallaba —y fallaba a menudo—, él me lo recordaba con su característica gentileza y así no volvimos a distanciarnos. Desde hace muchos años nos vemos casi a diario, pero siempre me sorprende ese hombre alto, musculoso, con canas y aire de paz. Si no fuese por el innegable parecido con su abuelo paterno, sospecharía en serio que me lo cambiaron en el hospital al nacer y que en alguna parte existe una familia con un hijo chaparrito y explosivo que lleva mis genes. Su vida mejoró al dejar el empleo que tuvo por años. La corporación decidió mandar a hacer el trabajo en la India, donde el costo resultaba menor, y despidió a sus empleados, menos a Nico, porque podía coordinar los programas con la oficina en Nueva Dehli, pero él prefirió marcharse por solidaridad con sus compañeros. Consiguió un trabajo por horas en un banco de San Francisco y además empezó a hacer transacciones en el mercado de valores con bastante acierto. Tiene instinto y sangre fría para eso, tal como Lori y yo le habíamos sugerido hacía bastante tiempo, pero no se lo refregamos; al contrario, le preguntamos cómo se le había ocurrido una idea tan buena. Nos fulminó con una de sus miradas que trizan los vidrios.

EL DRAGÓN DE ORO

El auge del movimiento evangélico me dio el tema del segundo volumen de la trilogía. La derecha cristiana, que los republicanos movilizaron en el año 2000 con mucho éxito para ganar las elecciones presidenciales, siempre ha sido muy numerosa, pero no había determinado la política de este país, que tiene una sólida vocación secular. Durante la presidencia de George W. Bush los evangélicos lograron menos de lo que tenían en su agenda, pero de todos modos los cambios eran notables. En muchas instituciones educacionales ya no se menciona la teoría de la evolución, sino la del «diseño inteligente», eufemismo para la explicación bíblica de la Creación. Dicen que el mundo tiene diez mil años de antigüedad y cualquier evidencia de lo contrario es herejía. Los guías en el cañón del Colorado deben ser prudentes al informar a los turistas de que se pueden leer dos billones de años de historia natural en las capas geológicas. Si se descubren en Noruega veinte fósiles de animales marinos del tamaño de un bus, anteriores a los dinosaurios, los creyentes lo atribuyen a una conspiración de ateos y liberales. Se oponen al aborto y cualquier forma de control de la natalidad, salvo la abstinencia, pero no se movilizan contra la pena de muerte o la guerra. Varios predicadores bautistas insisten en el sometimiento de la mujer al hombre, borrando de un brochazo un siglo de lucha feminista. Millares de familias educan a sus hijos en el hogar para evitar que se contaminen con ideas seculares en las escuelas públicas, y después esos jóvenes asisten a universidades cristianas. El setenta por ciento de los internos en la

Casa Blanca durante la administración de Bush provienen de esas universidades. Espero que no se conviertan en los dirigentes políticos del futuro.

Mis nietos viven en la burbuja de California, donde todo esto es una curiosidad, como la poligamia de algunos mormones en Utah, pero se enteran porque oyen hablar a los adultos en la familia. Los puse a pensar en una filosofía incluyente, una forma depurada de espiritualidad opuesta al fundamentalismo de cualquier tendencia. No tenía ideas claras, pero las fui afinando en las conversaciones con ellos y las caminatas con Tabra, que en esos meses hacíamos casi a diario, porque ella todavía estaba pasando por la pena larga de haber perdido a su padre. Recordaba poesías completas y nombres de plantas y flores que él le había enseñado en la infancia.

—¿Por qué no lo veo como tú ves a Paula? —se preguntaba.

—No la veo, pero la siento dentro, imagino que me acompaña.

—Yo ni siquiera sueño con él…

Hablábamos de los libros que a él le gustaban y de otros que no pudo enseñar, por la censura, en el colegio donde trabajaba. Libros, siempre libros. Tabra se tragaba las lágrimas y se llenaba de entusiasmo cuando hablábamos de mi próxima novela. A ella se le ocurrió que el modelo para el país mítico que yo deseaba podía ser Bután, o el Reino del Dragón del Trueno, como lo llaman sus habitantes, que ella había visitado en su trayectoria de peregrina incansable. Le cambiamos el nombre, al Reino del Dragón de Oro y ella propuso que el dragón fuese una estatua mágica capaz de predecir el futuro. Me gustó la idea de que cada libro estuviera situado en una cultura y un continente distintos y para imaginar el lugar me inspiré en el viaje que hicimos a la India y otro a Nepal, cumpliendo una promesa que te hice hace años, Paula. Tú creías que la India es una experiencia psicodélica y en realidad lo fue. Me pasó lo mismo que en el Amazonas o en África: pensé que lo que había visto era tan ajeno a mi realidad que nunca podría utilizarlo en un libro, pero las semillas germinaron dentro de mí y los frutos aparecieron finalmente en la trilogía juvenil. Como dice Willie, todo se usa tarde o temprano. Si no hubiera estado en esa parte del mundo no habría podido crear el color, las ceremonias, la ropa, el paisaje, la gente, la comida, la religión o la forma de vida.

De nuevo la ayuda de mis nietos resultó muy valiosa. Inventamos una religión tomando ideas del budismo tibetano, del animismo y de libros de fantasía que ellos habían leído. Andrea y Nicole van a un colegio católico bastante liberal, en el que la búsqueda de la verdad, la transformación espiritual y el servicio al prójimo son más importantes que el dogma. Mis nietas aterrizaron allí sin ninguna instrucción religiosa. En la primera semana, a Nicole le tocó explicar el pecado original en una tarea.

—No tengo idea de lo que es eso —dijo.

—Te doy una clave, Nicole: viene de la historia de Adán y Eva —le ofreció Lori.

—¿Quiénes son ésos?

—Creo que el pecado tiene que ver con una manzana —interrumpió Andrea, sin mucha convicción.

—¿No se supone que las manzanas son buenas para la salud? —la rebatió Nicole.

Nos olvidamos del pecado original y nos sentamos a hablar del alma, y así se perfiló la espiritualidad del Reino del Dragón de Oro. A las niñas les atraía la idea de ceremonias, rituales, tradición, y a Alejandro la posibilidad de desarrollar capacidades paranormales, como telepatía y telequinesia. A partir de eso me lancé a escribir, y cada vez que me fallaba la inspiración, me acordaba de la ayahuasca y de mi propia infancia, o bien volvía donde Tabra y los niños. Andrea contribuyó a planear el argumento y Alejandro imaginó los obstáculos que protegían a la estatua del dragón: dédalo, venenos, serpientes, trampas, cuchillos y lanzas que caían del techo. Los yetis fueron creación de Nicole, quien siempre deseó conocer a uno de los supuestos gigantes de las nieves eternas, y Tabra aportó a los «hombres azules», una secta criminal de la que oyó hablar en un viaje al norte de la India.

Con mi notable equipo de colaboradores terminé la segunda novela juvenil en tres meses y decidí que en el tiempo sobrante afinaría un librito sobre Chile. El título, *Mi país inventado*, dejaba en claro que carecía de ecuanimidad científica, era mi visión subjetiva. Desde la distancia del tiempo y la geografía, mis recuerdos de Chile están cubiertos de una pátina dorada, como esos retablos antiguos de las iglesias coloniales. Mi madre, quien leyó la primera versión, temía que el tono irónico del libro cayera como un mazazo en Chile, donde en el mejor de los casos los críticos me descueran. «Éste es un país de tontos graves», me advirtió, pero yo sabía que no sería así. Una cosa son los literatos y otra somos los chilenos sin ínfulas intelectuales, que a lo largo de los siglos hemos desarrollado un perverso sentido del humor para sobrevivir en esa tierra de cataclismos. En mi época de periodista aprendí que nada nos divierte tanto a los chilenos como burlarnos de nosotros mismos, aunque jamás soportaríamos que lo hiciese un extranjero. No me equivoqué, porque un año más tarde se publicó mi libro sin que nadie me tirara tomates en público. Además, fue pirateado. Dos días después de su publicación aparecieron en las calles del centro de Santiago las pilas de la edición pirata, que se ofrecía a un cuarto del precio oficial, junto a montones de discos, videos e imitaciones de lentes y carteras de diseñadores. Desde el punto de vista moral y económico, el pirateo es un desastre para las editoriales y los autores, pero en cierta forma también es un honor, porque significa que hay muchos lectores interesados y que los pobres pueden comprar el libro. Chile está al día con el progreso. En Asia, los libros de Harry Potter se piratean de manera tan descarada que ya está en la calle un volumen que la autora todavía no ha imaginado. Es decir, hay una chinita en un desván polvoriento escribiendo como J. K. Rowling, pero sin gloria.

El Chile de mis amores es el de mi juventud, cuando tú y tu hermano eran chicos, cuando yo estaba enamorada de tu padre, trabajaba como periodista y vivíamos apretados en una casita prefabricada con paja en el techo. En esa época parecía que nuestro destino estaba bien planeado y que nada malo podía ocurrirnos. El país estaba cambiando. En 1970 Salvador Allende fue elegido presidente y hubo una explosión política y cultural, el pueblo salió a la calle con una sensación de poder que nunca había tenido, los jóvenes pintaban murales socialistas, el aire estaba lleno de canciones de protesta. Chile se dividió y las familias se dividieron también, como la nuestra. Tu Granny marchaba a la cabeza de las protestas contra Allende, aunque desviaba la columna de manifestantes para que no pasaran delante de nuestra casa a tirarnos piedras. Además, ésa fue la época de la revolución sexual y el feminismo, que afectaron a la sociedad casi más que la política y que para mí fueron fundamentales. Entonces ocurrió el golpe militar de 1973 y se desencadenó la violencia, destrozando el pequeño mundo en que nos sentíamos seguros. ¿Cómo habría sido nuestro destino sin ese golpe militar y los años de terror que siguieron? ¿Qué habría sucedido si nos hubiéramos quedado en el Chile de la dictadura? Nunca habríamos vivido en Venezuela, tú no habrías conocido a Ernesto ni Nico a Celia, tal vez yo no hubiera escrito libros, ni hubiera tenido oportunidad de enamorarme de Willie y hoy no estaría en California. Estos devaneos son inútiles. La vida se hace caminando sin mapa y no hay forma de volver atrás. *Mi país inventado* es un homenaje al territorio mágico del corazón y los recuerdos, al país pobretón y amigable donde tú y Nico pasaron los años más felices de la infancia.

El segundo tomo de la trilogía para jóvenes ya estaba en manos de varios traductores, pero no podía concentrarme en el libro sobre Chile porque un sueño recurrente no me dejaba en paz. Soñaba que había un bebé en un sótano laberíntico, cruzado por cañerías y cables, como el de la casa de mi abuelo, donde pasé tantas horas de mi infancia entretenida en juegos solitarios. Yo podía llegar hasta el infante, pero no podía sacarlo a la luz. Se lo conté a Willie y él me recordó que sólo sueño con bebés cuando estoy escribiendo, sin duda tenía que ver con el nuevo libro. Como temí que se refiriera a *El Reino del Dragón de Oro*, revisé una vez más el manuscrito, pero nada me llamó la atención. Ese sueño recurrente siguió molestándome durante semanas, hasta que me llegó la traducción al inglés y pude leerla separada por la distancia de otro idioma, entonces me di cuenta de que había un problema fatal con el argumento: yo había supuesto que los protagonistas, Alexander y Nadia, poseían cierta información que no tenían manera de haber obtenido y que determinaba el final. Debí pedir de vuelta el manuscrito de mis traductores y cambiar un capítulo. Sin aquel infante atrapado en un enmarañado subterráneo, que me fregó la paciencia noche tras noche, ese error se me habría pasado.

MISIÓN DESASTROSA

La cuestión del tercer volumen de mi trilogía juvenil surgió espontáneamente en una marcha de paz en la que participó toda la familia, después de asistir al servicio dominical en una iglesia metodista célebre en San Francisco: el Glide Memorial Church. Allí se produce una mezcla de razas, ideas y hasta religiones, porque es el lugar de encuentro de budistas, católicos, judíos, protestantes, uno que otro musulmán y agnósticos, deseosos de participar en una celebración de cantos y abrazos, más que de rezos. El pastor es un afroamericano formidable, capaz de remecer los corazones con su entusiasmo para predicar la paz, palabra que en ese momento tenía connotaciones antipatrióticas. La congregación entera, de pie, aplaudió hasta machucarse las palmas y al final del servicio muchos de nosotros salimos a la calle a manifestarnos contra la guerra de Irak.

En medio de una multitud, mi tribu se dio cita, incluidas Celia, Sally y Tabra. Los niños habían pintado pancartas, yo sujetaba a Andrea, para no perderla en el barullo, y Nicole iba a horcajadas sobre los hombros de su padre. Era un día soleado y la gente llevaba un ánimo festivo, tal vez porque comprobamos que los disidentes éramos muchos. Sin embargo, cincuenta mil personas en el centro de San Francisco eran una pulga en el lomo del imperio. Este país es un continente parcelado, resulta imposible medir la magnitud o variedad de las reacciones, porque cada estrato y grupo social, étnico o religioso es una nación bajo el amplio paraguas de Estados Unidos, «hogar de los libres y tierra de valientes». Eso de valientes parecía una burla en ese momento, cuando reinaba el temor. Ernesto tuvo que afeitarse la barba para que no lo bajaran del avión cada vez que intentaba viajar, porque cualquiera con aspecto de árabe, como él, resultaba sospechoso. Se me ocurre que los terroristas de al-Qaida fueron los más sorprendidos con el alcance del atentado. Pensaban hacer un hueco en las torres, nunca imaginaron que se vendrían abajo. Supongo que en ese caso la reacción habría sido menos histérica y el gobierno habría hecho un cálculo más realista del poder del enemigo. Se trataba de grupos reducidos de guerrilleros en unas cuevas lejanas, gente primitiva, fanática y desesperada, sin los recursos para intimidar a Estados Unidos.

El afiche que hizo Andrea decía: PALABRAS, NO BOMBAS. Para una chiquilla que a los diez años comenzó a escribir su primera novela, las palabras eran sin duda poderosas. Le pregunté qué significaba eso de palabras en vez de bombas y me contó que su maestra había pedido a la clase que propusiera formas de resolver el conflicto sin violencia. Ella pensó en su padre y en sí misma, que de chica sufría rabietas fulminantes y arremetía a ciegas. «Tengo un toro dentro», decía después, cuando la furia se disolvía. En esos momentos Nico la sujetaba con suavidad por los brazos, se arrodillaba para mirarla a los ojos y le hablaba en tono pausado hasta que se calmaba, sistema que con algunas variaciones él siempre emplea en situaciones críticas. Hizo un curso de comunicación sin violencia y no sólo aplica al pie de la letra lo aprendido, sino que lo refresca cada dos años, para que no le falle en una emergencia. Al llegar a la pubertad Andrea consiguió controlar al toro y así le cambió el carácter. «Ya no me divierte molestar a mi hermana», confesó Alejandro cuando vio que no lograba sacarla de quicio. Andrea tenía razón: las palabras podían ser más eficaces que los puños. El argumento del tercer libro sería la doma del toro de guerra. Mis nietos y yo extendimos un mapa sobre la mesa de mi abuela para ver dónde situaríamos la última aventura de Alexander Cold y Nadia Santos. El Oriente Próximo parecía evidente, era lo que veíamos a diario en el noticiario; sin embargo, la más brutal y extensa violencia sucede en África, donde se cometen genocidios con impunidad. Sería pues una aventura en una aldea africana aislada, donde un militar desquiciado impone el terror y esclaviza a los pigmeos. No me devané los sesos con el título: *El Bosque de los Pigmeos*. Tabra, quien nunca falla a la hora de la inspiración, me prestó un libro de fotografías de reyes de tribus africanas, cada uno con una indumentaria fantástica. La mayoría ejercía un poder simbólico y religioso, pero no político. En algunos casos su salud y fertilidad representaban la salud y fertilidad del pueblo y la tierra y, por lo mismo, lo despachaban de un machetazo apenas se enfermaba o envejecía, a menos que tuviese la delicadeza de suicidarse. En cierta tribu el rey sólo duraba siete años en el trono; luego lo enviaban a mejor vida y su sucesor se comía su hígado. Uno de los monarcas se jactaba de haber engendrado ciento setenta hijos, y otro aparecía con su harén de mujeres jóvenes, todas embarazadas, él ataviado con una capa de piel de león, plumas y collares de oro macizo, ellas desnudas. En el libro había un par de reinas poderosas, que contaban con su propio harén de muchachas, pero el texto no explicaba quién preñaba a las concubinas en este caso.

Hice mucha investigación, pero cuanto más leía, menos sabía y más se alejaban los horizontes de ese inmenso continente de novecientos millones de personas distribuidas en cincuenta y tres países y quinientas etnias. Por último, encerrada en mi cuchitril, me hundí en la magia; así llegué por vía directa a una selva del África ecuatorial, donde unos infelices pigmeos intentaban librarse de un rey psicópata con la ayuda de gorilas, elefantes y espíritus. La escritura suele ser profética. Meses después de la publicación de *El Bosque de los Pigmeos*, un coronel tan salvaje como el de mi libro se apoderó de una región al norte del Congo, en un bosque pantanoso, donde mantenía a la población bantú aterrorizada y estaba exterminando a los pigmeos para amparar el tráfico de diamantes, oro y armas. Incluso se hablaba de canibalismo, algo que no me atreví a incluir en el libro por consideración a mis jóvenes lectores.

YEMAYÁ Y LA FERTILIDAD

La primavera de 2003 desató un afán frenético de reproducirse en mi familia. Lori y Nico, Ernesto y Giulia, Tong y Lili, todos querían tener hijos, pero por una extraña coincidencia ninguno podía cumplir esa aspiración por los medios habituales y debían recurrir a los inventos de la ciencia y la tecnología, métodos carísimos que a mí me tocó financiar. Me habían advertido en Brasil que yo pertenecía a la diosa Yemayá, una de cuyas virtudes es la fertilidad: a ella acuden las mujeres que desean ser madres. Había tantas drogas de fecundación, hormonas y esperma suspendidos en el aire, que temí quedar preñada yo también. El año anterior había consultado secretamente a la astróloga, porque me fallaron los sueños. Siempre supe cuántos hijos y nietos iba a tener, los soñé hasta con sus nombres; sin embargo esta vez, por mucho que me esforcé, ninguna visión nocturna vino a darme una clave respecto a estas tres parejas. No conozco a la astróloga, sólo tengo su teléfono en Colorado, pero confío en ella porque sin habernos visto nunca ha podido describir a mi familia como si fuese la suya. Al único que no le ha hecho su carta astral es a Nico, porque no me acuerdo a qué hora nació y él se niega a facilitarme su certificado de nacimiento, pero la mujer me dijo que este hijo era mi mejor amigo y que estuvimos casados en una reencarnación anterior. Lógicamente, él no quiere oír hablar de esa horrenda posibilidad y por eso esconde el certificado. Tu hermano no cree en la reencarnación, porque matemáticamente es imposible, y menos en la astrología, por supuesto, pero considera que no está de más tomar precauciones. Yo tampoco creo a pie juntillas, pero no hay que cerrarse ante un misterio tan útil para la literatura.

—¿Cómo explicas que esa señora sepa tanto de mí? —le pregunté a Nico.

—Te buscó en la internet o leyó *Paula*.

—Si investigara a cada cliente para hacer trampa, necesitaría un equipo de asistentes y tendría que cobrar mucho más caro. A Willie no lo conoce nadie y no figura en internet; sin embargo ella pudo describirlo físicamente. Dijo que era alto, de espaldas anchas, cuello grueso, guapo.

—Eso es muy subjetivo.

—¡Pero cómo va a ser subjetivo, Nico! De mi hermano Juan nadie diría que es alto, de espaldas anchas, cuello grueso y guapo.

En fin, no saco nada con discutir estos temas con tu hermano. El caso es que la astróloga ya me había dicho que Lori no podría tener hijos propios, pero «sería madre de varios niños». Yo lo interpreté como que sería madre de mis nietos, pero por lo visto había otras posibilidades. De Ernesto y Giulia dijo que no lo intentaran hasta la primavera del año siguiente, cuando las estrellas estaban en la posición ideal, porque antes no resultaría. Tong y Lili, en cambio, tendrían que aguardar mucho más y tampoco era seguro que el bebé fuese de ellos, podría ser adoptado. Ernesto y Giulia decidieron obedecer a las estrellas y al llegar la primavera de 2004 empezaron el tratamiento de fertilidad. Cinco meses después, Giulia quedó embarazada, se infló como un dirigible y pronto se supo que esperaba dos niñas.

Un día estábamos en un restaurante con Juliette, Giulia y Lori comentando el hecho de que la mitad de las mujeres jóvenes que conocíamos, incluso la peluquera y la profesora de yoga, estaban preñadas o acababan de dar a luz.

—¿Recuerdas que te propuse tener un bebé para ti, Isabel? —dijo Juliette.

—Sí. Y yo te contesté que ni loca tendría un crío a esta edad.

—Esa vez te dije que sólo lo haría por ti, pero ahora pienso que también lo haría por Lori.

Se produjo un minuto de quietud en la mesa mientras las palabras de Juliette se abrían camino hacia el corazón de Lori, quien rompió a llorar cuando comprendió lo que esa amiga acababa de ofrecerle. No sé lo que pensó el mesero, pero nos trajo torta de chocolate por iniciativa propia, gentileza de la casa.

Entonces comenzó un largo y complicado proceso que Lori, con su perseverancia y organización, llevó a cabo paso a paso durante casi un año. Primero había que decidir si Nico sería el padre, por el asunto de la porfiria. Después de hablar entre ellos y en familia, decidieron que estaban dispuestos a correr el riesgo, porque para Lori era importante que el niño o la niña fueran de su marido. Luego debían conseguir un óvulo, que no podía ser de Juliette, porque si ella era la madre, no sería capaz de desprenderse del niño después. A través de la clínica escogieron a una donante brasilera porque tenía cierto parecido contigo, Paula, un aire de familia. Ella y Juliette tuvieron que someterse a altas dosis de hormonas, la primera para producir varios óvulos que se pudiesen cosechar, y la segunda para preparar su vientre. Los óvulos fueron fertilizados en un laboratorio, luego se implantaron los embriones en Juliette. Yo temía por Lori, que podía sufrir otra frustración, pero sobre todo por Juliette, que ya había cumplido más de cuarenta años y era viuda con dos niños. Si algo le sucedía a ella, ¿qué sería de Aristóteles y Aquiles? Como si me adivinara el pensamiento, Juliette nos pidió a Willie y a mí que nos hiciéramos cargo de sus hijos si ocurría una desgracia. Habíamos alcanzado los límites del realismo mágico.

TRÁFICO DE ÓRGANOS

Lili, la joven esposa de Tong, aguantó durante un año los abusos de su suegra, hasta que se le agotó la sumisión. Si su marido no hubiera intervenido, la habría estrangulado con las manos peladas, un crimen fácil, porque la señora tenía un cuello de pollo. El escándalo que se armó debió de ser mayúsculo, porque el Departamento de Policía de San Francisco mandó a un oficial que hablaba chino para separar a los miembros de ese hogar. Para entonces Lili había demostrado que hablaba en serio cuando dijo que no había venido a América por la visa, sino para formar una familia. No tenía ninguna intención de divorciarse, a pesar de la suegra y del mal carácter de Tong, quien todavía sospechaba que ella pediría el divorcio apenas se cumpliera el plazo que estipulaba la ley para la visa.

Después del fallido estrangulamiento, Tong comprendió que la esposa sumisa que había encargado por correo era un mujerón de armas tomar. Su madre, asustada por primera vez en sus setenta y tantos años, manifestó que no podía seguir viviendo con esa nuera que en cualquier descuido la mandaría a reunirse con sus antepasados. Obligó a Tong a elegir entre su mujer, esa bruta conseguida por dudosos medios electrónicos, como dijo, o ella, su legítima madre, con quien había vivido siempre. Lili no dejó que su marido lo pensara demasiado. Se puso firme y consiguió no ser ella quien saliera de la casa, sino su suegra. Tong instaló a su madre en un apartamento para gente mayor en pleno Chinatown, donde ahora juega al mahjong con otras damas de su edad. Vendieron la casa y se compraron otra, pequeña y moderna, cerca de la nuestra. Lili se arremangó y se lanzó a la tarea de convertirla en un hogar como el que siempre quiso. Pintó las paredes, arrancó las malezas del jardín, la decoró con cortinas blancas almidonadas, muebles claros de buena factura, plantas y flores frescas. Incluso colocó con sus propias manos pisos de bambú y ventanas francesas.

Me enteré de estos pormenores muy de a poco mediante gestos, dibujos y las pocas palabras chapurreadas en inglés que Lili y yo tenemos en común, hasta que en el verano llegó mi madre de Chile y en menos de cinco minutos estaba sentada con Lili en la sala tomando té y conversando como antiguas amigas. No sé en qué lengua, porque ni Lili habla español ni mi madre mandarín y el inglés de ambas deja bastante que desear.

Dos días más tarde mi madre me anunció que estábamos convidadas a cenar a casa de Lili y Tong. Le expliqué que eso era imposible, había entendido mal. Tong lleva media vida con Willie y el único evento social que ha compartido con nosotros fue la boda de Nico, porque Lori lo obligó. «Así será, pero esta noche vamos a cenar con ellos», replicó. Tanto majadeó, que para tranquilizarla la llevé, con la idea de que podríamos tocar el timbre con algún pretexto y así ella comprobaría que se había equivocado, pero al llegar vimos a Lili sentada en una silla en la calle, esperándonos. Su casa estaba vestida de fiesta, con ramos de flores, y en la cocina había una docena de platos diferentes que ella terminó de preparar sirviéndose de dos palillos. Los movía en el aire, pasando ingredientes de una olla a otra con mágica precisión, mientras mi madre, instalada en el sillón de honor, parloteaba con ella en una lengua marciana. A la media hora llegaron Willie y Tong y entonces pude comunicarme con Lili mediante un intérprete. Después de devorar el banquete le pregunté por qué había dejado su país, su familia, su cultura y su trabajo como enfermera quirúrgica para correr la extraña aventura de casarse a ciegas y trasladarse a América, donde siempre sería extranjera.

—Fue por las ejecuciones —tradujo Tong.

Supuse que había un error lingüístico, ya que el inglés de Tong no es mucho mejor que el mío, pero Lili repitió lo dicho y luego, con ayuda de su marido y exagerada mímica, nos explicó por qué se había incluido entre las miles de mujeres que salen de su país para casarse con un desconocido. Nos dijo que cada tres o cuatro meses, cuando avisaban de la prisión, ella debía acompañar al cirujano jefe del hospital a las ejecuciones. Partían en coche, con una caja llena de hielo, y viajaban cuatro horas por caminos rurales. En la prisión los conducían a un sótano, donde había media docena de prisioneros alineados, con las manos atadas en la espalda y los ojos vendados, esperándolos. El comandante daba una orden y los guardas les disparaban en la sien a quemarropa. Apenas caían los cuerpos al suelo, el cirujano, ayudado por Lili, procedía a arrancarles rápidamente los órganos para transplante: riñones, hígado, ojos para extraer las córneas, en fin, lo que se pudiera usar. Volvían de esa carnicería cubiertos de sangre, con la hielera repleta de órganos, que después desaparecían en el mercado negro. Era un próspero negocio de ciertos médicos y el jefe de la prisión.

Nos contó esta macabra historia con la elocuencia de una consumada actriz del cine mudo, ponía los ojos en blanco, se disparaba en la cabeza, caía al suelo, empuñaba un bisturí, cortaba, arrancaba órganos, todo con tal detalle, que a mi madre y a mí nos dio un ataque de risa nerviosa, ante la mirada horrorizada de los demás, que no entendían qué diablos nos parecía tan cómico. La risa alcanzó niveles de histeria cuando Lili agregó que en una ocasión el coche se dio vuelta en el camino cuando venían de regreso de la prisión, el cirujano murió al instante y ella quedó abandonada en un descampado con un cadáver despachurrado al volante y un cargamento de órganos humanos reposando en hielo. A menudo me he preguntado si entendimos bien la historia, si fue una broma de Lili o si en realidad esa encantadora mujer, que recoge a mis nietos en la escuela y cuida a mi perra como si fuera su hija, pasó por esas espeluznantes experiencias.

—Claro que es cierto —opinó Tabra, cuando se lo conté—. En China hay un campo de concentración asociado con un hospital, donde han desaparecido miles de personas. Les arrancan los órganos cuando están vivas y creman los cuerpos. Los refugiados que trabajan en mi taller cuentan historias tan terribles como ésa. En sus países hay gente tan pobre que vende sus riñones para alimentar a sus hijos.

—¿Y quién los compra, Tabra?

—Los ricos, incluso aquí, en América. Si uno de tus nietos necesitara un órgano para seguir viviendo y alguien te lo ofreciera, ¿no lo comprarías sin hacer preguntas?

Era uno de los interrogantes que me planteaba en nuestras caminatas por el bosque. En vez de gozar del aroma de los árboles y el canto de los pajarillos, yo solía volver descompuesta de esos paseos. Pero no siempre discutíamos las atrocidades cometidas por la humanidad, o la política, también hablábamos de Lagarto Emplumado, quien hacía apariciones esporádicas en la vida de mi amiga y luego se esfumaba por meses. El ideal de Tabra sería tenerlo de adorno, con sus trenzas y collares, en una tienda comanche en su patio.

—Me parece poco práctico, Tabra. ¿Quién se haría cargo de alimentarlo y lavarle los calzoncillos? Tendría que usar tu baño y después te tocaría limpiarlo a ti —le dije, pero ella es impermeable a ese tipo de razonamiento mezquino.

LOS NIÑOS QUE NO VINIERON

Tres veces le colocaron a Juliette los embriones de laboratorio formados por los óvulos de la donante brasilera y el esperma de Nico. En las tres ocasiones nuestra tribu estuvo durante semanas con el alma suspendida de un hilo aguardando los resultados. Invocamos los recursos mágicos de siempre. En Chile, mi amiga Pía y mi madre acudieron al santo nacional, el padre Hurtado, mediante nuevas donaciones para sus obras de caridad. La imagen de ese santo revolucionario, que todos los chilenos llevamos en el corazón, es la de un hombre joven y enérgico, vestido con sotana negra y con una pala en la mano, trabajando. Su sonrisa nada tiene de beatitud, sino de desafío. Fue él quien acuñó tu frase favorita: «Dar hasta que duela». El tercer implante de embriones, después del fracaso de los dos primeros, fue en el verano. Un año antes, Lori y Nico habían planeado un viaje a Japón y decidieron realizarlo, porque si se cumplía la ilusión de tener un bebé serían sus últimas vacaciones en mucho tiempo. Recibirían la noticia allá y si era positiva podrían celebrarlo, mientras que si era negativa dispondrían de un par de semanas de intimidad y silencio para resignarse, lejos de las condolencias de amigos y parientes.

Una de esas madrugadas desperté sobresaltada. La habitación estaba apenas iluminada por el sutil resplandor del amanecer y una lamparita que siempre dejamos encendida en el pasillo. El aire estaba inmóvil y la casa envuelta en un silencio anormal; no se oían los ronquidos acompasados de Willie y Olivia, ni el murmullo habitual de las tres palmeras bailando en la brisa del patio. De pie junto a mi cama había dos niños pálidos tomados de la mano, una niña de unos diez años y un chico algo menor. Vestían ropa del mil novecientos, con cuellos de encaje y botines de charol. Me pareció que tenían una expresión muy triste en sus grandes ojos oscuros. Nos miramos por un segundo o dos y, cuando encendí la luz, desaparecieron. Me quedé un rato esperando en vano a que volvieran y por último, cuando se me calmó el galope del corazón, me fui en puntillas a llamar a Pía. En Chile eran cinco horas más tarde y mi amiga estaba en cama, bordando una de sus carteras de trapitos.

—¿Crees que esos niños tienen algo que ver con Lori y Nico? —le pregunté.

—¡Por supuesto que no! Son los hijos de las dos señoras inglesas —respondió con tranquila convicción.

—¿Cuáles?

—Las señoras que me visitan, las que atraviesan las paredes. ¿No te he contado de ellas?

El día acordado, Lori y Nico debían llamar a la enfermera que coordinaba el tratamiento en la clínica de fertilidad, una mujer con vocación de madrina que trataba cada caso con delicadeza, porque comprendía cuánto estaba en juego para esas parejas. Debido a la diferencia de hora entre Tokio y California, fijaron la alarma del reloj para las cinco de la madrugada. Como no se podía hacer llamadas internacionales desde la habitación, se vistieron deprisa y bajaron a la recepción del hotel, donde en ese momento no encontraron a nadie que pudiese ayudarlos, pero sabían que fuera había una cabina de teléfono. Salieron a una callejuela lateral, que durante el día era un hervidero de actividad gracias a los restaurantes populares y tiendas para turistas del barrio, pero a esa hora estaba desierta. La anticuada cabina, arrancada de una película de los años cincuenta, funcionaba sólo con monedas, pero Lori lo había previsto y llevaba las suficientes para comunicarse con la clínica. La sangre le martillaba en las sienes y temblaba de ansiedad al marcar el número, con una plegaria en los labios. En esos instantes se definía su futuro. Desde el otro lado del planeta le llegó la voz de la madrina. «No resultó, Lori, lo lamento mucho; no entiendo lo que pasó, los embriones eran de primera…», dijo, pero ella ya no la escuchaba. Colgó el auricular anonadada y cayó en brazos de su marido. Y ese hombre, que tanto se había resistido a la idea de traer más hijos al mundo, soltó un sollozo, porque estaba tan ilusionado como ella con la idea de un niño de los dos. Se abrazaron sin una palabra y minutos más tarde salieron tambaleándose de la cabina a esa calle vacía, silenciosa, gris en la penumbra del alba. Por los huecos de ventilación en las aceras salían columnas de vapor que daban un aire fantasmagórico a aquel escenario, apropiado a la desolación que los embargaba. El resto de ese viaje a Japón fue un tiempo de convalecencia. Nunca habían estado tan unidos. En la tristeza compartida se encontraron a un nivel muy profundo, desnudos, sin defensas.

Algo cambió en Lori después de esto, como si un vaso se hubiese roto en su pecho y aquel deseo obsesivo, que había sido su esperanza y su tormento se escurriera como el agua. Se dio cuenta de que no podía continuar junto a Nico vencida por la frustración. No sería justo con él. Nico merecía la clase de amor rendido y alegre que tanto habían intentado cultivar entre los dos. Entonces comprendió que había llegado al final de un tortuoso camino y debía arrancarse de raíz la ansiedad de ser madre para poder seguir viviendo. Después de haber probado todos los recursos posibles, era evidente que un hijo propio no estaba en su destino, pero los niños de su marido, que llevaban varios años a su lado y la querían mucho, podrían llenar ese vacío. Esta resignación no ocurrió de un día para otro, pasó casi un año enferma del cuerpo y del alma. Lori siempre fue delgada, pero en cosa de semanas perdió varios kilos y quedó en los huesos, con los ojos hundidos. Se lesionó un disco en la columna y durante meses estuvo casi inválida, tratando de funcionar a punta de calmantes para el dolor, tan fuertes que la hacían alucinar. En algunos momentos estuvo desesperada, pero llegó un día en que emergió de ese largo duelo curada de la espalda, sana del alma y transformada en otra mujer. El cambio lo notamos todos. Recuperó peso, rejuveneció, se dejó crecer el pelo, se pintó los labios, reinició su práctica de yoga y sus largas caminatas por los cerros, pero ahora por deporte y no para escapar. Volvió a reírse de esa manera contagiosa que había seducido a Nico, como no la habíamos oído reírse en mucho, mucho tiempo. Entonces pudo por fin entregarse a los niños a pleno corazón, con alegría, como si se hubiese despejado la neblina y pudiera verlos con precisión. Eran suyos. Sus tres hijos. Los hijos que le anunciaron las conchitas de Bahía y la astróloga de Colorado.

STRIPTEASE

Willie y Lori han trabajado juntos en el burdel de Sausalito durante años, compartiendo incluso el baño. Es divertido observar la relación de ese par de personas que ya no pueden ser más diferentes. Al desorden, el apuro y las maldiciones de Willie, Lori opone calma, orden, precisión y finura. A mediodía él se come unas longanizas picantes que pueden perforar los intestinos de un rinoceronte y dejan el ambiente perfumado a ajo, y Lori picotea ensalada macrobiótica con tofu. Él entra a la oficina con botas de obrero metalúrgico embarradas, porque viene de caminar con la perra, y Lori amablemente limpia la escalera, para evitar que algún cliente se resbale y se rompa la crisma. Willie junta montañas de papeles sobre su escritorio, desde documentos legales hasta servilletas usadas de papel, y cada cierto tiempo Lori hace una pasada rápida y se los bota a la basura; él ni cuenta se da, o tal vez lo nota, pero no patalea. Ambos comparten el vicio de la fotografía y de los viajes. Se consultan todo y se celebran mutuamente, sin muestras obvias de sentimentalismo: ella siempre eficiente y tranquila, él siempre apurado y gruñón. Ella le arregla la computadora, le mantiene al día la página web y le prepara albóndigas con la receta de su abuela; él comparte con ella lo que compra al por mayor, desde papel para el baño hasta papayas, y la quiere más que a nadie en esta familia, excepto a mí... tal vez.

Willie se burla de ella, por supuesto, pero también aguanta sus bromas. Una vez Lori hizo con primor un letrero engomado y se lo pegó en el parachoques trasero del coche. Decía: PAREZCO MUY MACHO,

PERO USO CALZONES DE MUJER. Willie manejó durante un par de semanas con el letrero, sin entender por qué tantos hombres le hacían señales desde otros coches. Considerando que vivimos en el lugar del mundo donde posiblemente hay más homosexuales per cápita, no era de extrañar. Cuando descubrió el letrero casi le da una apoplejía.

De vez en cuando la alarma del burdel se dispara sola, sin provocación alguna, lo que suele producir inconvenientes, como aquella vez en que Willie llegó a tiempo para oír el ruido atronador de la alarma y entró rápidamente por la cocina —en el piso de abajo— para apagarla. Era por la tarde, en invierno, y estaba más o menos oscuro. En ese momento descendió por la escalera un policía, que había entrado a patadas por la puerta principal, con lentes de sol y una pistola en la mano, y lo conminó a grito pelado a poner las manos en alto. «Calma, hombre, soy el dueño», trató de explicarle mi marido, pero el otro le ordenó que se callara. Era joven e inexperto, se puso nervioso y siguió aullando y pidiendo refuerzos por su teléfono, mientras el caballero de pelo blanco, con la cara aplastada contra la pared, hervía de rabia. El incidente se disolvió sin consecuencias cuando llegaron otros agentes armados como para un combate y, después de cachear a Willie, atendieron a sus razones. Esto causó una interminable retahíla de maldiciones de Willie y verdaderos ataques de risa de Lori, aunque se hubiera reído menos si la víctima hubiera sido ella. Una semana más tarde estábamos todos trabajando y empezaron a llegar algunos amigos de Lori, que también son muy amigos nuestros. Me pareció un poco raro, pero estaba en el teléfono con un periodista de Grecia y me limité a saludarlos de lejos con un gesto. Terminé de hablar justamente cuando entraba un agente de policía, alto, joven, rubio y muy guapo, con lentes de sol y pistola al cinto, que pidió hablar con el señor Gordon. Lori llamó a Willie y él bajó desde el segundo piso dispuesto a decirle a ese uniformado que si lo seguían jorobando iba a meterle juicio al Departamento de Policía. Los amigos se instalaron en la escalera a observar el espectáculo.

El guapo agente de policía enarboló un atado de papeles y le dijo a Willie que se sentara porque tenía que llenar unos formularios. De malas pulgas, mi marido obedeció. Entonces oímos una música árabe y el hombre empezó a danzar como una enorme odalisca y a quitarse la gorra primero, las botas después, enseguida la pistola, la chaqueta y los pantalones, ante el horror absoluto de Willie, que retrocedió, rojo como cangrejo cocido, seguro de que estaba ante un enfermo mental escapado de un sanatorio. Las carcajadas del público, que observaba desde la escalera, le dieron la clave de que se trataba de un actor contratado por Lori, pero para entonces el bailarín no tenía encima más que los lentes de sol y una mínima tanga que no cubría del todo sus partes íntimas.

Considerando que trabajamos en el mismo local, manejamos el bufete de Willie, la fundación y mi oficina entre todos, nos vemos casi a diario, vamos juntos de vacaciones a los confines del planeta y vivimos en un radio de seis cuadras, es sorprendente que nos llevemos tan bien. Milagro, diría yo. Terapia, diría Nico.

MI ESCRITOR FAVORITO

En contra de lo que podría esperarse, mis juicios lapidarios sobre la novela de Willie y su enano pervertido no provocaron una guerra entre nosotros, como hubiese ocurrido si a Willie se le ocurriera la temeraria idea de hacer una crítica negativa de mis libros, pero era evidente que yo no era la persona adecuada para ayudarlo, que necesitaba un editor profesional. En eso apareció una joven agente literaria que se interesó mucho por el libro al principio y se dedicó a inflarle el ego a mi marido; sin embargo, poco a poco se le fue enfriando el entusiasmo. Al cabo de seis meses lo felicitó por el esfuerzo, le aseguró que tenía talento y le recordó que muchos autores, incluido Shakespeare, habían escrito páginas cuyo destino final fue un baúl. Había varios baúles en nuestra casa donde el enano podría dormir el sueño de los justos por tiempo indefinido mientras él pensaba en otro tema. Willie no hizo caso de las opiniones ajenas y mandó el libro a otros agentes y a algunas editoriales, que se lo devolvieron con una cortés, aunque rotunda, negativa. Lejos de deprimirlo, aquellas cartas de condenación reforzaron su espíritu de lucha; mi marido no es de los que se dejan apabullar por la realidad. Esta vez no me burlé de él, porque se me ocurrió que la literatura podría darle sentido a la última parte de su existencia. Si lo que había dicho la agente era cierto y Willie tenía talento, y si se tomaba el asunto en serio y era capaz de convertirse en escritor después de los sesenta años, yo no tendría que cuidar a un viejo gagá en el futuro. Resultaba muy conveniente para los dos: la creatividad lo podría mantener alegre y sano hasta una edad avanzada.

Una noche, abrazados en la cama, le expliqué las ventajas de escribir sobre lo que uno conoce. ¿Qué sabía él de enanos sodomitas? Nada, a menos que estuviese proyectando en ese lamentable personaje algún aspecto de su carácter que yo ignoraba. En cambio, tenía más de treinta años como abogado y una memoria formidable para los detalles. ¿Por qué no exploraba el género detectivesco? Cualquiera de los muchos casos que había tratado podía servirle de punto de partida. No hay nada tan entretenido como un sangriento asesinato. Se quedó meditando sin decir palabra. Al día siguiente íbamos paseando por el barrio chino de San Francisco y vimos a un chino albino esperando en una esquina. «Ya sé cuál será mi próxima novela. Será un caso criminal con un chino albino como ése», me anunció en el mismo tono en que mencionó por primera vez su aspiración literaria en la feria sadomasoquista de San Francisco, donde vio al enano con una correa de perro. Dos años más tarde su novela se publicó en España bajo el título *Duelo en Chinatown* y otros editores la compraron para traducirla a varias lenguas. Fuimos juntos al lanzamiento de la novela en Madrid y Barcelona, acompañados por sus hijos y un par de amigos fieles dispuestos a aplaudirlo. En todas partes la prensa lo recibió con curiosidad y después de hablar con él publicaron artículos llenos de simpatía, porque se ganaba a todos, especialmente a las mujeres, con su llaneza. No tiene ninguna pretensión, sólo la mirada azul y la sonrisa atrevida bajo el ala de su eterno sombrero. El día del lanzamiento del libro en Madrid uno de los asistentes le preguntó si pretendía ser famoso, y contestó, emocionado, que ya tenía más de lo que nunca soñó; el hecho de que la prensa estuviese allí y algunas personas quisieran leer su libro era un regalo. Los desarmó, mientras su editor se retorcía en la silla porque nunca le había tocado un autor tan honesto. Por una vez, fue mi turno de llevar las maletas y así pude pagarle en una mínima parte los plomazos que ha soportado durante años acompañándome por el mundo.

—Goza de este momento, Willie, porque no volverá a repetirse. La alegría de ver el primer ejemplar de tu primer libro es única. Si hay otras publicaciones en el futuro, no podrán compararse con ésta —le advertí, acordándome de lo que sentí con la primera edición de *La casa de los espíritus*, que guardo envuelta en papel de seda, firmada por los actores que hicieron la película y los de la obra de teatro en Londres.

Su español arrabalero y salpicado de modismos mexicanos y palabras en inglés le hizo ganar puntos a Willie; el resto lo hizo su sombrero Borsalino, que le da un aire de detective de los años cuarenta. Apareció en muchos periódicos y revistas, lo entrevistaron en varias radios y tenemos una foto en una librería de España y otra de Chile donde *Duelo en Chinatown* está en el escaparate entre los libros más vendidos. En un programa de radio mencionó al patético enano del libro frustrado y después, en el hotel, se le acercó un hombre para decirle que lo había oído.

—¿Cómo sabe que era yo? —le preguntó Willie, extrañado.

—La entrevistadora mencionó su sombrero. Quiero decirle que tengo un amigo que es enano y tan pervertido como el de su novela. No le haga caso a su mujer, publíquela no más. Se venderá como rosquillas, a todo el mundo le gustan los enanos depravados.

Un mes más tarde, en México, alguien le contó que a comienzos del mil novecientos había un burdel en Juárez con doscientas prostitutas enanas, ¡Doscientas! Incluso le dio a Willie un libro sobre aquella casa de lenocinio al estilo de Fellini. Me temo que esto pueda provocar en mi marido el deseo de rescatar su abominable hombrecillo del baúl.

Nunca he visto a Willie tan feliz. Definitivamente, no tendré que cuidar a un anciano baboso, porque en el avión sacó su bloc amarillo y empezó a escribir otra novela policial. La astróloga de Colorado le pronosticó que los últimos veintisiete años de su vida serían muy creativos, así es que puedo estar tranquila hasta que mi marido cumpla noventa y seis.

—¿Tú crees en esas cosas? —le pregunté a Carmen Balcells, mi agente, cuando se lo conté.

—Si se puede creer en Dios, también se puede creer en la astrología —me contestó.

UNA PAREJA BURGUESA

En febrero de 2004, el alcalde de San Francisco cometió un error político al tratar de legalizar las uniones de homosexuales, porque galvanizó a la derecha cristiana en defensa de los «valores de la familia». Impedir el matrimonio de los gays se convirtió en el estandarte político de los republicanos para la reelección de Bush ese mismo año; es asombroso que eso pesara más a la hora de votar que la guerra en Irak. El país no estaba maduro para una iniciativa como la del alcalde. La llevó a cabo durante un fin de semana, cuando los tribunales estaban cerrados, para que ningún juez alcanzara a impedirlo. Apenas anunciaron la noticia, se presentaron cientos de parejas ante el Registro Civil, una fila interminable bajo la lluvia. En las horas siguientes llegaron de muchas partes mensajes de felicitación y ramos de flores, que alfombraron la calle. Las primeras en casarse fueron dos ancianas de ochenta y tantos, feministas de cabello blanco, que habían vivido juntas más de cincuenta años; les seguían dos hombres que se presentaron con un bebé cada uno colgado de una bolsa al pecho, mellizos adoptados. La gente en esa larga cola deseaba tener una vida normal, criar hijos, comprar una casa a medias, heredar, acompañarse en la hora de la muerte. Nada de los valores de la familia, por lo visto. Celia y Sally no formaron parte de esa multitud porque pensaron que la iniciativa del alcalde sería declarada ilegal muy pronto, como de hecho sucedió.

Ya hacía mucho tiempo que Sally y el hermano de Celia se habían divorciado. Con la martingala de casarse, él obtuvo su visa americana, pero no la usó por mucho tiempo, ya que decidió regresar a Venezuela, donde por último se casó con una linda joven, mandona y divertida, tuvo un niño encantador y encontró el destino que se le escabullía en Estados Unidos. Eso les permitió a Sally y Celia unirse legalmente en una «sociedad doméstica». Imagino que debió de ser un poco complicado dilucidar ante las autoridades que Sally se había «casado» con dos personas del mismo apellido pero de diferente sexo. A los niños, que habían visto la foto de boda de ella con su tío, no hubo que darles demasiadas explicaciones: entendieron desde el comienzo que fue un favor que Sally le hizo a él; creo que ningún enredo familiar asusta a mis nietos.

Celia y Sally se han convertido en un viejo matrimonio, tan cómodas y burguesas que cuesta reconocerlas como las atrevidas muchachas que años antes desafiaron a la sociedad para amarse. Les gusta ir a restaurantes o quedarse en la cama viendo su programa favorito de televisión, suelen organizar fiestas en su minúscula casa, donde se las arreglan para recibir a cien personas con comida, música y baile. Una es noctámbula y la otra se duerme a las ocho de la noche, así es que sus horarios no calzan.

—Debemos hacer citas a mediodía, con la agenda en la mano, o viviríamos como camaradas en vez de como amantes. Encontrar momentos de intimidad cuando hay tanto trabajo y tres niños es todo un proyecto —me confesó Celia, riéndose.

—Es más información de la que necesito, Celia.

Terminaron de remodelar su casa, convirtieron el garaje en un cuarto de televisión y pieza para Alejandro, que ya está en edad de contar con privacidad. Tienen un perro llamado Poncho, negro, manso y enorme, como el Barrabás de mi primera novela, que duerme en las camas de los niños por turnos, una noche con cada uno. Su llegada espantó a los dos gatos cascarrabias, que escaparon por los tejados y no volvieron a aparecer. Cuando mis nietos se van a pasar la semana en casa de su padre, el infeliz Poncho se echa al pie de la escalera con los ojos mustios esperando el próximo lunes.

Celia descubrió la pasión de su vida: la bicicleta de montaña. Aunque ya tiene más de cuarenta años, gana premios en carreras de largo aliento, compitiendo con jóvenes de veinte, y armó una pequeña empresa de excursiones en bicicleta: Mountain Biking Marin. Hay fanáticos que vienen de lejanos lugares a seguirla cerro abierto hacia las alturas.

Me parece que estas dos mujeres están contentas. Trabajan para mantenerse, pero no se matan por juntar dinero, y coinciden en que su prioridad son los niños, al menos hasta que crezcan y se independicen. Recuerdo los tiempos en que Celia vomitaba a escondidas porque estaba atrapada en una existencia que no le correspondía. Tienen la suerte de vivir en California, en los albores del siglo XXI; en otro sitio y en otro tiempo habrían enfrentado implacables prejuicios. Aquí, ni siquiera en el colegio católico de las niñas es un problema que sean gays; no es eso lo que las define. La mayoría de sus amigos son parejas, padres de otros niños, familias comunes y corrientes. Sally asumió el papel de dueña de la casa, mientras que Celia suele comportarse como la caricatura de un marido latinoamericano.

—¿Cómo la aguantas, Sally? —le pregunté una vez, cuando la vi cocinando y ayudando a Nicole con su tarea de matemáticas, mientras Celia, vestida con unos pantalones indecentes y un casco de loca, andaba pedaleando por senderos de montaña con unos turistas.

—Porque nos divertimos mucho juntas —me respondió, revolviendo la olla.

En esta aventura de formar pareja hay mucho de azar, pero también de intención. Muchas veces, en las entrevistas, algún periodista me pregunta «el secreto» de la notable relación que Willie y yo tenemos. No sé qué contestar, porque no conozco la fórmula, si es que existe, pero siempre recuerdo algo que aprendí de un compositor que nos visitó con su mujer. Tenían alrededor de sesenta años, pero se veían jóvenes, fuertes y llenos de entusiasmo. El músico nos explicó que se habían casado —o mejor dicho, habían renovado el compromiso— siete veces durante su largo amor. Se conocieron cuando eran estudiantes en la universidad, se enamoraron a primera vista y han estado juntos por más de cuatro décadas. Pasaron por varias etapas y en cada una cambiaron y estuvieron a punto de separarse, pero optaron por revisar la relación. Después de cada crisis decidieron permanecer casados un tiempo más, porque descubrieron que seguían queriéndose, aunque ya no eran los mismos de antes. «En total, hemos pasado por siete matrimonios y seguramente nos faltan varios más. No es lo mismo ser pareja cuando uno está criando niños, sin dinero y sin tiempo libre, que cuando uno está en la madurez, ya realizados en la profesión y esperando al primer nieto», dijo. Nos contó, por ejemplo, que en los años sesenta, en plena locura hippie, vivían en una comuna con veinte jóvenes ociosos, donde él era el único que trabajaba; los demás pasaban el día en una nube de marihuana, tocando la guitarra y recitando en sánscrito. Un día se cansó de mantenerlos y los sacó a puntapiés de la casa. Ése fue un momento crucial en que debió ajustar las reglas del juego con su mujer. Luego vino la etapa materialista de los años ochenta, que casi destruyó su amor porque los dos andaban corriendo detrás del éxito. También en esa ocasión optaron por hacer cambios fundamentales y volver a comenzar. Y así, una y otra vez. Me parece una fórmula muy acertada, que Willie y yo hemos debido poner en práctica en más de una ocasión.

MELLIZAS Y MONEDAS DE ORO

Las mellizas de Ernesto y Giulia nacieron una soleada mañana de junio de 2005. Alcancé a llegar al hospital en el momento en que Ernesto acababa de recibir a sus dos hijas y estaba sentado con dos paquetes rosados en los brazos, llorando. También yo me puse a llorar de alegría, porque esas criaturas representaban un final definitivo para la viudez y el comienzo de otra etapa en la vida de este hombre. Ahora era padre. Al ver a las niñas recién nacidas, Willie opinó que una se parecía a Mussolini y la otra a Frida Kahlo, pero un par de semanas después, apenas se les asentaron las facciones, pudimos comprobar que eran un par de chiquillas bellas: Cristina, rubia y alegre como su madre; Elisa, morena e intensa como su padre. Son tan diferentes de aspecto y personalidad que parecen haber sido adoptadas, una en Kansas y la otra en Tenerife. Giulia se volcó entera en sus hijas, hasta tal punto que durante más de un año no se le ha podido hablar de otra cosa. Logró entrenarlas para que durmieran y comieran al mismo tiempo; eso le da unos minutos de libertad entre dos siestas, que emplea en ordenar el caos. Las está criando con música latina, idioma español y sin miedo a gérmenes ni accidentes. Los chupetes andan por el suelo, y de allí a la boca, sin que nadie haga aspavientos; más tarde las mellizas descubrirían, antes de aprender a caminar, la forma de subir y bajar por las escaleras de cerámica con cantos filudos arrastrándose por la panza. Cristina es una comadreja incapaz de estar quieta, que se asoma al abismo de los balcones con una indiferencia de suicida, mientras Elisa se sume en oscuros pensamientos que suelen provocarle ataques de llanto inconsolable. No sé cómo a Giulia le alcanza el ánimo para vestirlas de muñecas, con botines bordados y sombrero de marinero.

El año anterior, justamente el 6 de diciembre, aniversario de tu muerte, Ernesto fue aceptado en la universidad para estudiar una maestría por las noches y consiguió un puesto como profesor de matemáticas en el mejor colegio público del condado, a quince minutos de su casa. Estuvo desempleado durante algunos meses, en los que llevaba una nube borrascosa sobre la cabeza, meditando sobre su futuro. Giulia, siempre chispeante y optimista, fue la única que no dudó de que su marido hallaría su camino, mientras los demás en la familia estábamos algo nerviosos. El tío Ramón me recordó en una carta que los hombres sufren una crisis de identidad alrededor de los cuarenta años, es parte del proceso de madurar. A él le ocurrió en 1945, cuando se enamoró de mi madre en el Perú, hace sesenta años. Se fue a un hotel en las montañas, se encerró en una pieza en silencio durante días y cuando salió era otra persona: se había sacudido para siempre la religión católica, las presiones familiares y a la mujer que entonces era su esposa. Había sido educado, había crecido y hasta ese momento había vivido en la camisa de fuerza de las convenciones sociales. Se la quitó de un tirón y perdió el miedo al futuro. En ese momento descubrió aquello que me enseñó en la pubertad y que jamás he olvidado: «Los demás tienen más miedo que tú». Repito estas palabras cuando me enfrento a cualquier asunto que me parece temible, desde un auditorio lleno de público, hasta la soledad. No me cabe duda de que el tío Ramón pudo decidir su suerte de esa forma drástica porque así le vi actuar en algunas ocasiones, como aquella en que sorprendió fumando a mi hermano Pancho, quien entonces tendría unos diez años. Esa noche el tío Ramón apagó su colilla delante de nosotros y anunció: «Éste es el último cigarrillo de mi vida, y si pillo a cualquiera de ustedes fumando antes de que sean mayores de edad, tendrán que verse conmigo». Nunca más volvió a fumar.

Por suerte, Ernesto superó la crisis de los cuarenta años y cuando nacieron sus hijas estaba listo para recibirlas, ya asentado en su calidad de maestro de matemáticas en la escuela secundaria y estudiando para ser profesor universitario.

Alfredo López Lagarto Emplumado salió en un canal hispano de televisión, más guapo que nunca, vestido de oscuro, con un cintillo en la frente y varios collares de plata y turquesa. Tabra me llamó por teléfono a las diez de la noche para que lo viera por cable y debí admitir que el hombre era muy atrayente; si no lo conociera tanto, seguramente su imagen en la pantalla me habría impresionado. Hablaba en inglés —con subtítulos—, con la calma de un académico y la convicción moral de un apóstol, explicando las razones de justicia que lo impulsaban en la misión de rescatar la corona de Moctezuma, símbolo de la dignidad y tradición del pueblo azteca, secuestrada por el imperialismo europeo. Después de predicar en el desierto durante años, al fin su mensaje había llegado a oídos de los aztecas y había encendido sus corazones como la pólvora. El presidente de México enviaría una comisión de juristas a Viena para negociar con el congreso de ese país la devolución del trofeo histórico. Concluyó haciendo un llamado a los inmigrantes mexicanos en Estados Unidos para que se unieran a la lucha de sus hermanos de raza y consiguieran apoyo del gobierno estadounidense para presionar a los austriacos. Felicité a Tabra por el salto a la fama de su amigo, pero me respondió, con un hondo suspiro, que si antes Lagarto era escurridizo, ahora sería imposible atraparlo. «Tal vez me siga a Costa Rica después de que recupere la corona. Bueno, en caso de que yo logre ahorrar lo suficiente para irme a ese país», sugirió, sin convicción. «Cuidado con lo que pides, no vaya a ser que el cielo te lo otorgue», pensé, pero no se lo dije. Tabra llevaba un buen tiempo comprando monedas de oro, que escondía por los rincones, con peligro de que se las robaran.

DOÑA INÉS Y EL ZORRO

Mientras Tabra se preparaba para emigrar, yo estaba sumergida en la investigación de un tema que venía preparando desde hacía cuatro años: la epopeya fantástica de ciento diez bribones heroicos que conquistaron Chile en 1540. Con ellos iba una mujer española, Inés Suárez, costurera de la ciudad extremeña de Plasencia, quien viajó a las Indias tras los pasos de su marido y así llegó hasta el Perú, donde descubrió que era viuda. En vez de regresar a España, se quedó en el Nuevo Mundo y más tarde se enamoró de don Pedro de Valdivia, un hidalgo cuyo sueño era «dejar fama y gloria de mí», como aseguraba en sus cartas al rey de España. Por amor, y no por codicia de oro o de gloria, Inés fue con él. Me había perseguido por años la imagen de esa mujer que cruzó el desierto de Atacama, el más árido del mundo, peleó como bravo soldado contra los mapuches, los guerreros más bravos de América, fundó ciudades y murió, ya anciana, enamorada de otro conquistador. Vivió en tiempos crueles y cometió más de una brutalidad, pero comparada con cualquiera de sus compañeros de aventura, aparece como una persona íntegra.

Me han preguntado a menudo de dónde sale la inspiración para mis libros. No sabría contestar. En el viaje de la vida acumulo experiencias que se van imprimiendo en los estratos más profundos de la memoria y allí fermentan, se transforman y a veces brotan en la superficie como extrañas plantas de otros mundos. ¿De qué se compone ese fértil humus del inconsciente? ¿Por qué ciertas imágenes se convierten en temas recurrentes de las pesadillas o de la escritura? He explorado muchos géneros y temas diversos, me parece que en cada libro invento todo de nuevo, incluso el estilo, pero llevo más de veinte años haciéndolo y puedo ver las repeticiones. En casi todos mis libros hay mujeres desafiantes, que nacen pobres o vulnerables, destinadas a ser sometidas, pero se rebelan, dispuestas a pagar el precio de la libertad a cualquier costo. Inés Suárez es una de ellas. Siempre son apasionadas en sus amores y solidarias con otras mujeres. No las mueve la ambición, sino el amor; se lanzan a la aventura sin medir los riesgos ni mirar hacia atrás, porque quedarse paralizadas en el sitio que la sociedad les designa es mucho peor. Tal vez por eso no me interesan las reinas o las herederas, que vienen al mundo en cuna de oro, ni las mujeres demasiado bellas, que tienen la ruta pavimentada por el deseo de los hombres. Tú te reías de mí, Paula, porque las mujeres bonitas de mis libros mueren antes de la página sesenta. Decías que era pura envidia de mi parte, y seguramente tenías cierta razón, ya que me habría gustado ser una de esas bellezas que obtienen lo que desean sin esfuerzo, pero para mis novelas prefiero heroínas de temple a quienes nadie les da nada, todo lo consiguen solas. No es raro, por lo tanto, que cuando leí sobre Inés Suárez entre líneas en un libro de historia —rara vez hay más que un par de líneas cuando se trata de mujeres— me picara la curiosidad. Era el tipo de personaje que normalmente debo inventar. Al hacer la investigación comprendí que nada que yo imaginara podría superar la realidad de esa vida. Lo poco que se sabe de ella es espectacular, casi mágico. Pronto tendría que contar su historia, pero mis planes fueron modificados por tres insólitos visitantes.

Un sábado a mediodía llegaron a nuestra casa tres personas, que al principio confundimos con misioneros mormones. No lo eran, por suerte. Me explicaron que manejaban los derechos mundiales de El Zorro, el héroe californiano que todos conocemos. Me crié con El

Zorro porque el tío Ramón era uno de sus fanáticos admiradores. Recuerda, Paula, que en 1970 Salvador Allende nombró a tu abuelo embajador en Argentina, una de las misiones diplomáticas más difíciles de esos tiempos, que él cumplió con honores hasta el día del golpe militar, cuando renunció a su puesto porque no estaba dispuesto a representar a una tiranía. Tú lo visitaste muchas veces; tenías siete años y viajabas sola en avión. En ese enorme edificio, con innumerables salones, veintitrés baños, tres pianos de cola y un ejército de empleados, te sentías como una princesa, porque tu abuelo te había convencido de que era su propio palacio y él pertenecía a la realeza. Durante esos tres años de intenso trabajo en Buenos Aires, el señor embajador escapaba de cualquier compromiso a las cuatro de la tarde para gozar en secreto durante media hora de la serial de El Zorro en la televisión. Con ese antecedente, no pude menos que recibir con los brazos abiertos a aquellos tres visitantes.

El Zorro fue creado en 1919 por Johnston McCulley, un escritor californiano de novelitas de diez centavos, y desde entonces ha permanecido en la imaginación popular. *La maldición de Capistrano* narraba las aventuras de un joven hidalgo español en Los Ángeles en el siglo XIX. De día don Diego de la Vega era un señorito hipocondríaco y frívolo; de noche se vestía de negro, se ponía una máscara y se convertía en El Zorro, vengador de indios y pobres.

—Hemos hecho de todo con El Zorro: películas, seriales de televisión, historietas, disfraces, menos una obra literaria. ¿Le gustaría escribirla? —me propusieron.

—¿Qué se han imaginado? Soy una escritora seria, no escribo por encargo —fue mi primera reacción.

Pero me acordé del tío Ramón y de mi nieto postizo, Aquiles, disfrazado de El Zorro para Halloween, y la idea empezó a rondarme tanto que Inés Suárez y la conquista de Chile debieron aguardar su turno. Según los dueños de El Zorro, el proyecto me calzaba como un guante: soy hispana, escribo en español, conozco California y tengo alguna experiencia con novelas históricas y de aventuras. Era el caso clásico de un personaje en busca de autor. Para mí, sin embargo, el asunto no era tan claro, porque El Zorro no se parece a ninguno de mis protagonistas, no era un tema que yo hubiese escogido. Con el último libro de la trilogía había dado por terminado el experimento con las novelas juveniles, descubrí que prefiero escribir para adultos: tiene menos limitaciones. Un libro juvenil requiere el mismo trabajo que uno para adultos, pero hay que andar con suma prudencia en lo que se refiere a sexo, violencia, maldad, política y otros asuntos que dan mucho sabor a una historia pero que los editores no consideran adecuados para esa edad. Me revienta la idea de escribir «con un mensaje positivo». No veo razón para proteger a los chiquillos, que de todos modos ya tienen mucha mugre dentro de la cabeza; pueden ver en internet a gordas fornicando con burros o narcotraficantes y policías torturándose mutuamente con la mayor ferocidad. Es ingenuo machacarles mensajes positivos en las páginas de un libro; lo único que se consigue es que no lo lean. El Zorro es un personaje positivo, el héroe por excelencia, una mezcla de Che Guevara, obsesionado con la justicia, de Robin Hood, siempre dispuesto a quitarles a los ricos para darles a los pobres, y de Peter Pan, eternamente joven. Habría que esmerarse mucho para convertirlo en un villano, y, tal como me explicaron sus dueños, no se trataba de eso. Además, me advirtieron de que la novela no debía contener sexo explícito. En pocas palabras, era un gran desafío. Lo pensé concienzudamente y al final resolví mis dudas en la forma habitual: tiré una moneda al aire. Y así fue como terminé encerrándome en mi cuchitril con Diego de la Vega durante varios meses.

El Zorro se había explotado demasiado, no quedaba mucho por contar, salvo su juventud y su vejez. Opté por lo primero, porque a nadie le gusta ver a su héroe en silla de ruedas. ¿Cómo era Diego de la Vega de niño? ¿Por qué se convirtió en El Zorro? Investigué el período histórico, los comienzos del mil ochocientos, época extraordinaria en el mundo occidental. Las ideas democráticas de la Revolución francesa estaban transformando a Europa y en ellas se inspiraban las guerras libertadoras de las colonias americanas. Los ejércitos victoriosos de Napoleón invadieron varios países, incluida España, donde la población inició una guerrilla sin cuartel que finalmente expulsó a los franceses de su suelo. Eran tiempos de piratas, sociedades secretas, tráfico de esclavos, gitanos y peregrinos. En California, en cambio, nada novelesco sucedía; era una vasta extensión rural con vacas, indios, osos y algunos colonos españoles. Tenía que llevarme a Diego de la Vega a Europa.

Como la investigación me dio material de sobra y el protagonista ya existía, mi tarea fue crear la aventura. Entre otras cosas, fuimos con Willie a Nueva Orleans tras las huellas del célebre corsario Jean Laffitte, y alcanzamos a conocer esa exuberante ciudad antes de que el huracán *Katrina* la redujera a una vergüenza nacional. En el French Quarter se oían de noche y de día las charangas y el banjo, las voces de oro de los blues, el llamado irresistible del jazz. La gente bebía y bailaba al ritmo cálido de los tambores en el medio de la calle; color, música, aroma de sus guisos y magia. Daba para una novela entera, pero tuve que limitarme a una breve visita de El Zorro. Ahora trato de recordar Nueva Orleans como era entonces, con su pagano carnaval, en el que la gente de diversos pelajes se mezclaba danzando, con sus antiguas calles residenciales de árboles centenarios —cipreses, olmos, magnolios en flor— y balcones de hierro forjado, donde hace doscientos años tomaban el fresco las mujeres más hermosas del mundo, nietas de reinas senegalesas y de los amos de entonces, barones del azúcar y el algodón. Pero las imágenes más perseverantes de Nueva Orleans son las del reciente huracán: torrentes de agua inmunda y sus habitantes, siempre los más pobres, luchando contra la devastación de la naturaleza y la desidia de las autoridades. Se convirtieron en refugiados en su propio país, abandonados a su suerte, mientras el resto de la nación, estupefacta ante escenas que parecían tan remotas como un monzón en Bangladesh, se preguntaba si la indiferencia del gobierno hubiera sido igual si la mayoría de los damnificados hubieran sido blancos.

Me enamoré de El Zorro. Aunque en el libro no pude contar sus hazañas eróticas con los detalles que me hubiera gustado, puedo imaginarlas. Mi fantasía sexual predilecta es que el simpático héroe trepa sigilosamente mi balcón, me hace el amor en la penumbra con la sabiduría y paciencia de Don Juan, sin importarle mi celulitis ni mi mucha edad, y desaparece al amanecer. Me quedo dormitando entre sábanas arrugadas, sin tener ni una clave de quién era el galán que me hizo tamaño favor, porque no se quitó la máscara. No hay culpa.

EL VERANO

Llegó el verano con su escándalo habitual de abejas y ardillas; el jardín estaba en su apogeo y también las alergias de Willie, quien no renunciará jamás a contar los pétalos de cada rosa. Las alergias no le impiden afanarse con unos asados monumentales en los que Lori también participa, porque dejó su larga práctica vegetariana cuando el doctor Miki Shima, tan vegetariano como ella, la convenció de que necesitaba más proteínas. La piscina tibia atraía a hordas de niños y visitantes; los días se estiraban al sol, largos, lentos, sin reloj, como en el Caribe. Tabra era la única ausente, porque estaba en Bali, donde fabrican algunas de las piezas que usa en sus joyas. Lagarto Emplumado la acompañó por una semana, pero tuvo que regresar a California porque no soportó el terror a las víboras y las levas de perros sarnosos y hambrientos. Parece que estaba abriendo la puerta de su pieza y una culebrita verde pasó rozándole la mano. Era de las más letales que existen. Esa misma noche cayó del techo algo caliente, húmedo y peludo, que aterrizó encima de ellos y salió corriendo. No alcanzaron a encender la luz a tiempo para verlo. Tabra dijo que seguramente se trataba de un rabopelado, se acomodó en la almohada y siguió durmiendo; él permaneció el resto de la noche vigilando, con las luces encendidas y su cuchillo de matarife en la mano, sin tener la menor idea de lo que era un rabopelado.

Juliette y sus hijos pasaban semanas con nosotros. Aristóteles es la persona más gentil y considerada de la familia. Nació con cierta tendencia a la tragedia, como todo griego que se respete, y desde muy joven asumió el papel de protector de su madre y su hermano, pero el contacto con los otros niños le aligeró la carga y se puso muy cómico. Creo que tiene vocación de actor, porque además de ser histriónico y guapo, es siempre el protagonista principal de las obras teatrales del colegio. Aquiles seguía siendo un angelote pródigo en sonrisas y besos, muy mimado. Aprendió a nadar como una anguila y podía pasar doce horas en el agua. Lo rescatábamos arrugado y rojo de sol para obligarlo a ir al baño. No quiero pensar en lo que contiene esa agua. «No se preocupe, señora, tiene tanto cloro que podría haber un cadáver adentro y no sería problema», me aseguró el técnico en mantenimiento cuando le planteé mis dudas.

Los niños cambiaban día a día. Willie siempre dijo que Andrea tenía las facciones de Alejandro pero desordenadas, y que un día se le acomodarían en su sitio. Por lo visto, así estaba ocurriendo, aunque ni cuenta se daba, porque vivía desprendida, soñando, con la nariz en sus libros, extraviada en aventuras imposibles. Nicole resultó muy lista y buena alumna, además de sociable, amistosa y coqueta, la única con esa virtud en una tribu matriarcal, donde las mujeres no se desviven por seducir a nadie. Su instinto estético puede demoler con una mirada crítica la confianza en un vestido de cualquier mujer a su alrededor, menos de Andrea, que es impermeable a la moda y sigue disfrazada, como siempre anduvo en su infancia. Durante meses vimos a Nicole ir y venir con una misteriosa caja negra, y tanto insistimos, que un día nos mostró el contenido. Era un violín; lo había pedido prestado en el colegio porque quiere formar parte de la orquesta. Se lo puso al hombro, tomó el arco, cerró los ojos y nos dejó pasmados con un breve e impecable concierto de canciones que jamás le habíamos oído ensayar. A Alejandro se le alargó el esqueleto de un tirón justo a tiempo, porque yo pretendía que le dieran hormonas de crecimiento, como a las vacas, para que no se quedara petizo. Temía que fuese el único de mis descendientes con la indeseable herencia de mis genes, pero ese año comprobamos, aliviados, que se había salvado. Aunque ya se le notaba la sombra de un bigotillo, seguía comportándose como un saltimbanqui, haciendo morisquetas en los espejos y molestando con chistes inoportunos, resuelto a evitar a cualquier costo la zozobra de madurar y mandarse solo. Nos había anunciado que pensaba quedarse a vivir con sus padres, un pie en cada casa, hasta que se casara o lo echaran a patadas. «Apúrate en crecer antes que se nos acabe la paciencia», solíamos advertirle, cansados de sus payasadas. Las mellizas se bañaban en unas tortugas flotantes de plástico, observadas de lejos por Olivia, quien no perdía la esperanza de que se ahogaran. De todos los miedos que tenía esta perra cuando llegó a nuestra familia, le quedan dos: los paraguas y las mellizas. Estos chiquillos y la docena de sus amigos que nos visitaban muy seguido terminaban el verano tostados como africanos y con el pelo verde por los productos químicos de la piscina, tan letales que quemaban el césped. Donde los bañistas ponían los pies húmedos, no salía más pasto.

Mis nietos estaban en edad de descubrir el amor, menos Aquiles, que todavía no había superado la etapa de pedirle a su madre que se casara con él. Los chiquillos se escondían en los vericuetos de La Casa de los Espíritus para jugar en la oscuridad, y los diálogos en la piscina solían intranquilizar a los padres.

—¿No sabes que me has roto el corazón? —preguntó Aristóteles, resoplando a través de las gafas protectoras.

—Ya no quiero a Eric. Puedo volver contigo, si te parece —le propuso Nicole entre dos zambullidas.

—No sé, tengo que pensarlo. No puedo seguir sufriendo.

—Piensa rápido, porque si no voy a llamar a Peter.

—¡Si no me quieres, mejor me suicido hoy mismo!

—Vale, pero no en la piscina, Willie se enojaría.

RITOS DE INICIACIÓN

En el verano de 2005 terminé de escribir *Inés del alma mía*, y mandé el manuscrito a Carmen Balcells con un suspiro de alivio, porque fue un proyecto pesado, y luego nos fuimos con Nico, Lori y los niños a un safari en Kenia. Durante varias semanas acampamos con los samburu y los masai para presenciar la migración de los ñúes, millones de bestias con aspecto de vacas negras corriendo despavoridas del Serengueti a Masai Mara, época de orgía para los demás animales, que acuden a devorar a los rezagados. En una semana nacen a la carrera cerca de un millón de terneros. Desde las frágiles avionetas veíamos la migración como una gigantesca sombra extendiéndose por las planicies africanas. Lori concibió el plan de que cada año llevemos a los niños a un lugar inolvidable que les pique la curiosidad y les demuestre que, a pesar de las distancias, la gente es parecida en todos lados. Las similitudes que nos unen son mucho más que las diferencias que nos separan. El año anterior habíamos ido a las islas Galápagos, donde los chiquillos pudieron jugar con lobos de mar, tortugas y mantarrayas, y donde Nico nadaba por horas mar adentro detrás de tiburones y orcas mientras Lori y yo corríamos por los islotes buscando un bote para ir a salvarlo de una muerte segura. Cuando lo conseguimos, ya Nico venía de vuelta a grandes brazadas. A Kenia debimos acarrear, como siempre, con la maleta del equipo fotográfico de Willie, los trípodes y el lente gigante, que nunca sirvió para sorprender a una fiera africana porque era demasiado engorroso. La mejor fotografía del viaje la tomó Nicole con una cámara desechable: el beso que me dio una jirafa en la cara con su lengua azul de cuarenta y cinco centímetros de largo. El pesado lente de Willie terminó abandonado en la carpa mientras usaba otros más modestos para inmortalizar la risa siempre pronta de los africanos, los polvorientos mercados, los niños de cinco años cuidando el ganado familiar solos en medio de la nada, a tres horas de marcha de la aldea más próxima, los cachorros de león y las esbeltas jirafas. En un jeep abierto paseamos entre manadas de elefantes y búfalos, nos acercamos a los ríos de lodo donde retozaban familias completas de hipopótamos y seguimos a los ñúes en su inexplicable carrera.

Uno de nuestros guías, Lidilia, un samburu simpático con dientes albos y tres plumas altas coronando el adorno de cuentas que llevaba en la cabeza, se hizo amigo de Alejandro. Le propuso que se quedara con él para ser circuncidado por un hechicero de la tribu, como primer paso en su rito de iniciación. Luego tendría que pasar un mes solo en la naturaleza, cazando con una lanza. Si lograba matar a un león, podría escoger a la chica más apetecible de la aldea y su nombre sería recordado junto al de otros grandes guerreros. Mi nieto, aterrado, contaba los días para escapar hacia California. A Lidilia le tocó traducir cuando un guerrero de ciertos años quiso comprar a Andrea como esposa. Nos ofreció varias vacas por ella y, como rehusamos, agregó otras tantas ovejas. Nicole se entendía telepáticamente con los guías y los animales, y tenía una encomiable memoria para los detalles, así nos mantenía informados: que los elefantes cambian la dentadura completa cada diez años, hasta los sesenta, cuando ya no les salen nuevos y están condenados a perecer de hambre; que un macho de jirafa mide seis metros de altura, su corazón pesa seis kilos y come sesenta kilos de hojas al día; que entre los antílopes, el macho alfa debe defender su harén de sus rivales y aparearse con las hembras. Eso le deja poco tiempo para comer y se debilita, y entonces otro macho lo vence en combate y lo expulsa. El puesto de jefe alfa dura más o menos diez días. Para entonces Nicole sabía lo que era aparearse. A pesar de que no estoy hecha para la vida agreste y nada hace que me sienta tan insegura como la falta de un espejo, no pude quejarme de las comodidades del viaje. Las carpas eran de lujo, y gracias a Lori, que prevé hasta el último detalle, teníamos bolsas de agua caliente en la cama, lámparas de minero para leer en las noches cerradas, loción contra los mosquitos, antídoto para la mordedura de serpiente y, por las tardes, té inglés servido en tetera de porcelana mientras observábamos a un par de cocodrilos devorar una gacela desamparada.

De regreso en California, antes de que terminara el verano, Alejandro pasó por su rito de iniciación, aunque algo diferente al que proponía el samburu Lidilia. Se inscribió en un programa que Lori y Nico descubrieron en la internet y, una vez que los cuatro padres se convencieron de que no era una martingala de pedófilos y sodomitas, le dejaron ir. Tal como había explicado Lidilia, una ceremonia debe marcar el paso de los varones de la infancia a la edad adulta. A falta de tradición, varios instructores organizaron un retiro de tres días al bosque con un grupo de muchachos para reforzarles los conceptos de respeto, honor, coraje, responsabilidad, la obligación de proteger a los débiles y otras normas elementales que en nuestra cultura suelen quedar relegadas a las novelas de caballería medieval. Alejandro era el más joven del grupo. Esa noche tuve un sueño aterrador: mi nieto estaba junto a una fogata con un montón de huérfanos hambrientos y tiritando de frío, como en los cuentos de Dickens. Le imploré a Nico que recuperara a su hijo antes de que ocurriera una desgracia en aquella siniestra espesura donde el chico había ido a parar con unos desconocidos, pero no me hizo caso. Al cumplirse el plazo lo fue a buscar y regresaron a tiempo para la cena del domingo en la mesa familiar. Habíamos preparado frijoles con una receta chilena y la casa olía a maíz y albahaca.

La familia en masa estaba esperando al iniciado, que llegó inmundo y hambriento. Alejandro, quien por años había dicho que no quería crecer, parecía mayor. Lo abracé con frenético amor de abuela, le conté mi sueño y resultó que su experiencia no fue exactamente así, aunque había una fogata y algunos huérfanos entre los muchachos. También había unos cuantos delincuentes que, según mi nieto, «eran chicos buenos, pero habían hecho tonterías porque no tenían familia». Contó que se sentaron en círculo en torno al fuego y cada uno habló de lo que le causaba dolor. Propuse que hiciéramos otro tanto, ya que estábamos en el círculo tribal, y fuimos uno a uno respondiendo a la pregunta de Alejandro; Willie dijo que lo angustiaba la situación de sus hijos: Jennifer perdida y los otros dos consumiendo drogas; yo hablé de tu ausencia; Lori de su infertilidad, y así cada uno expuso lo suyo.

—¿Y qué te da pena a ti, Alejandro? —le pregunté.

—Mis peleas con Andrea. Pero me he propuesto mejorar mi relación con ella y lo haré, porque aprendí que uno es responsable de su dolor.

—Eso no siempre es verdad. Yo no soy responsable de la muerte de Paula o Lori de su infertilidad —le rebatí.

—A veces no podemos evitar el dolor, pero podemos controlar nuestra reacción. Willie tiene a Jason. A ti, la muerte de Paula te hizo crear una fundación y has conseguido mantener su recuerdo vivo entre nosotros. Lori no pudo tener sus propios hijos, pero nos tiene a nosotros tres —dijo.

AMOR PROHIBIDO

Juliette no trabajó durante los meses que se prestó para gestar el bebé de Lori y Nico porque debió someterse a la zurra de las drogas de fertilidad. La familia se encargó de ampararla, como era lógico, pero una vez que esa ilusión fue descartada, salió a buscar empleo. La contrató un inversionista que planeaba comprar arte asiático en San Francisco para sus galerías en Chicago. Ben tenía cincuenta y siete años bien llevados y debía de contar con mucho dinero, porque era espléndido como un duque. Pensaba viajar con frecuencia desde Chicago y que en su ausencia una persona responsable atendiera la importación de objetos preciosos en California. En la primera entrevista invitó a Juliette a cenar al mejor restaurante del condado, una casa victoriana amarilla entre pinos y matas de rosas trepadoras, y al cabo de varias copas de vino blanco no sólo decidió que era la asistente ideal, sino que se prendó de ella. Por una coincidencia novelesca, en la conversación ella se enteró de que Ben había conocido a la primera esposa de Manoli, la chilena que se fugó con el profesor de yoga el día de su boda. Le contó que la mujer vivía en Italia, casada en cuartas nupcias con un fabricante de aceite de oliva.

Juliette no se había sentido deseada desde hacía una eternidad. Un año antes de morir, Manoli había dejado de ser el amante apasionado que la sedujo a los veinte años, porque ya la enfermedad le corroía los huesos y el ánimo. Ben se propuso llenar ese vacío y vimos a Juliette renacer, resplandeciente, con una luz nueva en los ojos y una sonrisa traviesa bailando en los labios. Su vida dio un vuelco, iba a sitios caros, restaurantes, paseos, teatro y ópera; Ben derrochaba atenciones y regalos en Aristóteles y Aquiles. Era un amante tan experto que podía hacerla feliz por teléfono; así sus ausencias eran soportables y cuando llegaba a California ella estaba esperándolo ansiosa. Lori y yo aprovechamos una de nuestras reposadas tertulias, con té de jazmín y dátiles, para hacerle una encerrona a Juliette, porque nos pareció que tenía una actitud furtiva. Pero no fue necesario presionarla demasiado para que nos contara los amores con su jefe. Me sonó esa campanada de alarma que da la experiencia y le advertí que es mala idea mezclar el trabajo con el amante, porque perdería a ambos. «Te está utilizando, Juliette. ¡Qué conveniente! Tiene asistente y querida por el mismo precio», le dije. Pero ella ya estaba atrapada. Habíamos notado que Juliette atraía a hombres que tenían muy poco que ofrecerle, casados, mucho mayores que ella, que vivían lejos o eran incapaces de asumir un compromiso. Ben podía ser uno de ellos, porque nos pareció escurridizo. Según Willie, en la hedonista California moderna ningún hombre se echaría encima la responsabilidad de una joven viuda con dos hijos pequeños, pero según la astróloga, a la que volví a consultar en secreto para que no se rieran de mí, era cuestión de esperar unos años y los planetas enviarían al compañero ideal para Juliette. Ben se había adelantado a los planetas.

Cuando regresamos de África, la aventura amorosa de Juliette se había complicado. Resultó que la fortuna no la había ganado él con su buen ojo para el arte, sino que la había heredado su esposa. Las galerías de arte eran una diversión para mantenerse ocupado y en la cresta de la ola social. Los viajes frecuentes de Ben a San Francisco y las conferencias en susurros por teléfono comenzaban a levantar sospechas en la esposa.

—No conviene meterse con hombres casados, Juliette —le dije, recordando las tonterías que yo misma hice de joven y lo caras que las pagué.

—No es lo que te imaginas, Isabel. Fue inevitable, nos enamoramos a primera vista. No me sedujo ni me engañó, esto fue por consentimiento mutuo.

—¿Qué van a hacer ahora?

—Ben ha estado casado durante treinta años, respeta mucho a su mujer y adora a sus hijos. Ésta es su primera infidelidad.

—Sospecho que es un adúltero crónico, Juliette, pero ése no es tu problema, sino de su esposa. Tú tienes que cuidarte y cuidar a tus hijos.

Para probarme la honestidad de los sentimientos del galán, Juliette me mostró sus cartas, que me parecieron de una prudencia sospechosa. No eran cartas de amor, sino documentos de abogado.

—Se está cubriendo las espaldas. Tal vez teme que lo demandes por acoso sexual en el trabajo, eso aquí es ilegal. Cualquiera que lea estas cartas, incluso su mujer, pensaría que tú tomaste la iniciativa, lo atrapaste y ahora lo persigues.

—¡Cómo puedes decir eso! —exclamó, alarmada—. Ben está esperando el momento oportuno para decírselo a su mujer.

—No creo que lo haga, Juliette. Tienen hijos y llevan mucho tiempo juntos. Lo lamento por ti, pero más lo lamento por la esposa. Ponte en su lugar, es una mujer madura con un marido infiel.

—Si Ben no es feliz con ella…

—No se puede tener todo, Juliette. Deberá elegir entre tú y la buena vida que ella le ofrece.

—No quiero ser la causa de un divorcio. Le he pedido que trate de reconciliarse con su mujer, que vayan a terapia o que la invite a una luna de miel en Europa —dijo, y se echó a llorar.

Pensé que así seguiría ese juego hasta que la cuerda se cortara por lo más delgado (Juliette), pero no insistí, porque ella se alejaría de nosotros. Además, no soy infalible, como me recordó Willie, y bien podía ser que Ben realmente estuviese enamorado y se divorciara para quedarse junto a ella, en cuyo caso yo, por comportarme como un ave de mal agüero, perdería a esa amiga que he llegado a querer como a otra hija.

Tal como temíamos, la esposa de Ben vino de Chicago a oler el aire de San Francisco. Se instaló en la oficina de su marido, quien tuvo la prudencia de desaparecer con diversos pretextos, y en pocas horas su instinto y el conocimiento que tenía de él confirmaron sus peores temores. Decidió que su rival no podía ser otra que la bella asistente y la enfrentó con el peso de su autoridad de esposa legítima, de la confianza que da el dinero y de su sufrimiento, que Juliette no podía dejar de lado. La despidió sin miramientos y le advirtió de que si volvía a comunicarse con Ben, ella misma se encargaría de hacerle daño. El hombre no dio la cara durante esos días, se limitó a ofrecer a Juliette por teléfono una pequeña indemnización y a pedirle, nada menos, que entrenara a su sucesora antes de irse. Su mujer supervisó esa llamada y la quejumbrosa carta, última de la serie, con que él cerró el episodio.

Dos días más tarde Willie llegó a la casa y nos encontró a Lori y a mí en el baño, sosteniendo a Juliette, que estaba encogida en el suelo como un niño golpeado. Lo pusimos al tanto de lo que había pasado. Su opinión fue que se veía venir, no era un drama original, pero todo el mundo se recupera de un corazón destrozado y dentro de un año estaríamos muertos de la risa, con un vaso de vino en la mano, recordando este desventurado episodio. Sin embargo, cuando Juliette le contó las amenazas de la esposa, ya no le pareció divertido y se ofreció para representarla legalmente, porque tenía derecho a interponer juicio. El caso no podía ser más atractivo para un abogado: una joven viuda, madre de dos niños, sin dinero, víctima de un millonario que la acosa sexualmente en el empleo y después la echa. Cualquier jurado hundiría a Ben. Willie ya tenía un cuchillo entre los dientes, pero Juliette no quiso oír hablar de eso porque no era verdad: se habían enamorado y ella no era una víctima. Sólo aceptó que Willie mandara una carta de rajadiablos anunciando que si volvían a amenazarla intervendría la justicia. Willie agregó, por iniciativa propia, que si esa señora deseaba resolver el problema, controlara mejor a su marido. La carta no la haría desistir, si era la clase de persona capaz de contratar a un mafioso para hacer daño a una rival, pero probaba que Juliette no estaba desamparada. En menos de una semana, un abogado de Chicago llamó a Willie para asegurarle que hubo un malentendido y las amenazas no volverían a repetirse.

Juliette sufrió durante meses, envuelta en el abrazo cerrado de la familia, pero yo no estaría contando este lamentable episodio si ella no me lo hubiese autorizado y si el pronóstico de Willie no se hubiese cumplido. La contraté como mi asistente, se puso a estudiar español y pasó a formar parte del burdel literario de Sausalito, donde puede trabajar en paz con Lori, Willie y Tong, quienes se encargarían de protegerla y de mantener a raya a cualquier marido infiel que tocara el timbre con intenciones lujuriosas. Antes del año, una noche en que la familia entera cenaba en la mesa de la castellana, Juliette levantó su copa para brindar por los amoríos del pasado. «¡Por Ben!», dijimos en una sola voz, y ella se echó a reír de buena gana. Ahora estoy esperando la alineación de los planetas para que aparezca el hombre de buena índole que hará feliz a esta joven. Se supone que eso puede ocurrir pronto.

LA ABUELA SE VA CONTIGO

Desde hacía algún tiempo, la Abuela Hilda vivía con su hija en Madrid, donde ella y su segundo marido cumplían una misión diplomática. En el último año ya no vino a pasar largas temporadas con nosotros, como antes, porque había envejecido de súbito y temía viajar sola. En los años sesenta, en Chile, yo era una joven periodista que hacía malabarismos con tres empleos simultáneos para sobrevivir, pero la llegada de mis dos hijos no complicó mi vida, porque contaba con ayuda. Por las mañanas, antes de ir a trabajar, pasaba a dejarte en casa de mi suegra, la adorable Granny, o donde la Abuela Hilda, quienes te recibían envuelta en un chal, dormida, y te cuidaban durante el día hasta que yo llegaba a recogerte por la tarde. Después comenzaste a ir a la escuela y entonces fue el turno de tu hermano, criado por esas abuelas que lo mimaron como al primogénito de un emir. Después del golpe militar nos fuimos a Venezuela y lo que ustedes más echaron de menos fueron a esas dos abuelas de cuento. La Granny, quien no tenía más vida que sus nietos, se murió de pena un par de años más tarde. La Abuela Hilda enviudó y se fue a Venezuela, porque allí vivía su única hija, Hildita, y se turnaba entre la casa de ella y la nuestra. Mi relación con la Abuela comenzó cuando yo tenía unos diecisiete años. Hildita fue la primera novia de mi hermano Pancho; se conocieron en la escuela a los catorce años, se fugaron, se casaron, tuvieron un hijo, se divorciaron, se volvieron a casar, tuvieron una hija y se divorciaron por segunda vez. En total pasaron más de una década amándose y odiándose, mientras la Abuela Hilda presenciaba el lamentable espectáculo sin opinar. Jamás le oí una palabra desmesurada contra mi hermano, quien tal vez la merecía.

En algún momento de su vida la Abuela decidió que su papel era acompañar a su pequeña familia, en la que generosamente me incluyó con mis hijos, y lo cumplió a la perfección gracias a su proverbial discreción y buen humor. Además, gozaba de una salud de mula. Era capaz de ir contigo, Nico y otra media docena de adolescentes de excursión a una isla caribeña sin agua, adonde se accedía cruzando un mar traicionero en bote, seguidos de cerca por media docena de tiburones. El botero los dejaba allí con una montaña de equipo para acampar y, con suerte, se acordaba de ir a buscarlos una o dos semanas más tarde. La Abuela resistía como un soldado los mosquitos, las noches bebiendo Coca-Cola tibia con ron, los frijoles en tarro, los agresivos ratones que anidaban entre los sacos de dormir y otros inconvenientes que yo, veinte años más joven, jamás hubiese soportado. Con la misma magnífica voluntad se instalaba frente a la pantalla a ver pornografía. A los comienzos de los ochenta, tú estudiabas psicología y se te ocurrió la idea de especializarte en sexualidad. Andabas para todos lados con una maleta de adminículos para juegos eróticos que a mí me parecían de muy mal gusto, pero nunca me atreví a dar mi opinión porque te habrías burlado sin misericordia de mis remilgos. La Abuela Hilda se sentaba contigo, tejiendo sin mirar los palillos, a ver unos videos pavorosos que incluían perros amaestrados. Fue miembro activo de nuestra ambiciosa compañía de teatro doméstico, cosía disfraces, pintaba escenografías y protagonizaba lo que se le pidiera, desde Madame Butterfly hasta san José en las representaciones navideñas. Con el tiempo se fue reduciendo de tamaño y la voz se le adelgazó como un trino, pero no le flaqueaba el entusiasmo para participar en las locuras familiares.

El fin de la Abuela Hilda no nos tocó a nosotros, sino a su hija, que la cuidó en su rápido deterioro. Empezó con repetidas pulmonías, rescoldo de sus tiempos de fumadora, decían los doctores, y después se le fue olvidando la vida. Hildita entendió la etapa final de su madre como una vuelta a la infancia y decidió que si se derrocha paciencia con un niño de dos años, no hay razón para escatimársela a una anciana de ochenta. La vigilaba con amor para que se bañara, comiera, tomara sus vitaminas, se fuera a la cama; debía contestar diez veces seguidas la misma pregunta y fingir que la oía cuando la viejita terminaba de contar una anécdota insignificante y, como una grabación, la repetía con las mismas palabras una y otra vez. Por último, la Abuela se cansó de bracear en una nebulosa de recuerdos confusos, del miedo a quedarse sola o de caerse, del crujido de los huesos y del acoso de rostros y voces que no podía identificar. Un día dejó de comer. Hildita me llamó desde España para contarme la batalla que era darle a su madre un yogur y lo único que se me ocurrió decirle fue que no la obligara. Así había muerto mi abuelo, de inapetencia, cuando decidió que cien años eran demasiada vida.

Nico cogió un avión al día siguiente y se fue a Madrid. La Abuela lo reconoció de inmediato, a pesar de que no se reconocía a sí misma en el espejo, pidió su lápiz de labios por coquetería y le propuso una partida de naipes, que jugaron con sus trampas y martingalas usuales. Nico consiguió que bebiera Coca-Cola tibia con ron, en homenaje a los tiempos caribeños, y de eso a darle una sopita no hubo más de media hora. La visita de ese nieto postizo y la promesa de que si engordaba vendría a California a fumar marihuana con Tabra, obraron el prodigio de que la Abuela empezara a comer de nuevo, pero el apetito le duró sólo un par de meses. Cuando se declaró en huelga de hambre de nuevo, su hija decidió con mucha pena que su madre tenía pleno derecho a irse a su propio gusto y tiempo. La Abuela Hilda, que siempre fue una mujer pequeña y delgada, en las semanas siguientes se convirtió en un duende minúsculo y orejón, tan liviano que la brisa de la ventana la hacía levitar. Sus últimas palabras fueron: «Pásenme la cartera, porque Paula me vino a buscar y no quiero hacerla esperar».

Llegué a Madrid unas horas después, pero ya era tarde para acompañar a su hija en los trámites de la muerte. Unos días más tarde regresé a California con un puñado de cenizas de la Abuela Hilda en una cajita, para esparcirlas en tu bosque, porque ella quería estar en tu compañía.

REFLEXIONES

En el año 2006 comencé estas páginas. Mi ritual del 8 de enero se ha complicado con los años, porque ya no tengo la arrogante certeza de la juventud. Lanzarme con otro libro es tan grave como enamorarme, un impulso alocado que exige dedicación fanática. Con cada uno, como ante un nuevo amor, me pregunto si me alcanzarán las fuerzas para escribirlo y si acaso semejante proyecto vale la pena: hay demasiadas páginas inútiles, demasiados amoríos frustrados. Antes me sumergía en la escritura —y en el amor— con la temeridad de quien ignora los riesgos, pero ahora transcurren varias semanas antes de que pierda el respeto a la pantalla en blanco de la computadora. ¿Qué clase de libro será éste? ¿Podré llegar hasta el final? No me hago esas preguntas respecto al amor, porque llevo más de dieciocho años con el mismo amante y ya superé las dudas; ahora quiero a Willie día a día, sin cuestionar qué clase de amor es éste ni cómo concluirá. Quiero pensar que es un amor elegante y que no tendrá un final vulgar. Tal vez es cierto lo que él dice: que seguiremos de la mano al otro lado de la muerte. Sólo espero que ninguno de los dos se extravíe en la senilidad, y el otro tenga que cuidar su cuerpo decrépito. Vivir juntos y lúcidos hasta el último día, ése sería el ideal.

Como siempre hago al empezar un libro, limpié a fondo mi cuchitril, ventilé, cambié las velas del altar, que mis nietos llaman «de los antepasados» y me desprendí de cajas repletas de textos y documentos empleados en la investigación del proyecto del año pasado. En los anaqueles que cubren las paredes sólo quedaron mis primeras ediciones en apretadas filas y los retratos de los vivos y los muertos que siempre me acompañan. Saqué lo que puede embrollar la inspiración o distraerme de esta memoria, que exige un espacio claro para definirse. Comenzaba para mí el tiempo de la soledad y el silencio. Siempre me demoro en echar a andar, al principio la escritura avanza a estertores, es una máquina oxidada y sé que han de transcurrir varias semanas antes de que la historia empiece a perfilarse. Cualquier distracción espanta a la musa de la imaginación. ¿De qué se nutre la imaginación? De lo que he experimentado, los recuerdos, el vasto mundo, la gente que conozco y también de los seres y voces que llevo por dentro y que me ayudan en el viaje de vivir y escribir. Mi abuela decía que el espacio está lleno de presencias, de lo que ha sido, es y será. En ese ámbito transparente habitan mis personajes, pero sólo puedo oírlos si estoy callada. Hacia la mitad del libro, cuando ya no soy yo, la mujer, sino otra, la narradora, también puedo verlos. Surgen de las sombras y se me aparecen de cuerpo entero, con sus voces y su olor, me asaltan en mi cuchitril, invaden mis sueños, ocupan mis días y hasta me persiguen en la calle. No es lo mismo en el caso de una memoria, en la que los protagonistas son personas de mi familia, vivos, llenos de opiniones y conflictos. En este caso el argumento no es un ejercicio de imaginación, sino un intento de acercarse a la verdad.

Había un sentimiento de frustración, que ya se arrastraba por mucho tiempo, para la mayoría del país: el futuro del mundo se veía denso y oscuro como el alquitrán. La escalada de violencia en Oriente Próximo era pavorosa y la condena internacional contra los americanos era unánime, pero el presidente Bush no prestaba oídos, divagaba como un loco, desprendido de la realidad y rodeado de sicofantes. Ya no se podía ocultar el descalabro de la guerra en Irak, a pesar de que hasta entonces la prensa sólo mostraba imágenes asépticas de lo que estaba ocurriendo: tanques, luces verdes en el horizonte, soldados corriendo en aldeas desocupadas y a veces una explosión en un mercado, donde se suponía que las víctimas eran iraquíes, porque no las veíamos de cerca. Nada de sangre ni niños desmembrados. Los corresponsales debían seguir a las tropas y filtrar la información a través del aparato militar, pero en internet cualquiera que quisiera informarse podía ver la prensa del resto del mundo, incluso la televisión árabe. Algunos periodistas valientes —y todos los humoristas— denunciaban la incompetencia del gobierno. Las imágenes de la prisión de Abu Ghraib dieron la vuelta al mundo y en Guantánamo los prisioneros, detenidos indefinidamente sin cargos, morían misteriosamente, se suicidaban o agonizaban en huelga de hambre, alimentados a la fuerza por un grueso tubo hasta el estómago. Sucedió lo que nadie podía haber imaginado poco antes en Estados Unidos, que se considera la antorcha de la democracia y la justicia: se suspendió el derecho a hábeas corpus de los detenidos y se legalizó la tortura. Imaginé que la población reaccionaría en masa, pero casi nadie le dio la importancia que merecía. Vengo de Chile, donde por dieciséis años la tortura estuvo institucionalizada; conozco el daño irreparable que eso deja en el alma de las víctimas, los victimarios y el resto de la población, convertida en cómplice. Según Willie, Estados Unidos no había estado tan dividido desde la guerra del Vietnam. Los republicanos lo controlaban todo, y si los demócratas no ganaban en las elecciones parlamentarias de noviembre, estábamos jodidos. «¿Cómo no van a ganar —me preguntaba yo—, si la popularidad de Bush ha descendido a las cifras de Nixon en sus peores tiempos?»

La más angustiada era Tabra. De joven se había expatriado porque no pudo soportar la guerra del Vietnam; ahora estaba dispuesta a hacer lo mismo, incluso a renunciar a su ciudadanía estadounidense. Su sueño era terminar sus días en Costa Rica, pero muchos extranjeros habían tenido la misma idea y los precios de las propiedades se habían encumbrado por encima de sus posibilidades. Entonces decidió trasladarse a Bali, donde podría continuar su negocio con los orfebres y artesanos locales. Dejaría un par de representantes de ventas en Estados Unidos y el resto podría hacerse por internet. No hablábamos de otros temas en nuestras caminatas. Ella percibía signos fatalistas en todos lados, desde en el noticiario de la televisión hasta en el mercurio de los salmones.

—¿Crees que en Bali sería diferente? —le pregunté—. Adonde vayas, los salmones tendrán mercurio, Tabra. No se puede escapar.

—Por lo menos allí no seré cómplice de los crímenes de este país. Tú te fuiste de Chile porque no querías vivir en una dictadura. ¿Cómo no entiendes que yo no quiera vivir aquí?

—Esto no es una dictadura.

—Pero puede llegar a serlo más pronto de lo que piensas. Lo que me dijo tu tío Ramón es cierto: los pueblos eligen el gobierno que merecen. Ése es el inconveniente de la democracia. Tú deberías irte también, antes de que sea tarde.

—Aquí está mi familia. Me ha costado mucho reunirla, Tabra, y quiero gozarla, porque sé que no durará mucho. La vida tiende a separarnos y hay que hacer un gran esfuerzo para mantenernos juntos. En todo caso, no creo que hayamos llegado al punto en que sea necesario irse de este país. Todavía podemos cambiar la situación. Bush no será eterno.

—Buena suerte, entonces. En cuanto a mí, voy a instalarme en un lugar pacífico, adonde puedas llegar con tu familia cuando lo necesites.

Empecé a despedirme mientras ella desmantelaba el taller que le había costado tantos años poner en pie; le ayudaba su hijo Tongi, quien dejó su trabajo para acompañarla en los últimos meses. Despidió uno a uno a los refugiados con quienes había trabajado por mucho tiempo, preocupada por ellos, porque sabía que para algunos sería muy difícil encontrar otro empleo. Se deshizo de la mayor parte de sus colecciones de arte, salvo algunos cuadros valiosos que guardó en mi casa. No podía cortar lazos con Estados Unidos, tendría que volver por lo menos un par de veces al año a ver a su hijo y supervisar su negocios, porque sus joyas requieren un mercado más grande que las playas para turistas de un paraíso en Asia. Le aseguré que siempre dispondría de espacio en nuestro hogar; entonces vació su casa de muebles y la arregló para venderla.

Estos preparativos y las tristes caminatas con Tabra me contagiaban su delirio de incertidumbre. Llegaba a la casa a abrazarme a Willie, perturbada. Tal vez no era mala idea invertir nuestros ahorros en monedas de oro, coserlas en el ruedo de la falda y prepararnos para huir. «¿De qué monedas de oro me estás hablando?», me preguntaba Willie.

LA TRIBU REUNIDA

Andrea entró a la adolescencia de golpe y porrazo. Una noche de noviembre llegó a la cocina, donde la familia estaba reunida, con lentes de contacto, los labios pintados, un vestido blanco largo, unas sandalias plateadas y unos pendientes de Tabra que había escogido para cantar en el coro del colegio en la fiesta de Navidad. No reconocimos a esa dorada beldad de Ipanema, sensual, con un aire distante y misterioso. Estábamos acostumbrados a verla en vaqueros astrosos, zapatones de explorador y un libro en la mano. Jamás habíamos visto a esa joven que nos sonreía cohibida desde la puerta. Cuando Nico, de cuya serenidad zen tanto nos reíamos, se dio cuenta de quién era, se demudó. En vez de celebrar a la mujer que acababa de llegar, debimos consolar al padre de la pérdida de la niña torpe que había criado. Lori, quien había acompañado a Andrea a comprar el vestido y el maquillaje, era la única que sabía el secreto de la transformación. Mientras los demás nos sacudíamos la impresión, Lori le tomó una serie de fotografías a Andrea, unas con su mata de pelo color miel oscura suelto sobre los hombros, otras con moño, en poses de modelo que eran en realidad de afectación y burla.

A la chiquilla le brillaban los ojos y estaba arrebolada como si hubiese tomado el sol. Los demás lucíamos la palidez de noviembre. Tenía una tos de tísica desde hacía varios días. Nico quiso tomarse un foto con ella sentada en sus rodillas, en la misma postura de otra en la que ella tenía cinco años y era un pato desplumado con espejuelos de alquimista y mi camisa de dormir rosada, que se ponía encima de su ropa normal. Al tocarla sintió que ardía. Lori le puso el termómetro y la pequeña fiesta familiar terminó pésimo, porque Andrea ardía de fiebre. En las horas siguientes comenzó a delirar. Trataron de bajarle la fiebre con baños de agua fría, pero al fin debieron llevarla volando al servicio de emergencia del hospital y allí se supo que tenía pulmonía. Quién sabe cuántos días llevaba incubándola y no había dicho ni una palabra, fiel a su carácter estoico e introvertido. «Me duele el pecho, pero pensé que era porque me estoy desarrollando», fue su explicación.

De inmediato acudieron Celia y Sally, luego los demás. Andrea quedó internada en el hospital del condado, rodeada por su familia, que vigilaba como halcones que no le dieran ningún remedio de la lista negra de la porfiria. Al verla en esa cama de hierro, con los ojos cerrados, los párpados transparentes, cada instante más pálida, respirando con dificultad y conectada a sondas y cables, me volvieron los recuerdos más crueles de tu enfermad en Madrid. Como Andrea, entraste al hospital con un resfrío mal curado, pero cuando saliste, meses más tarde, ya no eras tú, sino una muñeca inerte sin más esperanza que una muerte dulce. Nico, tranquilo, me hizo ver que no era el mismo caso. Tú llevabas varios días con terribles dolores de estómago y sin poder comer por los vómitos, síntomas de una crisis de porfiria que Andrea no presentaba. Decidimos que para prevenir una posible negligencia o error médico, Andrea nunca estaría sola. No pudimos hacer eso en Madrid, donde la burocracia del hospital se apoderó de ti sin explicaciones. Tu marido y yo aguardamos durante meses en un corredor sin saber qué ocurría al otro lado de las pesadas puertas de la unidad de cuidados intensivos.

El cuarto de Andrea en el hospital estaba lleno. Nico y Lori, Celia y Sally, yo misma, nos instalamos a su lado; despés llegaron Juliette, las madres de Sabrina, los demás parientes y algunos amigos. Quince teléfonos celulares nos mantenían conectados y además yo llamaba a diario a mis padres y a Pía en Chile, para que nos acompañaran a distancia. Nico repartió la lista de los medicamentos prohibidos y las instrucciones para cada eventualidad. Tu regalo, Paula, fue que estábamos preparados, no nos asaltó por sorpresa. Nuestra doctora, Cheri Forrester, advirtió al personal del piso que se armara de paciencia, porque esa niña venía con su tribu. Mientras la enfermera pinchaba a Andrea buscando una vena para colocarle el suero, once personas observaban en torno a la cama. «Por favor no entonen cánticos», dijo la mujer. Nos echamos a reír en coro. «Ustedes parecen la clase de gente capaz de eso», agregó, preocupada.

Comenzó la vigilia de día y de noche, nunca menos de dos o tres de nosotros en la habitación. Pocos fueron a trabajar durante ese tiempo; los que no hacían su turno en el hospital, se encargaban de los otros niños y de los perros —Poncho, Mack y sobre todo Olivia, que estaba con los nervios rotos al verse postergada—, de mantener funcionando las casas y llevar comida al hospital para alimentar a ese ejército. Durante dos semanas, Lori asumió con naturalidad el papel de capitán, que nadie intentó usurparle porque de todos modos es la gerente de esta familia, no sé qué haríamos sin ella. Nadie tiene más influencia ni más dedicación que Lori. Criada en Nueva York, es la única con carácter intrépido para no dejarse intimidar por médicos y enfermeras, llenar formularios de diez páginas y exigir explicaciones. En los últimos años hemos superado los obstáculos del comienzo; Lori es mi verdadera hija, mi confidente, mi brazo derecho en la fundación, y he visto cómo se va convirtiendo poco a poco en la matriarca. A ella le tocará pronto encabezar la mesa de la castellana.

Al principio Andrea se iba desgastando con el paso de los días, porque no se le podían administrar varios de los antibióticos que se usan en estos casos, lo que prolongó la pulmonía más allá de lo razonable, pero la doctora Forrester, que se mantuvo vigilante, nos aseguró que no había ninguna indicación de porfiria en los exámenes de sangre y orina. Andrea se animaba por ratos breves, cuando la visitaban sus hermanos, los niños griegos o alguna compañera del colegio, pero el resto del tiempo dormía y tosía de la mano de alguno de sus padres o su abuela. Por fin, al segundo viernes, logró vencer la fiebre y amaneció con los ojos despejados y con deseos de comer. Entonces pudimos respirar aliviados.

La familia llevaba más de diez años en esa danza de escaramuzas que suelen ser los divorcios, un tira y afloja agotador. La relación entre las parejas de padres pasaba por altibajos, era difícil ponerse de acuerdo en los detalles de la crianza de los hijos que tienen en común, pero en la medida en que éstos se despegan del hogar para hacer sus propias vidas, habrá menos razones para confrontarse y llegará un día en que no tendrán necesidad de verse. No falta mucho para eso. A pesar de los inconvenientes que han soportado, pueden felicitarse mutuamente: han criado a tres chiquillos contentos y simpáticos, de buena conducta y buenas notas, que hasta el momento no han dado ni un solo problema serio. Durante las dos semanas de la pulmonía de Andrea, yo viví la ilusión de una familia unida porque me pareció que las tensiones desaparecían junto a la cama de esa niña. Pero en estas historias no hay finales perfectos. Cada uno lo hace lo mejor que puede, eso es todo.

Andrea salió del hospital con cinco kilos menos, lánguida y color pepino, pero más o menos curada de la infección. Pasó otras dos semanas convaleciendo en la casa y se recuperó a tiempo para participar en el coro. Sentados en la platea, la vimos entrar cantando como un ángel en una larga fila de niñas que fueron ocupando el escenario. El vestido blanco le colgaba suelto como un harapo y las sandalias se le caían de los pies, pero todos estuvimos de acuerdo en que nunca había estado más bonita. La tribu entera estaba allí para celebrarla y comprobé, una vez más, que en una emergencia se tira por la borda lo que no es esencial para navegar, es decir, casi todo. Al final, después de aliviar las cargas y sacar las cuentas, resulta que lo único que queda es el cariño.

HORA DE DESCANSAR

Hemos llegado a diciembre y el panorama cambió para nuestra tribu y el país. Tabra se fue a Bali; mis padres, en Chile, están viviendo los descuentos, tienen ochenta y cinco y noventa años respectivamente; Nico cumplió cuarenta, por fin, como dice Lori, y es un hombre maduro; los nietos entraron de lleno en la adolescencia y pronto se irán alejando de la abuela obsesiva que todavía los llama «mis niños». A Olivia le han salido canas y ya se lo piensa dos veces antes de subir el cerro cuando la sacamos a caminar. Willie está terminando su segundo libro y yo sigo arando el suelo duro de los recuerdos para escribir esta memoria. En las elecciones parlamentarias ganaron los demócratas y ahora controlan la Cámara de Representantes y el Senado; todos esperamos que pongan freno a los excesos de Bush, logren retirar las tropas americanas de Irak, aunque sea de a poco y con el rabo entre las piernas, y eviten nuevas guerras. En cuanto a Chile, también hay novedades: en marzo, Michelle Bachelet asumió la presidencia, primera mujer que ocupa ese cargo en mi país, y lo está haciendo muy bien. Es médica cirujana, pediatra, socialista, madre soltera, agnóstica e hija de un general que murió torturado porque no se plegó al golpe militar de 1973. Además, se murió el general Augusto Pinochet, tranquilamente en su cama, cerrando así uno de los más trágicos capítulos de la historia nacional. Con gran sentido de la oportunidad, murió justamente el día de los Derechos Humanos.

La escritura de este libro ha sido una experiencia extraña. No he confiado sólo en mis recuerdos y en la correspondencia con mi madre, también interrogué a la familia. Como escribo en español, la mitad de la familia no pudo leerlo hasta que lo tradujo Margaret Sayers Peden, «Petch», una entrañable dama de ochenta años que vive en Missouri y ha traducido todos mis libros menos el primero. Con paciencia de arqueólogo, Petch ha indagado en las diversas capas de los manuscritos, revisando cada línea mil veces y haciendo los cambios que le pido. Con el texto en inglés, la familia pudo comparar las diferentes versiones, que no siempre coincidieron con la mía. Harleigh, el hijo menor de Willie, decidió que prefería no estar en el libro y debí reescribirlo. Es una lástima, porque es bastante pintoresco y forma parte de esta tribu; excluirlo me parece que es como hacer trampa, pero no tengo derecho a apoderarme de una vida ajena sin permiso. En largas conversaciones pudimos vencer el miedo a expresar lo que sentimos, tanto lo malo como lo bueno; a veces es más difícil mostrar afecto que rencor. ¿Cuál es la verdad? Como dice Willie, llega un punto en que hay que olvidarse de la verdad y concentrarse en los hechos. Como narradora, yo digo que hay que olvidarse de los hechos y concentrarse en la verdad. Ahora, que estoy llegando al final, espero que este ejercicio de ordenar los recuerdos sea beneficioso para todos. Y después, suavemente, las aguas volverán a aquietarse, el fango se asentará en el fondo y quedará la transparencia.

A Willie y a mí nos ha mejorado la vida desde los tiempos de las maratones de terapia, los conjuros mágicos para pagar las cuentas y la misión de rescatar de sí mismos a quienes no deseaban ser rescatados. Por el momento el horizonte parece claro. A menos que suceda un cataclismo, posibilidad que no debe ser descartada, tenemos libertad para disfrutar los años que nos quedan con la panza al sol.

—Creo que estamos en edad de jubilarnos —le comenté una noche a Willie.

—De ninguna manera. Yo recién estoy empezando a escribir, y no sé qué haríamos contigo si no escribieras; nadie te aguantaría.

—Te hablo en serio. Llevo un siglo trabajando. Necesito un año sabático.

—Lo que haremos será tomar las cosas con más tranquilidad —decidió.

Espantado ante la amenaza de un hipotético año de ocio, Willie optó por invitarme de vacaciones al desierto. Pensó que una semana sin nada entre manos y en un paisaje yermo bastaría para hacerme cambiar de opinión. El hotel, que según proclamaba la agencia de viajes era de lujo, resultó ser una especie de casa de lenocinio pasada de moda, donde Toulouse-Lautrec se habría hallado a gusto. Habíamos llegado allí por una interminable autopista, una cinta recta en el paisaje desnudo, salpicada de canchas de golf con pasto verde bajo un sol blanco, incandescente, que a las ocho de la noche todavía quemaba. No soplaba una brisa, no volaba ni un pájaro. Cada gota de agua era transportada de lejos y cada planta crecía gracias al esfuerzo desproporcionado de los humildes jardineros latinos, que mantenían en funcionamiento la compleja maquinaria de ese paraíso ilusorio y por las noches desaparecían como espectros.

Por fortuna en el hotel a Willie le dio un ataque de alergia casi mortal, causado por los polvorientos cortinajes, y debimos irnos a otra parte. Así llegamos a unas extrañas termas, de las que jamás habíamos oído hablar, donde ofrecían, entre otros servicios, baños de barro. En unas profundas tinas de hierro reposaba una sustancia espesa y fétida que hervía con gorgoritos. Una india mexicana, chaparrita y con el cabello quemado por una permanente ordinaria, nos mostró las instalaciones. No tenía más de veinte años, pero nos sorprendió con su descaro.

—¿Para qué sirve esto? —le pregunté en español señalando el lodo.

—No sé, son cosas que les gustan a los americanos.

—Parece caca.

—Es caca, pero no de gente, sino de animal —me contestó con naturalidad.

La muchacha no despegaba los ojos de Willie, y cuando ya nos íbamos le preguntó si él era el abogado Gordon, de San Francisco.

—¿No se acuerda de mí, licenciado? Soy Magdalena Pacheco.

—¿Magdalena? ¡Pero cómo has cambiado, niña!

—Es por la permanente —dijo ella, sonrojándose.

Se abrazaron eufóricos. Era hija de Jovito Pacheco, el cliente de Willie muerto en un accidente de construcción años antes. Esa noche fuimos con ella a cenar a un restaurante mexicano, donde su hermano mayor, Socorro, era el rey de la cocina. Estaba casado y ya tenía su primer hijo, un niño de tres meses a quien le habían puesto de nombre Jovito, como el abuelo. El otro hermano trabajaba al norte, en los viñedos del valle de Napa. Magdalena tenía un novio salvadoreño, mecánico de coches, y nos dijo que fijaría el día de la boda apenas la familia pudiera reunirse en su pueblo de México, porque le había prometido a su madre que se casaría de blanco en presencia de la parentela completa. Willie le aseguró que nosotros también iríamos, si nos invitaban.

Los Pacheco nos contaron que un par de años antes la abuela había amanecido muerta y le hicieron un funeral épico, con un ataúd de caoba que los nietos llevaron en una camioneta desde San Diego. Por lo visto cruzar la frontera en ambas direcciones no era un problema para ellos, tampoco con un pesado cajón de muerto. La madre tenía un almacén y vivía con el hermano menor, el ciego, que ya había cumplido catorce años. Camino al restaurante, Willie me recordó el caso de los Pacheco, que se arrastró por años en los tribunales de San Francisco. Yo no lo había olvidado porque a menudo nos burlábamos de su frase altisonante en el juicio: «¿Van a permitir que el abogado de la defensa arroje a esta pobre familia al basural de la historia?». Willie apeló de un juez a otro hasta que por fin consiguió una indemnización modesta para la familia. Había visto dilapidar pequeñas fortunas a lo largo de su carrera, porque los clientes beneficiados, que nunca habían tenido más que agujeros en los bolsillos, al sentirse ricos perdían la cabeza, se ponían ostentosos y atraían como moscas a parientes lejanos, amigos olvidados y timadores dispuestos a quitarles hasta el último peso. La indemnización de los Pacheco estaba muy lejos de ser una fortuna, pero traducida a pesos mexicanos los ayudó a salir de la miseria. Por indicación de Willie, la abuela decidió invertir la mitad en instalar un pequeño almacén y el resto fue depositado en una cuenta a nombre de los hijos de Jovito en Estados Unidos, lejos de embaucadores y parientes pedigüeños. Había transcurrido más de una década desde la muerte del padre y en ese tiempo todos los hijos, excepto el menor, se despidieron uno a uno de la abuela y la madre y abandonaron su villorrio para trabajar en California. Cada uno traía en un papelito el nombre y el teléfono de Willie para cobrar la parte correspondiente del dinero, que les sirvió para comenzar la vida en mejores condiciones que la mayoría de los inmigrantes ilegales, los cuales llegaban sin nada más que el hambre y los sueños. Así se cumplió el propósito de Willie al llevarlos a Disneylandia cuando eran niños.

Gracias a Socorro y a Magdalena Pacheco conseguimos la mejor cabaña de las termas, una casita impecable de adobe y tejas, en el más puro estilo mexicano, con una cocinilla, un traspatio y un jacuzzi al aire libre. Allí nos encerramos después de comprar provisiones para tres días. Hacía mucho que Willie y yo no estábamos solos y ociosos y gastamos las primeras horas en tareas inventadas. Con los utensilios mínimos de la cocinilla, que apenas servían para improvisar un desayuno, Willie decidió preparar rabo de buey, una de esas recetas reposadas del Viejo Mundo que requiere varias ollas. El guiso llenó el aire de un aroma poderoso que espantó a los pájaros y atrajo a los coyotes. Como debía descansar en la nevera hasta el otro día para quitarle la grasa que se congelaba en la superficie, al caer la noche cenamos pan, vino y queso, tendidos muy juntos en una hamaca del patio, mientras la jauría de coyotes se relamía al otro lado del muro de piedra que protegía nuestra pequeña vivienda.

UN LUGAR CALLADO

La noche en el desierto tiene la profundidad insondable del fondo del mar. Las estrellas, infinitas, bordaban un cielo negro sin luna, y la tierra, al enfriarse, desprende un vaho denso, como aliento de fiera. Encendimos tres velas gruesas, que reflejaban su luz ceremonial sobre el agua del jacuzzi. Poco a poco el silencio fue librándonos de la tensión acumulada de tanto bregar y bregar. A mi lado siempre hay un invisible e implacable capataz, látigo en mano, criticándome y dándome órdenes: «¡Levántate, mujer! Son las seis de la mañana y tienes que lavarte el pelo y pasear a la perra. ¡No comas pan! ¿O crees que vas a perder peso por arte de magia? Acuérdate de que tu padre era obeso. Tienes que rehacer tu discurso, está lleno de clichés, y tu novelita es un desastre, llevas un cuarto de siglo escribiendo y no has aprendido nada». Y dale y dale con la misma cantaleta. Tú me decías que aprendiera a quererme un poco, que yo no trataría ni a mi peor enemigo como me trataba a mí misma. «¿Qué harías, mamá, si alguien entrara a tu casa y te insultara de esa manera?», me preguntabas. Le diría que se fuera al carajo y lo sacaría a escobazos, por supuesto, pero no siempre me resulta esa táctica con el capataz, porque es solapado y astuto. Menos mal que en esa ocasión se quedó rezagado en el hotelito de Toulouse-Lautrec y no vino a jorobarme en la cabaña.

Transcurrió una hora, tal vez dos, callados. No sé lo que pasaba por la mente y el corazón de Willie, pero yo imaginé que en esa hamaca me desprendía, pedazo a pedazo, de mi yelmo oxidado, mi pesada armadura de hierro, mi picuda cota de malla, mi peto de cuero, mis botas rema-

361

chadas y las patéticas armas con que me he defendido y he defendido a mi familia, no siempre con éxito, de los caprichos del destino. Desde tu muerte, Paula, suelo perderme en tu bosque, tranquilas excursiones en las que tú me acompañas y me invitas a escarbar en el alma. En todos estos años me parece que se han ido abriendo mis cavernas selladas y con tu ayuda ha entrado luz. A veces en el bosque me sumo en la añoranza y me invade una pena sorda, pero eso no dura mucho, pronto te siento caminando a mi lado y me consuela el rumor de las secuoyas y la fragancia del romero y el laurel. Imagino que sería bueno morir con Willie en ese lugar encantado, viejos, pero en pleno control de nuestra vida y nuestra muerte. Lado a lado, tomados de la mano, sobre la tierra blanda, abandonaríamos el cuerpo para reunirnos con los espíritus. Tal vez Jennifer y tú nos estén esperando; si viniste a buscar a la Abuela Hilda, espero que no te olvides de hacer lo mismo conmigo. Esos paseos me hacen mucho bien, cuando terminan me siento invencible y agradecida, por la tremenda abundancia de mi vida: amor, familia, trabajo, salud, un gran contento. La experiencia de esa noche en el desierto fue distinta: no sentí la fuerza que tú me das en el bosque, sino abandono. Mis antiguas capas de duras escamas se fueron desprendiendo y quedé con el corazón vulnerable y los huesos blandos.

A eso de la medianoche, cuando a las velas les faltaba poco para consumirse, nos quitamos la ropa y nos sumergimos en el agua caliente del jacuzzi. Willie ya no es el mismo que me atrajo a primera vista años antes. Todavía irradia fortaleza y su sonrisa no ha cambiado, pero es un hombre sufrido, con la piel demasiado blanca, la cabeza afeitada para disimular la calvicie, el azul de los ojos más pálido. Y yo llevo marcados en la cara los duelos y pérdidas del pasado, me he encogido una pulgada y el cuerpo que reposaba en el agua es el de una mujer madura que nunca fue una beldad. Pero ninguno de los dos juzgaba o comparaba, ni siquiera recordábamos cómo éramos en la juventud: hemos alcanzado ese estado de perfecta invisibilidad que da la convivencia. Hemos dormido juntos durante tanto tiempo, que ya no tenemos capacidad para vernos. Como dos ciegos, nos tocamos, nos olemos, percibimos la presencia del otro como se siente el aire.

Willie me dijo que yo era su alma, que me había esperado y buscado durante los primeros cincuenta años de su existencia, seguro de que antes de morirse me encontraría. No es hombre que se prodigue en frases bonitas, es más bien tosco y aborrece los sentimentalismos, por eso cada palabra suya, medida, pensada, me cayó encima como gota de lluvia. Comprendí que él también había entrado en esa zona misteriosa de la más secreta entrega, él también se había desprendido de la armadura y, como yo, se abría. Le dije, en un hilo de voz, porque se me había cerrado el pecho, que también yo, sin saberlo, lo había buscado a tientas. He descrito en mis novelas el amor romántico, ese que todo lo da, sin escatimar nada, porque siempre supe que existía, aunque tal vez nunca estaría a mi alcance. El único atisbo de esa entrega sin reparos la tuve contigo y tu hermano cuando eran muy pequeños; sólo con ustedes he sentido que éramos un solo espíritu en cuerpos apenas separados. Ahora también lo siento con Willie. He amado a otros hombres, como sabes, pero aun en las pasiones irracionales me cuidé las espaldas. Desde que era una niña, me dispuse a velar por mí misma. En aquellos juegos en el sótano de la casa de mis abuelos, donde me crié, nunca fui la doncella rescatada por el príncipe, sino la amazona que se batía con el dragón para salvar a un pueblo. Pero ahora, le dije a Willie, sólo quería apoyar la cabeza en su hombro y rogarle que me cobijara, como se supone que hacen los hombres con las mujeres cuando las aman.

—¿Acaso no te cuido? —me preguntó, extrañado.

—Sí, Willie, tú corres con todo lo práctico, pero me refiero a algo más romántico. No sé exactamente lo que es. Supongo que quiero ser la doncella del cuento y que tú seas el príncipe que me salva. Ya me cansé de matar dragones.

—Soy el príncipe desde hace casi veinte años, pero ni cuenta te das, doncella.

—Cuando nos conocimos, acordamos que yo me las arreglaría sola.

—¿Eso dijimos?

—No con esas palabras, pero quedó entendido: seríamos compañeros. Eso de compañeros ahora me suena a guerrilla. Me gustaría probar qué se siente al ser una frágil esposa, para variar.

—¡Ajá! La escandinava del salón de baile tenía razón: el hombre guía —se rió.

Le respondí con una palmada en el pecho, me empujó y acabamos bajo el agua. Willie me conoce más que yo misma y así y todo me ama. Nos tenemos el uno al otro, es para celebrarlo.

—¡Qué cosas! —exclamó al emerger—. Yo esperándote en mi rincón, impaciente porque no venías, y tú esperando que yo te sacara a bailar. ¿Tanta terapia para esto?

—Sin terapia nunca habría admitido este anhelo de que me ampares y protejas. ¡Qué cursilada! Imagínate, Willie, esto contradice una vida de feminismo.

—No tiene nada que ver con eso. Necesitamos más intimidad, quietud, tiempo para nosotros solos. Hay demasiada pelotera en nuestras vidas. Ven conmigo a un lugar de sosiego —susurró Willie, atrayéndome.

—Un lugar de sosiego…, me gusta eso.

Con la nariz en su cuello, agradecí la suerte de haber tropezado por casualidad con el amor y que tantos años más tarde preservara intacto su brillo. Abrazados, livianos en el agua caliente, bañados por la luz color ámbar de las velas, sentí que me fundía en ese hombre con quien había andado un camino largo y abrupto, tropezando, cayendo, volviendo a levantarnos, entre peleas y reconciliaciones, pero sin traicionarnos jamás. La suma de los días, penas y alegrías compartidas, ya eran nuestro destino.

FIN (por el momento)